Misia Sert (eigentl. Maria Sophie Olga Zenaide Godebska), geboren am 30. März 1872 in Petersburg, ist am 15. Oktober 1950 in Paris gestorben.

Misia Sert, Freundin aller Künstler, die seit der Jahrhundertwende Paris ihren Glanz verliehen, erzählt in diesem Buch ihre romantische Lebens- und Liebesgeschichte.

Ihre Erinnerungen sind das Dokument einer Epoche, die mit dem Zweiten Weltkrieg untergehen sollte. Débussy und Ibsen, Renoir und Picasso, Grieg und Strawinsky, Cocteau und Mallarmé, Verlaine und Toulouse-Lautrec, Proust und Nijinsky – diese und zahllose andere Namen werden wach in ihren offen ausgebreiteten Erinnerungen. Fauré gab ihr Klavierunterricht, Mallarmé kritzelte Verse auf ihre Fächer, Renoir malte sie und flehte sie dabei an, ihr Dekolleté ein bißchen weiter zu öffnen. Diaghilew starb in ihrer Gegenwart, und Cocteau schrieb über sie im ›Paris Midi‹: »Wir haben hier eine Frau vor uns, der Stendhal Genie zuerkennt ... die im Schatten der Männer ihrer Epoche und gleichsam am Rande der künstlerischen Arbeit einen verborgenen Einfluß ausübt, einfach dadurch, daß sie schönere Lichtstrahlen aussenden als Diamanten.«

insel taschenbuch 1180
Misia Sert
Pariser Erinnerungen

MISIA SERT

PARISER

ERINNERUNGEN

Aus dem Französischen

von Hedwig Andertann

Mit einem Bildteil

Insel Verlag

insel taschenbuch 1180
Erste Auflage 1989
Insel Verlag Frankfurt am Main
Für die französische Originalausgabe
© William Aspenwall Bradley, Paris 1980
Mit freundlicher Genehmigung der Agence Hoffman, Paris
© der deutschen Erstausgabe Insel Verlag Wiesbaden 1954
Vertrieb durch den Suhrkamp Taschenbuch Verlag
Umschlag nach Entwürfen von Willy Fleckhaus
Druck: Nomos Verlagsgesellschaft, Baden-Baden
Printed in Germany

1 2 3 4 5 6 – 94 93 92 91 90 89

PARISER ERINNERUNGEN

FRÜHE KINDHEIT

»Ein Brief für die gnädige Frau...«

Sophie Godebska nahm ihn entgegen. Beim Anblick der russischen Briefmarke bekamen ihre Augen einen zärtlichen Schimmer. Vor mehr als sechs Monaten schon war ihr Mann nach St. Petersburg abgereist... beinahe am gleichen Tage, an dem sie erfahren hatte, daß sie wieder in Hoffnung war. Sie fühlte sich so weit weg von ihm, in diesem riesigen Haus, so allein inmitten all der Freunde und Künstler, die ständig bei ihrer Mutter zu Gast waren.

Eine Woge von Musik drang vom großen Salon in ihr Zimmer, als der Diener die Türe öffnete. Die junge Frau wartete, bis sie wieder völlig geschlossen war. Sie wollte mit dem Brief allein sein.

Kaum hatte sie ihn überflogen, als eine Todesblässe ihr Gesicht überzog. Eine vulgäre Schrift, auf einem billigen Blatt Papier, setzte sie in russischer Sprache davon in Kenntnis, daß ihr Mann, von der Prinzessin Jussupoff um diese Zeit nach Tzarkoie-Selo berufen, um das Palais auszuschmücken, dort mit seiner jungen Tante zusammen lebe und daß sie ein Kind von ihm erwarte. Selbstverständlich war der Brief anonym.

Im Augenblick war ihr Entschluß gefaßt, und noch am selben Abend, nachdem sie ihre beiden kleinen Jungen umarmt hatte, reiste sie ab, um die dreitausend Kilometer zurückzulegen, die sie von dem angebeteten Manne trennten. Sie ging im neunten Monat schwanger.

Gott weiß, durch welches Wunder Sophie Godebska in dem eisigen russischen Winter bis ans Ziel ihrer Reise, ein einsames, im Schnee vergrabenes Haus, gelangte.

Sie erklomm die Stufen der Vortreppe und lehnte sich, ehe sie schellte, an den Türrahmen, um Atem zu schöpfen. Durch die Tür drang wohlbekanntes Lachen bis zu ihr... Ihre Hand führte die Bewegung nicht zu Ende. Nach der übermenschlichen Anstrengung, die sie nur durch die Kraft ihrer Liebe hatte vollbringen können, bemächtigte sich ihrer nun eine unendliche Erschöpfung, eine grauenvolle Mutlosigkeit. Sie vergaß die schweren Tränen zu trocknen, die ihre Augen füllten, während sie die paar Stufen wieder hinabstieg und davonging, um sich in ein Hotel zu flüchten.

Von dort aus schrieb sie ihrem Bruder, ihr Unglück sei so groß, daß ihr nichts mehr übrigbleibe als zu sterben. Am nächsten Tag kam ihr Mann, den man von ihrer Ankunft benachrichtigt hatte, gerade noch zurecht, um sie sterben zu sehen, während sie mir das Leben schenkte. Das Drama meiner Geburt sollte mein Schicksal unauslöschlich bestimmen.

Mein Vater brachte mich zu meiner Großtante, die mich zusammen mit dem Kinde stillte, das sie ihm geboren hatte. Er begrub seine Frau in St. Petersburg,

6

fuhr dann mit mir nach Hall, und wir kehrten in jenes Haus zurück, aus welchem meine Mutter unter so tragischen Umständen aufgebrochen war.

In jenem Haus in Hall, in der Nähe von Brüssel, öffneten sich also meine Augen und lernten sehen. Es gehört übrigens zu meinen schönsten Kindheitserinnerungen. Die geräumige Villa in italienischem Stil war nach den Angaben meines Großvaters erbaut worden, der dank seiner großen Begabung als Geiger ein beträchtliches Vermögen erworben hatte. François Servais war von bescheidenem Herkommen, jetzt hat er ein Denkmal in seiner Geburtsstadt. Er hatte ein glanzvolles Leben in jener Zeit geführt, in der die Könige und Höfe die Künstler feierten und förderten und die vornehmen Damen sich nicht scheuten, ihnen wertvolle Geschenke zu machen. (Ich erinnere mich an einen schweren goldenen Lorbeerkranz, von dem jedes Blatt den Namen einer seiner Verehrerinnen trug.) Eine Gastspielreise durch Rußland hatte es ihm ermöglicht, ein Mädchen des hohen Adels kennenzulernen, das er heiratete und nach Belgien heimführte.

Meine Großmutter kehrte niemals in ihre Heimat zurück. Sie hatte sich dank ihrer Herkunft einen recht prachtliebenden Sinn für Gastfreundschaft bewahrt. Überaus hübsch, ganz klein und mit Schmuck beladen, unterhielt sie in ihrem riesigen Salon (den allegorische Malereien von der heiligen Cäcilie bis zu König David schmückten) einen förmlichen Hofstaat von Freunden und besonders von Künstlern, die ganze Monate lang bei ihr Quartier nahmen. Ich hatte sie erst in ihrem Alter kennengelernt, als sie jeden Morgen zur Kommunion ging. Damals war sie das lebendige Ebenbild von Papst Leo XIII. und die unzertrennliche Freundin der belgischen Königin.

In dem großen, ständig von Künstlern belagerten Haus erklang noch wie einst von überallher Musik. Außer den beiden großen Konzertflügeln im Empfangssalon gab es noch, auf verschiedene Zimmer verteilt, sieben oder acht Klaviere, von denen keines jemals lange stumm war. Meine Kinderohren wurden so von Musik gesättigt, daß ich mich gar nicht entsinnen kann, jemals Noten gelernt zu haben. Ich habe sie viel früher gekannt als das Alphabet.

Wie dem Kult der Musik huldigte meine Großmutter zugleich der kulinarischen Kunst. Die Freude am guten Essen war bei ihr zur Leidenschaft geworden. Der Gedanke, täglich unzählige Münder stopfen zu müsen, entzückte sie. Und da die Gäste nichts dagegen hatten, wie bei Lukull bewirtet zu werden, war man vom Keller bis zum Dachboden des Hauses ununterbrochen mit Lebensmitteln und Festessen beschäftigt. Ein riesiges Kellergewölbe, das mich an ›Ritter Blaubart‹ gemahnte und in das ich mich nur mit Schaudern wie vor einem gefährlichen Abenteuer wagte, war von den Leibern ganzer Kälber, Rinder und Hammel bevölkert, die wie schreckenerregende, blutende Stalaktiten an großen Fleischhaken herabhingen und darauf warteten, zum Vergnügen meiner Großmutter und der Wölfe ihrer Gesellschaft zerstückelt zu werden. Jeden Montag kamen neue Opfer, um die verspeisten Tiere zu ersetzen, während die Überreste der vergangenen Woche an die Armen verteilt wurden. Dem Genuß all dieser nahrhaften Mahlzeiten waren zwei Räume des Hauses gewidmet, von denen einer, ein großer pompöser Speisesaal, mich mit höchster Bewunderung erfüllte. Er war mit chinesischen Malereien geschmückt und bot Raum genug für einen Tisch mit sechzig Gedecken. An Festtagen zierte ihn ein feenhaftes, in allen Farben schillerndes Glasservice, das, für meinen Großvater in Böhmen hergestellt, mit seinen Initialen graviert worden war. Seit meinem dritten Lebensjahr habe ich die Erinnerung an das Funkeln dieser Hunderte von buntfarbigen Gläsern bewahrt, und kein Luxus der Welt ist mir jemals verwirrender vorgekommen.

Da das finanzielle Genie meiner Großmutter ihrem gastronomischen in keiner Weise gewachsen war, brachte sie ihr Vermögen munter durch, indem sie es (im wahrsten Sinne des Wortes) verschlang, zur größten Freude ihrer Freunde und ohne sich über das baldige Erscheinen der sieben mageren Jahre die geringsten Gedanken zu machen.

Ich war vielleicht sieben Jahre alt, als an einem schönen, mondhellen Abend ein Gast des Hauses, der seit langem an unheilbarer Schwindsucht litt, darum bat, ihn in den Musiksalon hinunterzuführen. Ich erinnere mich, als ob es gestern gewesen wäre, an seine schwarze

Samtweste, sein weißes Seidenhemd à la Danton und sein langes Haar. Es war Zarembsky. Er ging an einen der Flügel. Nur der Mond beleuchtete den Raum. Er spielte den ›Trauermarsch‹ von Chopin. Mitten im Spiel wurde er von einem Unwohlsein befallen. Man legte ihn auf ein Sofa, und er starb, ohne das Bewußtsein wiedererlangt zu haben. Ich glaube, diese romantische Szene entsprach so gut dem Geist des Hauses, daß sie niemanden verwunderte. Ich aber kann den ›Trauermarsch‹ auch heute noch nicht ohne eine gewisse Beklemmung hören.

Mein Onkel hatte die Stradivari meines Großvaters geerbt. Er war ein bedeutender Musiker und ein recht wunderlicher Kerl, der mir schreckliche Angst einjagte: Jeden Abend ging er, bevor er sich in sein Zimmer zurückzog, zu seinem Instrument und legte sein Ohr an den Geigenkasten. So blieb er gut fünf Minuten unbeweglich stehen, um zu lauschen. Ich habe niemals erfahren, worauf.

Da es meiner guten Großmutter an Sünden fehlte, die sie vor ihrer täglichen Kommunion hätte beichten können, so hinterbrachte sie dem Priester den ganzen Klatsch des Hauses. Eines schönen Tages erzählte sie ihm, daß jener damals dreißigjährige Onkel seit seinem achtzehnten Lebensjahr der Geliebte der Frau des Konservatoriumsdirektors, einer ehrwürdigen Fünfzigerin, sei. Der Priester legte ihr als Buße auf, dem Ehemann alles zu sagen. Der Erfolg ließ nicht auf sich warten: der Direktor reiste mit Frau und Kindern ab. Mein

Onkel aber, den Tag über mit seinem guten Freund, dem Prinzen von Caraman Chimay, gemütlich auf der Jagd, brachte es am selben Abend noch fertig, sein Gewehr so zu reinigen, daß er auf der Stelle tot war.

Nach dem Tod meiner Mutter hatte sich mein Vater auf der Rückreise von St. Petersburg in Warschau aufgehalten und dort Frau Natanson kennengelernt, die sich kurz darauf in Paris von ihm heiraten ließ. Sie war eine kluge Frau. Es dauerte nicht lange, bis sie sich einen Kreis berühmter Künstler geschaffen hatte – obwohl deren Werke zuweilen recht mittelmäßig und alle sehr akademisch waren. Aus ihrer ersten Ehe hatte sie einen epileptischen Sohn und eine schwindsüchtige Tochter, die mit ihren achtzehn und zwanzig Jahren dem kleinen Mädchen, das ich damals war, wie Greise schienen. Von meinem Vater hatte sie später einen Sohn, den sie vergötterte.

So fand ich mich – mit meinen älteren Brüdern François und Ernest – mit einem Schlag aus dem Zauberschloß meiner Großeltern in ein trauriges Haus der Rue de Vaugirard versetzt, wo mein Vater sein Atelier besaß. Ich hatte sofort das Gefühl, ringsum von Feindseligkeit umgeben zu sein. Meine einzigen Vertrauten waren mein jüngerer Bruder Ernest und die Köchin des Hauses, zu der ich mich des Nachts flüchtete, um mich an ihrem üppigen und zärtlichen Busen über den Mangel an Liebe, an dem ich grausam litt, zu trösten. Meinen Bruder François, der auf dem Gymnasium war, sah ich nie, und Ernest erzählte mir den lieben langen Tag von der Schönheit, Güte und Sanftmut unserer Mutter, deren Erinnerung ihn mit aufrichtigem Haß gegen unsere Stiefmutter erfüllte. Die gute Frau konnte mich übrigens nicht ausstehen. Ich hatte gräßliche Angst vor ihr; denn sie konnte es nicht lassen, mich zu kneifen, sobald ich in Reichweite kam.

Eines Tages wurde Ernest zur Strafe für irgendeine Dummheit in das Zimmer Claires, der Tochter meiner Stiefmutter, eingeschlossen. Am nächsten Tag bemerkte man, daß eine kleine goldene Uhr von dort verschwunden war. Der unglückliche Junge hatte sie beim Spielen zerbrochen, Angst bekommen und in den Ausguß geworfen. Er mußte vor einem Familienrat erscheinen. Man ließ ihn auf ein Kruzifix und auf das Bildnis seiner Mutter schwören, daß er nicht schuldig sei. Ich sehe noch den Blick des fassungslosen Kindes. Es hielt nicht mehr an sich, packte leidenschaftlich das Bildnis seiner Mutter und bedeckte es mit Küssen. Dann schwor er, halbtot vor Angst, alles, was man von ihm wollte.

Da beschloß ich voll Schrecken, davonzulaufen und zu meiner Großmutter zurückzukehren. Mit einigen Groschen in der Tasche rannte ich durch die Straße, so schnell ich konnte. Bald war ich eingeholt, mußte eine Tracht Prügel einstecken, kam in ein Pensionat, und Ernest mußte ins Internat.

Fräulein Maurice, die in der Avenue Niel ein Pensionat leitete, war das Muster einer ausgetrockneten alten

Jungfer. Um mir den Geschmack am Ausreißen zu nehmen, begann sie damit, daß sie mich sechs Monate lang in meinem Zimmer eingeschlossen hielt.

Zum Glück war meiner Stiefmutter, die sehr musikalisch war, trotz allem meine Begabung aufgefallen. Sie ließ mich von ausgezeichneten Lehrern unterrichten. Ich spielte die zwei- und dreistimmigen Fugen von Bach auswendig, bevor ich lesen und schreiben konnte.

In der Avenue Niel pflegte ein Leierkastenmann vorbeizukommen, dessen Ankunft ich fieberhaft erwartete, denn seine Musik berauschte mich. Ich wollte ihm unbedingt meine Dankbarkeit beweisen, aber mein ganzes Vermögen bestand in einem goldenen Schweinchen, das ich so abgöttisch liebte, daß mir bei der Vorstellung, mich von ihm trennen zu müssen, das Herz brach. Unter vielen Seufzern entschloß ich mich dennoch, es meinem Freund am Leierkasten zu schenken, und warf es ihm eines Tages vom Balkon aus zu. Der Blick des Mannes bewies mir, daß er die Größe meines Opfers wohl ermessen konnte. Wohin mag ihn sein Leierkasten entführt haben? Ich habe ihn niemals wiedergesehen.

Nach dem endlosen Winter bei Mademoiselle Maurice schickte man uns, meine Brüder und mich, den Sommer über nach Hall, wo ich voll Entzücken das Haus meiner Großmutter wiedersah. Unter den Eingeladenen waren damals als Ehrengäste Franz Liszt mit einer Dame in Männerkleidung und der erste Gatte Cosimas, Hans von Bülow, den sie eben verlassen hatte, um zu Wagner zu gehen. Noch sehe ich deutlich Liszts Antlitz vor mir, von langen Haaren eingerahmt und von Warzen verunziert. Er jagte mir fürchterliche Angst ein, als er mich am Klavier auf die Knie nahm, um mich Beethovens ›Bagatelle‹ in es-Moll spielen zu lassen. »Ah, wenn ich noch so spielen könnte!...« seufzte der geniale Alte, während er mich wieder zu Boden setzte. (Mein großer Kummer war damals, daß meine Füße die Pedale noch nicht erreichen konnten.) Die Diners waren glänzender denn je. Die gesamte belgische Aristokratie fand sich rings um die Tafel mit den zauberhaften böhmischen Gläsern ein. Tag und Nacht hallten die Wände des riesigen Hauses von einer Musik, die meine Mädchenohren entzückte. Die Künstler waren hier ein für alle Mal zu Hause. Es war die Zeit, in der auf allen Klavieren Wagner-Partituren lagen, die man zu entziffern suchte.

Im Laufe dieses Sommers geschah es auch, daß Alexander Dumas in Hall Julie Féguine traf, eine junge russische Verwandte meiner Großmutter. Er war von ihrer Schönheit so geblendet, daß er nicht zögerte, sie – trotz ihres kräftigen slawischen Akzents – in der Comédie Française die ›Caprices de Marianne‹ spielen zu lassen.

Sie hatte übrigens einen großen – Schönheits-Erfolg. Aber der armen Kleinen sollte ein tragisches Schicksal beschieden sein. Sie wurde die Geliebte des Prinzen von Sagan und war überzeugt, daß er sie heiraten würde – da hörte sie von seiner in Kürze bevorstehenden Vermählung mit Fräulein Guzman-Blanco. Einen Tag, nachdem sie von diesem Unglück erfahren hatte, kam Sagan zu ihr, während sie im Bade war. Sie nahm einen Revolver von ihrem Toilettentisch, gebot ihm, nicht einen Schritt weiterzugehen und ihr zu schwören, daß die Nachricht von seiner Heirat falsch sei, sonst werde sie sich auf der Stelle töten. Als der Prinz sich damit begnügte, die Achseln zu zucken, setzte sie die Waffe an und erschoß sich. Sie war noch nicht Zwanzig. Ich entsinne mich noch heute ihres reizenden Gesichtes, der Flut ihres blonden Haares.

Inmitten dieser leidenschaftlichen Künstler und der entfesselten Romantik bildeten wir Kinder eine richtige Bande, der man alle Freiheit ließ. Unser Hauptquartier befand sich im Hühnerstall. Da ich die Kleinste war, begriff ich nicht ganz, worin die ›Höllenspiele‹ bestanden, denen man sich dort hingab, um so weniger, als ich im spannendsten Augenblick vor die Tür gesetzt wurde. Was ging im Heu und im Hühnerkot zwischen all den nur zu wißbegierigen kleinen Ungeheuern vor? Meine Einbildungskraft blieb hier ganz im Ungewissen.

Selbst die Höllenfreuden haben ein Ende, und die Stunde der Abreise schlug. Meine Brüder kehrten ins Gymnasium zurück. Über mich entschied die Familie, mich zu meinem Onkel und zu meiner Tante Coster zu schicken.

Sie waren Großindustrielle, hatten keine Kinder und wünschten, mich zu adoptieren. Da sie sehr reich waren, war für meine Stiefmutter dieser Plan sehr verlockend, und so kam ich im Herbst in ihr großes Haus in Gent. Ich wurde ihre Puppe, ein sehr elegantes Spielzeug.

Die Hauptbeschäftigung meiner Tante bestand darin, am Fenster zu sitzen, von dem aus sie dank eines ›Spions‹ etwaige Besucher erspähen konnte, während sie ohne Unterlaß Kaschmirschals bestickte. Niemals ist mir eine Handarbeit langweiliger erschienen.

Mein Onkel war recht vulgär und wahrscheinlich auch fast impotent, denn er schenkte seiner Frau, trotz deren auffallender Schönheit, kaum mehr Beachtung. Ich hatte gegen ihn eine heftige Abneigung. Sein brutales Gebaren und sein Zigarrenrauchen sind für mich ekelerregende Erinnerungen geblieben.

Unterdessen verkümmerte meine von ihrem unangenehmen Gemahl verlassene Tante zwischen ›Spion‹ und Kaschmirschal. Eines schönen Tages nahm sie, weil ihr Wagen nicht benutzbar war, für irgendeine Besorgung die Straßenbahn. Als sie ihre Fahrkarte löste, hob sie die Augen zum Schaffner: dieser Mann entschied über ihr Leben. Es war Liebe auf den ersten Blick. Sie verliebte sich so heftig, daß von nun an das einzige Problem ihres Lebens darin bestand, Vorwände zu erfinden, die es ihr erlaubten, mit der Straßenbahn zu fahren und den Gegenstand ihrer Liebe wiederzusehen. Ich kann mir das schreckliche Drama gut vorstellen, das aus einer so unschicklichen Leidenschaft für eine junge anziehende Frau entstand, die in einer

Provinzstadt lebte, wo schon ihre Eleganz bei der Gesellschaft Anstoß erregte. Offenbar entschloß sie sich, zu verzichten, denn sie legte sich plötzlich zu Bett und verweigerte jede Nahrung. Bald ließ sie die Fensterläden schließen: das Licht tat ihr weh. Dann drehte sie sich, gekrümmt wie ein Flintenhahn, zur Wand und rührte sich nicht mehr. Drei Wochen später war sie tot. Als man sie zum letzten Male anziehen wollte, waren ihre Beine in der gekrümmten Haltung, die sie ihnen ein für allemal gegeben hatte, so steif geworden, daß man sie brechen mußte, um sie in den Sarg zu legen.

Diese düstere Episode schloß den Aufenthalt bei meinem Onkel Coster ab. Nun steckte man mich ins Kloster Sacré-Coeur auf dem Boulevard des Invalides. Dort sollte ich sechs Jahre bleiben.

IM KLOSTER SACRÉ-COEUR

Mein Vater hatte sich um diese Zeit in der Rue de Prony ein Haus bauen lassen. Der Parc Monceau war damals die Gegend, wo ›man bauen ließ‹. Die Fassade des Hauses war, von ihm entworfen, verhältnismäßig einfach, da ihr Schmuck nur aus vier großen Medaillons in Goldmosaik bestand, die Shakespeare, Dante, Michelangelo und Leonardo da Vinci darstellten. Die Villa hatte zwei Eingänge, der Haupteingang führte rechts zum Bildhaueratelier. Diesem Eingang gegenüber erhob sich eine mächtige Treppe mit einer dicken roten Samtkordel. Diese Treppe spielte eine große Rolle im Leben von uns Kindern. Wir stellten uns unten an den Stufen auf, um das Fortgehen der Gäste zu beobachten. Die größte Anziehungskraft übte der Abgang des Ehepaars Alphonse Daudet aus. Der arme Mann war rückenmarksleidend. Beim Anblick dieser Unmenge Stufen, die er nun mit dem samtenen Seil überwinden mußte, überfiel ihn ein Zittern, das er nicht unterdrücken konnte. Frau Daudet klopfte ihm dann, gewissermaßen aufmunternd, leicht auf den Rücken, während wir, in der Hoffnung auf einen schönen Sturz, fast erstickten vor Lachen.

Wir benutzten die Treppe auch zum Theaterspielen. Ich verwandelte mich in eine barfüßige Ballerina und erfand unablässig neue Pas, um vom obersten Treppenabsatz aus tanzend im Erdgeschoß zu landen. Die andere Treppe hatte ein Geländer, sie führte ins erste Stockwerk und war völlig mit königsblauer Jute bespannt, der goldene Lilien gesteigerten Glanz verliehen. Der große Salon war mit rotem Damast tapeziert, und sogar die Decke hatte eine Tapisserie, die von schweren Goldkordeln gehalten war. Auf dem Gesims oben an der Wand stand in großen gotischen Buchstaben folgende Inschrift: ›Liebe die Natur mehr als die Kunst. Die Kunst mehr als den Ruhm. Die Kunst ist das Mittel. Die Natur ist der Ursprung.‹ Ein prunkvoller, mit Fayencen des Luca della Robbia geschmückter Kamin füllte den Hintergrund aus. Ihm zur Seite standen Schränkchen aus italienischem Schildpatt. Die Möbel waren mit Stickereien im Stil Louis XIII überzogen. In der Mitte des Raumes überragte den riesigen, mit Atlas gepolsterten Sockel eine Säule, die eine stehende Jeanne d'Arc in Bronze trug. Rings um Jeanne d'Arc herum standen Blattpflanzen unter einem kunstvollen Bewässerungssystem, das Wassertropfen niederrieseln ließ, ohne etwas naß zu machen, was für mich ein vollkommenes Geheimnis geblieben ist.

Das Boudoir war ganz und gar chinesisch – Stoffe, Porzellan und Nippsachen. Es war von zwei schreckenerregenden Drachen aus schwarzer Bronze erhellt, deren jeder den Strahl einer Gasflamme ausspie.

Das geräumige und düstere Speisezimmer war italienisch eingerichtet und seine Wandbespannung daher aus dunklem korduanischem Leder. Es öffnete sich auf einen Wintergarten, in den ich alle Liebesszenen verlegte, die ich mir nach heimlich gelesenen Büchern vorstellte. Vom Wintergarten ging es in den Garten hinunter.

Die Sehenswürdigkeit des Gartens bildete ein Pony, das auch zum Atelier meines Vaters freien Zutritt hatte und es sich nicht nehmen ließ, von hier aus das übrige Haus zu besichtigen. Oft erschien es bei den Mahlzeiten im Eßzimmer, um seinen Zucker zu verlangen.

Im ersten Stock waren die Schlafzimmer meines Vaters und meiner Stiefmutter, die Bibliothek und ein Salon. Im zweiten lagen die Kinderzimmer.

Das Haus meines Vaters war nicht weniger gastfrei als das meiner Großmutter. Aber die Künstler, denen die Vorliebe meiner Stiefmutter galt, hatten leider nicht das Niveau derer von Hall. Sie schwärmte für die Akademie und die offiziellen Salons ; das Ehepaar Daudet, die Carolus Duran, der Verleger Charpentier, der Doktor Pozzi, die Ménard Dorian, Félicien Rops, Abel Hermant, Edmond Haraucourt, das waren die Stammgäste.

Pozzi war eine glänzende Erscheinung mit einer Vorliebe fürs Mystische. Er hatte einen Geheimbund gegründet, die ›Liga der Rose‹. Wer von den Mitgliedern verheiratet war, durfte seinen Ehepartner zu den Sitzungen der Liga nicht mitbringen. Diese Vorschrift war von der einfachsten Vernunft diktiert, denn die Statuten ermächtigten die Mitglieder, alles zu sagen und zu tun. Es war eine Art ›Wahrheitsspiel‹ der Epoche, das aber auch vom Wort zur Tat überging. Die Vereinigung wurde äußerst ernst genommen. Muß ich sagen, bis zu welchem Grade sie meine Einbildungskraft beschäftigen konnte? Ich hatte genügend Zeit, über dieses Thema nachzudenken, während der langen Wochen im Sacré-Coeur, wo ich nur einmal im Monat ausgehen durfte. Ich traf dann meinen kleinen Bruder Cipa wieder, der, als Sohn meiner Stiefmutter, ein Anrecht auf die schönsten Spielsachen der Welt hatte. Aber ich durfte diese Schätze, die sein Zimmer füllten, nicht anrühren.

Meine Patin, Gräfin Zamoïska, hatte ein Töchterchen in meinem Alter verloren und mich sehr in ihr Herz geschlossen. Zu jedem Fest schickte sie mir prächtige Geschenke. Ich erinnere mich mit Entzücken an eine in braunen und grünen Atlas gekleidete Puppe. Sie war fast ebenso groß wie ich. Ich taufte sie Rosa. Rosa konnte die Augen schließen und sagte Papa und Mama mit einer Stimme, die mir geradewegs ins Herz drang. Selbstverständlich durfte ich sie nicht ins Kloster mitnehmen. Während dieser endlosen Monate der Trennung beherrschte sie meine Träume, und ich zählte fieberhaft die Tage, die ich ohne sie leben mußte. Als ich endlich wieder nach Hause kam, war Rosa nicht mehr da. Zuerst begriff ich es nicht. Ein so schreckliches Unglück war gar nicht möglich. Ich würde sie wiederbekommen. Ich würde sie wieder mit Küssen bedecken, ihr sagen können, was ich fern von ihr hatte erdulden müssen. Aber nein, es stimmte: meine Stiefmutter war von dem Überschwang meiner Liebe zu dem einzigen Wesen, das ich liebkosen konnte, offenbar beunruhigt und hatte sie verschenkt.

Im Sacré-Coeur lernte ich buchstäblich nichts. Mit Hilfe eines dünnen Golddrahts, den man mir im Mund angebracht hatte, um meine Zähne geradezustellen, lispelte und stotterte ich so gut, daß die Lehrerin, wenn sie mich abhören wollte, recht schnell auf solche Übungen verzichtete, die nur allgemeine Heiterkeit hervorriefen. Sowie die Gefahr vorbei war, nahm ich den lästigen Apparat aus dem Munde.

Wenn ich mich morgens anzog, rollte ich geschickt mein Nachthemd zusammen und schob es hinten unter mein Kleid, um mir eine ›Turnüre‹ anzulegen, wie sie die Erwachsenen trugen. »Marie Godebska, nehmen Sie sofort diese Turnüre weg!« schrie regelmäßig die brave Schwester, die mit der Kontrolle unserer Uniform betraut war. Ich verfertigte mir natürlich am folgenden Tag wieder eine.

Eine meiner kleinen Schlafgefährtinnen war eine Meisterin in der Kunst des Fliegenfangens geworden. Geduldige Studien an diesen Tieren hatten es ihr ermöglicht, genau die Stelle zu finden, durch die man die Nadel stechen mußte, um sie aufzufädeln, ohne daß sie starben. Sie verfertigte sich auf diese Weise Ketten aus lebenden Fliegen und geriet in Entzücken über das himmlische Gefühl, das ihre Haut bei der Berührung der kleinen verzweifelten Füße und zitternden Flügel empfand. Ich war davon bis zum Erbrechen angeekelt. Vielleicht hatte sie sich an den ›Malheurs de Sophie‹ inspiriert?

Einmal in der Woche hatten wir ›Anstandsunterricht‹. Der Lehrer war ein kleiner, mit einer winzigen Violine bewaffneter Greis, der uns den Knicks, den Walzer und die Quadrille beibrachte.

Der Knicks war eine feierliche Handlung, die verschiedene und wohl zu unterscheidende Abstufungen enthielt : sie ging vom großen Hofknicks (sechs Schritte vor, vier zurück und die traditionelle Kniebeuge auf dem vierten Schritt – diese Begrüßung war nur für Besuchstage im Sprechzimmer und der Schrecken vieler kleiner Mädchen, denn man mußte, ohne sich umzudrehen, die Türe hinter sich schließen) bis zum einfachen kurzen Knicks, der die Kniebeuge am Standort erforderte. Dann verwandelte sich die Miniaturgeige in einen Dirigentenstab, der unsere Bewegungen regelte, und der kleine alte Herr stellte die gedachte Person dar, die wir grüßen mußten. Die verschiedenen Arten und Betonungen, um ›bon jour‹ und ›au revoir‹ auszusprechen, je nachdem es sich an einen Höhergestellten oder an einen Untergebenen richtete, erforderten gleichfalls endlose Proben. Wenn dem ›bon jour‹ ein ›monsieur‹ folgte, so war das ein eindeutiges Zeichen dafür, daß man es mit einem Tieferstehenden zu tun hatte.

Der einzige glückliche Wochentag war der meiner Klavierstunde. Eine Nonne führte mich donnerstags zu Fauré. Es ist für mich ein Geheimnis geblieben, warum meine Stiefmutter, deren Umgebung aus größtenteils mittelmäßigen Künstlern bestand, mir diesen hervorragenden Musiker als Lehrer auswählte; sein wunderbarer Unterricht vermittelte mir eine grundlegende Kenntnis des Klavierspiels, die mir mein ganzes Leben lang viele Stunden reiner Freude verschafft hat.

Er hatte mich in Valvins, wo mein Vater ein Haus neben dem Mallarmés gekauft hatte, kennengelernt. Fauré hörte mich spielen, als ich kaum sechs Jahre alt war, und mein Spiel hatte ihm so starken Eindruck gemacht, daß er meine Eltern bat, ihm meine musikalischen Studien anzuvertrauen. Das war einer der Glücksfälle meines Lebens. Sein Unterricht bestand zum großen Teil darin, daß er mir vorspielte. Er hatte schnell verstanden, daß ich die Feinheiten seiner Kunst erfaßte und behielt: eine einzige Phrase einer Beethoven-Sonate, die er liebevoll ausgewählt hatte, lehrte mich ein für allemal *das Atmen*.

In den sieben Jahren des Sacré-Coeur, die mir wie ein finsterer Tunnel vorkommen, ist Fauré mit seiner Freundlichkeit, mit der Freude, die ich im Laufe meiner Fortschritte in seinen Augen las, der einzige Lichtblick geblieben.

Aus meinem sechsten Jahr im Kloster ist mir übrigens eine unheimliche Erinnerung geblieben: ich wurde einmal mitten in der Nacht von einer Schwester geweckt, man kleidete mich ohne Erklärung an und führte mich zu meinem Vater in die Rue de Prony. Das Haus war voller Menschen, die flüsterten wie in einer Kirche. Meine Stiefmutter war gestorben. Man zog mich gewaltsam in das Sterbezimmer. Ich zitterte vor Angst. Zum ersten Mal in meinem Leben stand ich dem Tod gegenüber.

»Küsse sie!« sagte mein Vater schluchzend. Meine Zähne klapperten. Ich fühlte das Blut in meinen Adern erstarren. Man mußte mich zu diesem Kuß, dessen Schrecken mir für immer im Gedächtnis haften geblieben ist, ans Bett stoßen. Im Tode flößte sie mir noch mehr Angst ein als im Leben.

Mein Vater liebte die Gegenwart des Todes kaum mehr als ich. Der Gedanke, die Nacht neben der sterblichen Hülle seiner Frau zu verbringen, war ihm so peinlich, daß er die Marquise de Gauville rufen ließ, ihm Gesellschaft zu leisten. In Wirklichkeit war sie seine Geliebte.

Ich bin ganz sicher, daß mein Vater in seinem Verhalten nicht die geringste Unschicklichkeit sah. Ebenso wie er beim Tode meiner Mutter Petersburg eiligst verlassen und bei Frau Natanson Zuflucht gesucht hatte, so floh er jetzt vom Totenbett seiner zweiten Frau und rief Madame de Gauville. Das war seine Art. Er heiratete sie kurz darauf, genau so, wie er sich mit der anderen verheiratet hatte.

Frau Natanson hinterließ mir dreihunderttausend Francs und alle ihre Diamanten. Das Geld wurde mir bei meiner Heirat übergeben, aber die Marquise eignete sich alle Diamanten an : es waren sehr schöne Solitäre. Mein Vater aber vermählte sich mit ihr und zog zu ihr in die Rue de la Pompe, da das Haus in der Rue de Prony den Kindern von Frau Natanson zufiel.

Von nun an ging ich also einmal im Monat, am Ausgangstag von Sacré-Coeur, in die Rue de la Pompe. Meine neue Stiefmutter gewann schnell mein Herz. Sie begegnete mir mit einer Zärtlichkeit, wie ich sie nicht mehr gewöhnt war, und ich begann, sie leidenschaftlich zu lieben. Vom Kloster aus schrieb ich ihr schwärmerische Briefe.

Unser Briefwechsel wurde natürlich überwacht. Eine der Ordensschwestern ließ mich rufen. Sie hatte einige Blätter vor sich, auf denen ich rasch meine Schrift erkannte. Ihre Augen waren voll Güte, und sie sagte mir sehr sanft mit ihrer tiefen Stimme : »Mein Kind, nur Gott darf man auf diese Art lieben. Geben Sie acht! Wenn Sie fortfahren, auch im Leben so zu lieben, wird die Liebe Sie töten.«

Ich sollte übrigens bald von meiner Stiefmutter getrennt werden, denn meine Eltern fuhren nach Brüssel, wo sie sich endgültig niederließen.

Damals war ich ungefähr zwölfeinhalb Jahre alt. Bis zu meinem vierzehnten Lebensjahr hatte ich kaum mehr Beziehung zu meiner Familie. Mein Vater, dessen Wiedervermählung ein wenig voreilig gewesen war, zog es vor, seine Verbindungen mit Paris zu lockern, und so verließ ich kaum mehr das Sacré-Coeur. Aus dieser

Zeit meines Lebens erinnere ich mich nur noch an meine wachsende Leidenschaft für die Musik. Ich widmete mich ihr völlig, jedes andere Lehrfach langweilte mich zu Tode.

DIE FLUCHT

Als ich meine Stiefmutter wiedersah, hatte ich Mühe, in ihr noch die Frau zu erkennen, die ich so sehr geliebt hatte. Die Marquise de Gauville hatte immer schon Gefallen an Likören gefunden, und nun artete diese Neigung zur unmäßigen Leidenschaft aus. Schon am Morgen, zum ersten Frühstück, tunkte sie ihr Brot in ein großes Glas Chartreuse. Zugleich mit der sich entwickelnden Neigung zum Alkohol hatte sich ihre Abneigung gegen meine beiden Brüder gebildet, und sie betrug sich wie eine wahre Rabenmutter. Der arme Ernest hatte nach heftigen Familienszenen mit einer Erziehungsanstalt Bekanntschaft gemacht und befand sich zur Zeit in einer Militärschule, von wo aus man ihn etwas später nach Indochina expedierte. Und Cipa, den sein Leiden vor ähnlichem Schicksal bewahrte, diente unserer Stiefmutter als Sündenbock. Ihm wurde nichts erspart.

Mein Vater war von seiner Arbeit und seinem gesellschaftlichen Leben völlig in Anspruch genommen. Er hatte kaum eine Vorstellung von dem Schicksal, das den Kindern beschieden war. In solcher Stimmung war das Haus, in das ich kam, um die Sommerferien zu verbringen. Der Ausbruch des Dramas sollte nicht lange auf sich warten lassen.

Der Vorwand war nichtig. Meine Stiefmutter hatte mir einen kleinen Ring geschenkt, der einem ihrer Kinder aus erster Ehe gehört hatte. Eines schönen Tages rutschte der Ring, während ich mir die Hände wusch, in den Ausguß des Waschbeckens.

Bei Tisch bemerkte man das Unheil. In ihrem Zorn sagte meine Stiefmutter solche Abscheulichkeiten, daß ich die Herrschaft über meine Nerven verlor, ihr meinen Teller an den Kopf warf und mich davonmachte.

Von meinem Zufluchtsort, dem Wintergarten, belauschte ich ein wenig später ein Gespräch nebenan im Salon, aus dem hervorging, daß man mich in eine Besserungsanstalt schicken wollte. Mir glühte der Kopf. In meinem Hirn verwirrte sich alles. Ein einziger Gedanke blieb klar und setzte sich mehr und mehr durch : Fliehen! Dieses Haus, in dem ich nichts als Haß zu spüren bekam, auf irgendeine Weise verlassen und niemals wieder dorthin zurückkehren. Mein Plan war rasch gefaßt. Vor allem brauchte ich Geld. Ich dachte sofort an einen alten Freund meines Vaters, der ein Töchterchen in meinem Alter und seit jeher eine Schwäche für mich gehabt hatte. Es war der Konsul von Portugal. Ohne zu zögern, teilte ich ihm meine Absicht mit und bat ihn um viertausend Francs.

Wie habe ich es angestellt? Welche Überzeugungsgabe wußte ich zu entfalten? Das Übermaß meines Unglücks und die Festigkeit meines Entschlusses mußten wohl deutlich in meinen Augen zu lesen sein, denn er gab mir schließlich nicht nur das Geld, sondern versprach mir auch Stillschweigen.

Um Mitternacht, während der Salon noch voller Gäste war, verließ ich das Haus, ohne von jemand beachtet zu werden. Ich nahm nur eine kleine Tasche mit dem Notwendigsten mit.

Die Straße jagte mir entsetzliche Angst ein. Obwohl die Nacht verhältnismäßig hell war im September, fürchtete ich mich, ich weiß nicht, vor welcher Gefahr, besonders aber davor, erwischt zu werden. Ich muß dazu sagen, daß ich auch am hellen Tag nie ohne Begleitung ausging. Aber nicht einen Augenblick dachte ich daran, umzukehren. Geradeaus gehend erreichte ich ein Gehölz, wo ich einige Zeit versteckt bleiben wollte. Bald hörte ich Stimmen, die sich näherten, und ich wagte nicht mehr, mich zu rühren. Mein Herz schlug wie eine Glocke. Eine ganze Stunde lang blieb ich wie ein gehetzter Hase in meinem Gestrüpp zusammengekauert. Schließlich dachte ich, die Gefahr sei vorüber, und nahm meinen Weg auf der Straße nach Antwerpen wieder auf, halb im Laufschritt, halb zitternd vor Furcht. Schon in einem Vorort der Stadt strandete ich in der ersten Kneipe, die ich sah, und verlangte ein Zimmer. Dort machte ich Bekanntschaft mit Wanzen. Am frühen Morgen stieg ich in eine Straßenbahn, die in meine Richtung fuhr. Meine Füße waren ganz blutig. Von Antwerpen nahm ich ein Schiff nach London, dem Ziel meiner Reise. Eine Stadt auf einer Insel erschien mir als ideales Versteck. Das Meer, das mich fortan von meiner Familie trennte, schenkte mir ein wunderbares Gefühl von Sicherheit. Ich kann mich nicht mehr entsinnen, wer mir die Adresse einer Familienpension in der Chapel Street 2 gab. Jedenfalls ging ich unverzüglich hin. Das Haus war außerordentlich sauber und gediegen. Der Wirt stellte keine Fragen, und meine einzige Sorge war, mich schleunigst nach einem Klavier umzusehen, das in mein kleines Zimmer hineinging. Ich kannte keine Menschenseele, und dieses Inkognito gab mir ein solches Gefühl von Freiheit, daß ich davon buchstäblich trunken war : die Straße war für mich ein ständiger Rausch.

Mein Haar war zu dieser Zeit noch von einer ›Katogan‹-Schleife zusammengehalten. Um mir ein gewichtiges und ehrfurchtgebietendes Aussehen zu geben, entschloß ich mich, einen Hut zu kaufen. Er war schwarz, sehr flach, hatte Bänder und eine mit Jett geschmückte Schleife. Es war anscheinend ein Modell für Witwen, aber er hatte mich, als ich ihn in der Auslage entdeckte, so begeistert, daß er mir als das Schönste vom Schönen erschien. Auf dem Scheitel einer Vierzehnjährigen sieht vermutlich alles hübsch aus.

Zwei Monate in London vergingen rasch mit Klavierspielen und Spazierengehen in den Straßen, ohne daß mich jemand ansprach. Ein Kind hat das Vorrecht geheimnisvollen Schutzes. Vielleicht liegt das zum Teil an seiner Unschuld und seinem Stolz.

Da ich von meiner Familie nichts mehr hörte, hielt ich alle Gefahr für beseitigt und beschloß, nach Paris zurückzufahren.

Eine schreckliche Reise in der Dritten Klasse mit einer entsetzlichen Übelkeit auf dem Schiff. Im Zug von Calais traf ich eine gute Frau, sie hieß Armandine und war von meiner Jugend gerührt. Sie sprach so freundlich mit mir, daß ich ihr sofort meine Sorgen gestand. Da ich nicht wußte, wo ich in Paris absteigen sollte, brachte sie mich in einem kleinen Hotel unter. Sie kümmerte sich weiterhin um mich und fand für mich bald ein kleines Logement in der Rue Saint-Jean, nahe der Avenue de Clichy. Ein Logement kostete zu dieser Zeit weniger als 550 Francs im Jahr und war steuerfrei.

Meine neue Wohnung bestand aus einem kleinen Vorzimmer, zwei Zimmern, einen Ankleideraum und einer Küche. Armandine riet mir, die Möbel bei Dufayel zu kaufen, weil man dort in Monatsraten bezahlen konnte. Ich wählte ein Bett und einen Spiegelschrank aus Bambusholz und ließ das eine Zimmer rosa, das andere himmelblau tapezieren. Meine Einkäufe beglich ich mit hundert Francs im Monat.

Besonders liebte ich die Vorhänge meines Schlafzimmers : himmelblau, rosa und weiß gestreift, mit einem zarten Silberfaden! Aber mein ganzer Stolz und meine ganze Begeisterung galten einer schmiedeeisernen Laterne mit Scheiben in allen möglichen Farben. Immer, wenn ich heimkam, stieg ich auf einen Stuhl, um meiner Laterne einen Kuß zu geben. Sie war mit ›elektrischem Gas‹ beleuchtet. Das war der letzte Schrei. Armandine, die endgültig in meinen Dienst getreten war, sollte, als ich mich ein Jahr später verheiratete, alle meine Schätze der Avenue de Clichy erben.

Kaum war ich eingerichtet, benachrichtigte ich meinen lieben Fauré von meiner Rückkehr und dachte auch daran, meinen Vater zu beruhigen. Dabei erfuhr ich, daß meine Stiefmutter einige Tage nach meinem Verschwinden ganz einfach beschlossen hatte – Trauer zu tragen!

In dieser Zeit kam die Nachricht vom Tode meines Bruders Ernest. Sie war niederschmetternd für mich. Ihm hatte die innigste Zuneigung meiner Kindheit gegolten. Mit neunzehn Jahren fand er den Tod in einem Hinterhalt in Tonking. Er war zu einer Erkundungsfahrt auf einer Dschonke flußabwärts gefahren und hatte sich, gerade als der Feind herankam, in ganzer Größe aufgerichtet: eine Kugel hatte ihn zwischen die Augen getroffen. Bald darauf erhielt ich einen Brief von ihm. Er sprach mir von seinem Abscheu vor dem Soldatenberuf und seinem Wunsch zu sterben; denn er hätte nicht einen glücklichen Tag gehabt. Das Datum seines Todes war– welch seltsamer Zufall! – genau das meiner Flucht.

Da meine viertausend Francs sich zu erschöpfen begannen, bat ich Fauré, mir Klavierstunden zu verschaffen. Er fand sofort eine Schülerin für mich, eine der Töchter Benckendorfs, des russischen Botschafters.

Bald wollten auch die ältere, dann die jüngste, schließlich noch seine Frau und er selbst Stunden bei mir nehmen! Auf diese Weise verließ ich kaum noch ihr Haus, in dem ich sehr verwöhnt wurde. Ich hatte schon bald genügend Schüler, um mein Brot auf schickliche Weise zu verdienen. Mein Honorar betrug acht Francs die Stunde.

Mein Vater nahm die Sache ruhig auf und besuchte mich sogar oft in der Rue Saint-Jean, denn ich weigerte mich natürlich, noch einen Fuß in das Haus seiner Frau zu setzen.

Kurz darauf traf ich eines Tages auf der Straße Herrn Natanson, der mein Schwiegervater werden sollte. Er hatte mich seit Jahren nicht gesehen und war von der Vorstellung, daß ich mein Leben durch Arbeit verdiente, so ergriffen, daß er meine Wohnung kennenlernen wollte.

Ich merkte, daß er fassungslos war. Er redete von Skandal und übernahm es, einen Familienrat einzuberufen. Meine Stiefmutter tobte natürlich und sprach wieder von Besserungsanstalt. Noch einmal ins Sacré-Coeur zurückzukehren, damit konnte ich mich jetzt, nachdem ich die Unabhängigkeit kennengelernt hatte, ganz und gar nicht befreunden. Deshalb erklärte ich kaltblütig, ich würde das Kloster in Brand stecken.

Mein Vater hatte als einziger Verständnis, daß ich auf meine Freiheit nicht mehr verzichten könnte; ich hatte sie zu teuer erkauft, um mich in ihren Verlust zu fügen. Er setzte durch, daß ich in eine ausgezeichnete ›Familienpension‹ in der Rue Clement-Marot gesteckt wurde, weiterhin bei Fauré Stunden nehmen und bei Benckendorf welche geben durfte. Das Spiel war gewonnen.

In der Pension war einmal in der Woche ›Gesellschaftsabend‹. Ich erinnere mich an eine entzückende Amerikanerin, die Geliebte des alten Herrn Nobel – es war der Stifter des Nobel-Preises – und an eine Schauspielerin, aus der später Jane Avril wurde. Beide waren natürlich viel älter als ich und führten mich hie und da abends aus. Damals sah ich Thadée Natanson wieder, den Neffen meiner Stiefmutter. Er ging sofort zu meinem Vater, um ihn um meine Hand zu bitten. Ich war eben fünfzehn Jahre alt.

Fauré, der damals schon berühmt geworden war, brach in Tränen aus, als ich ihm meine Verlobung mitteilte. Er wollte um jeden Preis, daß ich die Künstlerlaufbahn einschlüge, und flehte mich an, dem Ehestand auf immer zu entsagen.

Sein Gesicht war tränenüberströmt. »Das darfst du mir nicht antun«, sagte er. »Übrigens, wenn du dich verheiratest, wirst du für immer unglücklich werden.«

Aber ich begann zu begreifen, daß Freiheit nur zu zweit möglich ist, und die Einsamkeit bedrückte mich.

Meine Großmutter hatte ihr Vermögen nun völlig aufgegessen und das Haus in Hall verkaufen müssen. Sie lebte jetzt in Brüssel, und ich entschloß mich, zu ihr zu fahren, um das gesetzliche Heiratsalter abzuwarten. Trotz dem Verlust ihres Geldes hatte die Gute weder ihre Unternehmungslust noch ihren Appetit verloren.

In dem winzigen Brüsseler Haus aß man ebenso erstaunlich gut wie in dem riesigen in Hall. Eines Tages ließ sie ihren Schwiegersohn (meinen Onkel Coster) rufen und teilte ihm ihre finanziellen Schwierigkeiten mit.

»Wie können Sie so sprechen, Mama,« sagte er, »das ist würdelos...«

»Ich habe keine Würde,« entgegnete die alte Dame, die an das für ihre Küche notwendige Geld dachte, »ich habe nur die Armut.« Schließlich kam er ihr doch zu Hilfe, aus Eitelkeit, wegen der fast täglichen Besuche der Königin.

Eines Tages kam, auf dem Boden eines von einem Bauern gezogenen Karrens im Stroh sitzend, Katherina, die alte Köchin aus Hall an. Sie wollte nirgends anders als bei meiner Großmutter sterben. Und sie tat es denn auch.

Ich verstand mich wunderbar mit der alten Dame, deren Herz immer noch das einer Zwanzigjährigen war. Ihre etwas bedrängte Lage hatte ihre natürliche Freigebigkeit nicht beeinträchtigen können, und so machte sie dem Pfarrer, da sie ihm kein Geld geben konnte, den berühmten goldenen Kranz mit den Blättern, in denen die großen Namen eingraviert waren, zum Geschenk. Er landete in der Kathedrale als Schmuck der wundertätigen Jungfrau!

Als ihr Sohn François von dieser Freigebigkeit erfuhr, machte er ihr eine abscheuliche Szene. Sie aber stellte sich auf die Spitzen ihrer kleinen Füße und versetzte ihm ein paar schallende Ohrfeigen.

Die Gute ging, außer zu ihrer morgendlichen Kommunion, kaum mehr aus. Nachmittags gegen vier Uhr kam oft die belgische Königin zu Besuch, und die beiden alten Damen plauderten unablässig, während sie ihren Milchkaffee tranken. Unterdessen blieb ich in meinem Zimmer eingeschlossen und verschlang Bücher.

In diesem Hause machte ich die Bekanntschaft von Van de Velde. Er erweckte als erster mein Verständnis für die Bedeutung der wirklichen Künstler der Zeit, in der wir lebten. Er gab mir Huysmans und Maeterlinck zu lesen. ›Là-bas‹ machte einen ungeheuren Eindruck auf mich, ich sah darin eine Art ›Einweihung‹.

Der Freundschaft der Königin mit meiner Großmutter verdankte ich eine Einladung zum Hofball. Man ließ mir ein Kleid aus blaßblauem Tüll mit einem breiten Moirégürtel machen. Als ich mich in dem riesigen Spiegel am Eingang des Palais erblickte, blieb ich vor der Erscheinung verdutzt stehen. Sobald ich aber begriff, daß ich das wirklich war, lief ich zum Spiegel und küßte – vor einer Armee bestürzter Lakaien – liebevoll mein Spiegelbild.

Dieser erste Ball war für mich ein vollendetes Märchen, und ich glaubte mich wahrlich im Paradies, als ich mit dem Kronprinzen Walzer tanzte.

Kurz nach diesem Ball ereignete sich in meinem Leben eine merkwürdige Begebenheit, deren Bedeutung mir erst wesentlich später klarwerden sollte. Eines Nachmittags lag ich auf meinem Bett, las Don Quichotte und lachte gerade aus vollem Hals, als es an meine Tür klopfte.

»Gnädiges Fräulein, die gnädige Frau bittet Sie, in den Salon hinunterzukommen«, hörte ich von draußen.

Ich sprang auf und ging auf Zehenspitzen, um meine Tür abzuriegeln. Nichts und niemand würde mich dazu bringen, hinunterzugehen. Ich war selbst über meinen Widerstand verwundert, da mir solche Launen im allgemeinen fremd waren. Meine Großmutter stieg persönlich herauf und flehte mich an, zu kommen. Aber weder Bitten noch Drohungen konnten mich zum Öffnen der Türe bewegen. Man sagte mir an diesem Abend bei Tisch, die Dame, die so sehr darauf bestanden habe, mich zu sehen, wäre die Schwester meiner Großmutter gewesen, dieselbe, die fünfzehn Jahre zuvor als Mätresse meines Vaters von ihm ein Kind bekommen hatte.

War es Instinkt, war es Vorahnung? Wenn ich auch damals von der tragischen Geschichte nicht das geringste wußte, so hatte mich doch nichts dazu bewegen können, eine Frau zu sehen, die unfreiwillig den Tod meiner Mutter verschuldet hatte.

Obschon es im neuen Haus nur noch zwei Flügel gab, wurde in dieser von leidenschaftlichen Wagnerianern bevölkerten Behausung immer noch viel musiziert. Mein Onkel Servais komponierte nach einem Textbuch von Leconte de Lisle eine Oper, die ›L'Appolinide‹ hieß. (Sie wurde später in Karlsruhe unter der Leitung von Felix Mottl gespielt.) ›Parsifal‹ war eben zum ersten Mal aufgeführt worden, und ich war von alten Herren umgeben, die sich mit Tränen in den Augen die Geschichte von der Taube und dem Gral erzählten. Ich gestehe, daß ich ihre Erregung nicht zu teilen vermochte.

Thadée kam einmal in der Woche und blieb zwei Tage. Sobald ich fünfzehn Jahre und drei Monate alt geworden war, heirateten wir. Da meine geliebte Großmutter einen Monat zuvor gestorben war, wurde es eine ziemlich traurige Hochzeit. Die Feierlichkeit fand bei meinem Onkel Coster statt. In einem Augenblick der Rührung hatte er mich zu seiner Alleinerbin bestimmt.

Ich hatte als Mitgift einen Betrag von dreihunderttausend Goldfranken bekommen. Sie gingen vollständig an die Firma Watrigant, das beste Wäschegeschäft in Brüssel, das mir eine märchenhafte Aussteuer arbeitete.

DEBUSSY UND IBSEN

In der Rue Saint-Florentin richteten wir uns eine Woh-
nung ein, die in sehr kurzer Zeit der Mittelpunkt der
von Thadée und seinem Bruder gegründeten ›Revue
Blanche‹ wurde.
So fand ich mich auf ganz natürliche Weise umgeben
von Mallarmé, Paul Valéry, Lautrec, Vuillard, Bonnard
(über diese drei letzteren machte sich damals alles
lustig; man hing ihre Bilder verkehrt auf), Léon Blum,
Félix Fénéon, Ghéon, der mir mit seinem bretonischen
Dialekt auf die Nerven ging, Tristan Bernard, Jules
Renard, dessen Frau Hausarbeiten machte, Henri de
Régnier, dem bezaubernden Mirbeau mit seiner Frau
– der Heldin des ›Calvaire‹ –, Jarry, La Jeunesse, Coolus, Debussy (der mit einer ganz schwarzen und ganz
schlanken Ziege verheiratet war), Vollard, der entzückenden Colette mit ihrem dreieckigen Gesicht und
einer so enggeschnürten Wespentaille, daß sie wie ein
Schulmädchen wirkte, und ihrem Mann Willy, den
wir ihren Professor nannten und dessen allzu unan-
ständige Geschichten ich kaum verstand. Mit einigen
Ausnahmen waren wir alle ›unter Dreißig‹, und ich

war Sechzehn. Man brachte mich in Wut, wenn man mich beim Anschauen meiner Bilder ›Snöbchen‹ nannte und fragte : »Ist das eine Kuh oder ein Berg?« Wir bildeten freilich eine kleine Welt für uns, über die sich diejenigen, die nicht dazu gehörten, schrecklich mokierten.

Pierre Louys, der in der Rue Gluck wohnte, lud eines Tages einige Freunde ein, um ihnen ein Meisterwerk zu Gehör zu bringen : ›Pelléas et Mélisande‹. Debussy spielte selbst auf dem Klavier und sang alle Rollen. Ich war die einzige Frau unter den Zuhörern. Ein Diener in weißer Weste reichte Cocktails. In meinem Leben hatte ich noch keinen getrunken. Sie waren in dieser Zeit aus einer Anzahl gelber, grüner und roter Liköre zubereitet, die in den Gläsern in Ringen übereinanderstanden. Auf einer Chaiselongue à la Récamier ausgestreckt, trank ich mehrere und war in Bewunderung einer lebensgroßen japanischen Puppe versunken, die mir gegenübersaß. Den Worten Maeterlincks hörte ich nur zerstreut zu. Nur das Spiel Debussys erregte mich. In meinem von all den farbigen Cocktailringen benebelten Hirn wurde Mélisande zur japanischen Puppe, und ich erfand eine ganze Geschichte ohne die geringste Beziehung zu dem Wunder, das sich in diesem Salon ereignete.

Ich wurde krebsrot, als mich Debussy am Ende fragte : »Nun?«, und betete, daß er meine alberne Träumerei für Ergriffenheit halten möge. Erst einige Wochen später begriff ich den Zauber des ›Pelléas‹, als man ihn in der Opéra Comique aufführte. Ich ging übrigens sehr schlecht gelaunt hin. Mir war kalt, und ich hatte nicht die geringste Lust, Musik zu hören. Léon Blum hatte mir etwas von ›genial‹ gesagt, und das hatte mich sehr geärgert. Würde die Bewunderung große Mühe kosten?

Als dann die Arie begann : ›Voilà ce qu'il écrit à son frère Pelléas...‹, vibrierten meine Nerven plötzlich wie übermäßig gespannte Saiten, und ich begriff, daß ein großes Wunder vor sich ging. Das wurde meine erste Liebe. Als ich aus dem Theater trat, ging die Sonne gerade unter, es war Frühling. Nach wenigen Schritten den Boulevard hinunter trat ich ins Büro der ›Revue Blanche‹, um wieder zu mir zu kommen. Ich traf dort Catulle Mendès und Mirbeau, der ein großer Freund Maeterlincks war, aber nichts von Musik verstand und ebensowenig von dem Gestammel, mit dem ich ihm meine Erregung zu erklären versuchte.

Debussy sah ich erst am nächsten Tag bei der Generalprobe wieder. Im Saal gingen die Wogen hoch. Man machte Witze. Schon hatte man das Werk in ›Menelaus und Palisander‹ umgetauft. (Gott sei Dank gab es zu dieser Zeit noch Dummköpfe, die nicht allem mechanisch zustimmten.) Debussy fragte mich wieder : »Nun?« Aber diesmal brach ich in Schluchzen aus, und wir umarmten uns. Sonst ging ich immer schrecklich spät schlafen, aber heute lehnte ich ein Souper ab und fuhr, erfüllt von meinem neuen Leben, schnell nach Hause. In den nächsten zwei Jahren habe ich keine Vorstellung des ›Pelléas‹ versäumt. Und ich, die sich so oft über die Enthusiasten von Bayreuth lustig gemacht hatte, die bis zum Überdruß dieselbe Wagnermelodie wiederholten, ich konnte mich jetzt ans Klavier setzen und unermüdlich zwanzig- bis fünfzigmal die heißgeliebten Akkorde meines ›Pelléas‹ spielen. Heute höre ich das Werk lieber nur in Bruchstücken, zum Beispiel im Radio. Das Ganze zu hören, ist mir beinahe unerträglich geworden ; es ist zu viel von meiner Jugend darin, was dann in einer einzigen Woge wieder emporsteigt.

Einige Tage nach der Aufführung in der Opéra Comique sah ich Debussy mit seiner Frau wieder. In Betrachtung der Gänseleberpasteten drückten beide ihre Nasen am Schaufenster von Potel & Chabot platt. Ich ging in den Laden und teilte meine Einkäufe mit ihnen. Diese prosaische Begegnung war die letzte, die ich mit dem Schöpfer des ›Pelléas‹ haben sollte, denn kurz darauf trennte uns ein dummes Zerwürfnis. Er verließ seine Frau, und sie geriet in großes Elend. Ravel, Bréval und ich setzten ihr eine kleine Rente aus. Debussy hat mir das niemals verziehen.

Als ich fünfzehn Jahre später im Hotel Meurice wohnte, meldete man mir eines Tages telefonisch, Frau Debussy wünsche mich zu sehen. Es war seine erste Frau. Ich sah sie eintreten, breit wie ein Kleiderschrank, und erkannte sie kaum wieder : sie kam mit der Bitte, ihr das Manuskript des ›Pelléas‹ abzukaufen. Leider waren es nur einige bekritzelte Seiten. Natürlich kaufte ich sie trotzdem für den bescheidenen Betrag, den sie dafür verlangte, und sah sie nie wieder.

Als Debussy 1918– einige Jahre vor Saint-Saëns, dem ein Staatsbegräbnis zuteil wurde–starb, waren wir kaum ein Dutzend Leute bei seinem Begräbnis.

Ich habe kürzlich eine Karte von Frau Debussy wiedergefunden, die sie mir als Dank für die zur Beerdigung gesandten Blumen geschickt hatte. Unter dem gedruckten Namen Madame Claude Debussy steht, von ihrer Hand geschrieben:»Ihr werdet oft um ihn weinen. Welch ein Unglück!«

Das Jahr meiner Heirat war dasselbe, in dem Lugné Poë Paris in Ibsens Kunst einführte. Er hatte einige seiner Werke auf die Bühne gebracht, aber die Verehrer des Dichters brannten darauf, den großen Mann kennenzulernen und seine Theaterstücke in seinem Vaterland zu sehen. Als der Sommer kam, fuhren also Thadée und ich mit Lugné Poë nach Christiania. Das ist eine so ehrliche Stadt, daß sie damals aus Mangel an Dieben und anderen Verbrechern überhaupt kein Gefängnis besaß. Wir bemerkten sofort, daß Ibsen in dieser Hochburg der Tugend König war. Wir trafen ihn im besten Hotel der Stadt, in einen weiten Mantel gehüllt. Ein riesiger Zylinder überragte seinen alten Löwenkopf. Er hatte kaum Platz genommen, als er seine Kopfbedeckung auf den Tisch legte, sich genau gegenüber, einen Kamm aus der Tasche zog und sich daranmachte, seine Mähne in Ordnung zu bringen und seinen Backenbart sorgfältig zu striegeln. Mich machte das äußerst neugierig, weil er hierbei aufmerksam den Boden seines Zylinders fixierte. Bald kam ich auf die Lösung des Rätsels: tief im Hut des Meisters war ein kleiner Spiegel angebracht! Es war übrigens Ibsens Hauptschwäche, sich ununterbrochen mit seinem Äußeren zu beschäftigen, von dem er so entzückt war, daß er die Stadt mit seinen Fotografien überschwemmte. Ein Journalist, der uns begleitete, hatte mir eingeschärft, ihn um ein Bild mit Widmung zu bitten. Während Ibsen nach Beendigung seiner Frisur nach allen Seiten ein Lächeln austeilte, stürzte Lugné Poë auf ihn zu. Aus dem Zusammenprall entsprang eine Folge mir unverständlicher Sätze, denn Ibsen tat so, als ob er nicht Französisch könnte. Unser Journalistenfreund diente als Dolmetscher bei der Vorstellung, und ich sah einen beifälligen Schimmer das Antlitz des Löwen erhellen, als er begriff, daß ich sehr geschmeichelt wäre, sein Bild zu besitzen. Etwas später erklärte man mir, ich würde dieses Bild, wenn mir wirklich daran gelegen wäre, gewiß kaufen müssen, denn der Verkauf seiner Fotos sei eine bevorzugte Einnahmequelle des großen Mannes. Dieses Rechnen mit dem Pfennig war auch die Erklärung für die Unmenge Zeitungen, die er sich, um sie nicht am Kiosk kaufen zu müssen, von den Hotelkellnern bringen ließ. Um so verwunderter war ich, als Ibsen mir tags darauf, als er uns zu einer Probe von ›Baumeister Solneß‹ abholte, eine wunderbare, mit Widmung versehene und gerahmte Fotografie mitbrachte – und sie mir schenkte!

Eine Aufführung des ›Puppenheimes‹ fand in einem Zirkus statt, in dem die Bühne halbkreisförmig abgeteilt war. Als ich am Arm des Autors auf die Mittelloge zuging, gewahrte ich schon vom Eingang her zu meinem größten Erstaunen mitten in der Manege im Licht der Scheinwerfer eine Dame, die eine riesige Trikolore schwenkte; und dabei stimmte sie die Marseillaise an!

Natürlich verstand ich kein Wort von dem Stück, aber ich bewunderte die Inszenierung und hatte die Freude, den bezaubernden Grieg kennenzulernen. Zu meinem Glück sprach er französisch und lud uns ein, eine wunderbar gespielte Probe von ›Peer Gynt‹ zu hören. Ich entsinne mich noch mit Rührung der Tränen, die ich bei Aases Tod vergoß. Da ich den Klavierauszug gut kannte, bat mich Grieg, ihn mit ihm zu spielen, und ich war von so viel Freundlichkeit und Schlichtheit gerührt.

Die Späße Lugné Poës, der sich selber nie ernst nehmen konnte, erheiterten die Tage in Christiania bis zu unserer Abreise nach Telemarken – einem See, der durchsichtig ist wie ein Smaragd – und unserer Rückreise durch Dänemark, wo ich die Fahrt unbedingt unterbrechen wollte, um Hamlets Schloß kennenzulernen. Ein kleines Segelboot fuhr uns durch eine so leuchtende Nacht, daß man bei Mondschein lesen konnte. Die Küste schien zu fliehen. Ich hatte mit Bedacht einen Armvoll Veilchen mitgenommen, die ich auf die Terrasse von Helsingör streute...

Es wäre doch zu traurig, wenn man mit sechzehn Jahren nicht das Recht hätte, sich für Ophelia zu halten, ohne Furcht, sich lächerlich zu machen. Auf der Rückfahrt schlief ich, an Thadées Schulter gelehnt und von Mondlicht überflutet, im Segelboot ein.

MALLARMÉ

Das Haus in Valvins wurde rasch eine Filiale der ›Revue Blanche‹. Aber ich hatte eine Auswahl getroffen und vor allem die eingeladen, die mein Herz erwählte: Vuillard und Bonnard hatten sich ein für allemal bei mir niedergelassen, und Toulouse-Lautrec kam regelmäßig vom Samstag bis zum Dienstag. Er brachte gern seinen Vetter Tapié de Celeyran mit, und auch Céré de Rivière, der in Paris unter dem Namen ›der gute Richter‹ bekannt war; denn er sprach jeden frei. Dieser bezaubernde Mensch hatte seinen Beruf gewiß gewählt, um seiner natürlichen Neigung zur Duldsamkeit und einem heftigen Abscheu vor Bestrafung nachzugeben. Mirbeau, der unweit von Fontainebleau wohnte, brachte mir Alfred Jarry und oft auch Valette, den Leiter des ›Mercure de France‹. Jarry hatte irgendwo an der Seine seine Bleibe. Ich mochte diesen reizenden kleinen Clown sehr gern; er ernährte sich vom Fischfang und trug an seinen Füßen Stiefelchen von Frau Valette, die meist mit einem schwarzen Samtband geschnürt waren. Er hatte eben den ›Ubu‹ geschrieben, zu unserer Freude und zur Verzweiflung

Mallarmés der gern Maeterlinck gegen ihn ausspielte. Ich hatte den Autor des ›Ubu‹ Frau Mirbeau vorgestellt, die auf Berühmtheiten erpicht war und ihn deshalb schon für den nächsten Tag zum Mittagessen einlud. Er kam per Fahrrad und beängstigend schmutzig an. Als Frau Mirbeau verzweifelt seine kotbedeckten Schuhe mit den breiten Bändern betrachtete, meinte er: »Erschrecken Sie nicht, gnädige Frau, zu Hause habe ich noch viel schmutzigere Schuhe.« Bei Tisch wurde ein Rinderbraten aufgetragen. Jarry verschmähte die Scheiben und bemächtigte sich des übrigen Stücks. Unter dem mißbilligenden Blick der Hausfrau entstand tödliches Schweigen – plötzlich ein seltsames Augenzwinkern des Übeltäters, und die Tafelrunde brach in ein nicht mehr zu bändigendes Gelächter aus.

Die Nachbarschaft Mallarmés hielt mich den ganzen Herbst hindurch in Valvins fest. Er schickte seine ›Damen‹, Frau und Tochter, nach Paris zurück und nahm mich mit auf herrliche Spaziergänge durch den Wald, die mir unvergeßlich bleiben werden. Er konnte stundenlang sie schönsten Geschichten von der Welt erzählen. Von Zeit zu Zeit zog er einen kleinen Zettel aus der Tasche, notierte ein oder zwei Worte darauf und vergrub ihn in einer anderen Tasche. Dieser Vorgang wiederholte sich, ich weiß nicht wie oft. Und die Zettel nahmen den Weg zu seinem Arbeitstisch und stapelten sich dort unter einem Briefbeschwerer ; der Tisch war so sorgfältig aufgeräumt, daß sich ein Blinder mühelos darauf zurechtgefunden hätte. Übrigens atmete alles in seiner kleinen, getünchten Stube Ordnung und Reinlichkeit. Das Zimmer Mallarmés – ganz nach seinem Geschmack eingerichtet – war so einfach, daß es königlich wirkte. Wenige, aber prächtige Möbel: ein Himmelbett mit einem Kretonne aus der Zeit Louis XIV, dessen wunderbares Muster zu dem leuchtenden Rot des Fußbodens paßte, auf dem nur ein kleiner Perserteppich lag, zwei Sessel und ein Bild von Berthe Morisot. Vom Fenster, vor dem ein Gitternetz aus dünnem Draht die Insekten abhielt, sah man die hohen weißen Segel seines sauber gescheuerten Bootes. Die Initialen S. M. hoben sich deutlich ab. »Seine Majestät«, sagte Lautrec, der eines Tages, mit einem aus Mallarmés Boot stibitzten Badekostüm bekleidet, ankam: der Hosenboden hing ihm auf die Knöchel. Er hatte sich außerdem das Haupt mit einer rot-silbernen Krone geschmückt aus den Reifen eines Ringspiels und war in ein königsblaues Gewand gehüllt, einen Bademantel aus der Bootskabine. Mallarmé kam diese unschuldige Parodie zu Ohren. Er nahm sie so ernst, daß er seitdem im Grunde seines Herzens gegenüber Lautrec einen ständigen Groll empfand.

Wenn er im Herbst allein war, kam er fast jeden Abend zum Essen, meistens in Holzschuhen, die er im Vorzimmer ablegte, um wunderschöne schwarze Socken zu zeigen. Ein weiter Umhang hüllte ihn ein. Nur die Hände schauten daraus hervor. Die eine hielt seine Laterne, die andere eine Flasche ausgezeichneten Rotweins. Bei Tisch wich er jedem Gespräch über

Literatur aus und fuhr fort, die schönsten Geschichten zu erfinden, denn es machte ihm Freude, mich zum Lachen zu bringen. »Ach, wie nett sie ist«, sagte er dann und schüttelte sich selbst vor Lachen.

Zum Dank für seine Märchen machte ich für ihn Musik. Niemals habe ich ein so verständnisvolles Publikum gehabt. Niemand konnte zuhören wie er. Er allein gab mir, wenn ich ein leidenschaftlich geliebtes Werk vortrug, das seitdem für immer verlorene Gefühl einer ersten Begegnung.

Unsere gemeinsame Liebe galt Beethoven und Schubert. Er zündete dann seine Pfeife an und versank in Schweigen. Fand er in diesen Augenblicken seine ›Armen Geliebten‹ wieder?

»Gestern habe ich meine Pfeife[1] wiedergefunden... mit meiner armen irrenden Geliebten in Reisekleidern, in einem langen glanzlosen Kleid in der Farbe der Landstraßen, einem Mantel, der feucht an ihren kalten Schultern klebte und mit so einem Hut ohne Feder und fast ohne Band, wie ihn die reichen Damen bei der Ankunft wegwerfen – so zerzaust ist er von der Meeresluft – und den die armen Geliebten noch für manche Saison frisch garnieren. Um ihren Hals schlang sich das schreckliche Tuch, mit dem man winkt, wenn man sich auf ewig Lebewohl sagt.«

Das Gefühl, einen so guten Zuhörer zu haben, gab meinem Spiel damals ein Ausdrucksvermögen, dessen Gewinn der Dichter zweifellos mit mir teilte. Während

1. ›La Pipe‹, aus ›Divagations‹.

die musikalische Phrase entstand, Leben und Gestalt
gewann und sich in diesem Schweigen formte, dessen
besondere Art von Mallarmés Anwesenheit herrührte,
verband uns eine so zarte und enge Gemeinsamkeit
des Gefühls, daß mir der Rhythmus seines Gedichts
auf den Lippen schwebte :

> *...Et dans le soir, tu m'es en riant apparue*
> *Et j'ai cru voir la fée au chapeau de clarté*
> *Qui jadis sur mes beaux sommeils d'enfant gâté*
> *Passait, laissant toujours de ses mains mal fermées*
> *Neiger de blancs bouquets d'étoiles parfumées.* —[1]

– Worte, die wie in tausend Edelsteine eingemeißelt
waren, deren Facetten mich plötzlich blendeten, mich
so wundervoll erblinden ließen, daß sich meine Augen
in Tränen verschleierten. Ich war am Ende meiner
Kraft, fühlte die Musik erlöschen und unter meinen
Fingern sterben.

1. Aus ›Apparition‹.

IN PARIS WÄHREND DER
DREYFUS-AFFÄRE

Das Haus in Valvins wurde ein bißchen klein für die vielen ›Ausstellungsgäste‹ – so nannte Valloton meine Künstlerfreunde. Da ich es nicht mochte, wenn sie wegfuhren, und sie gerne blieben, mußte ich sie wohl oder übel unterbringen. So machten wir uns, Thadée und ich, auf die Suche nach einem großen Haus am Wasser, das nicht zu weit von Paris entfernt sein sollte. Während einer Spazierfahrt im Auto fanden wir in Villeneuve, am Ufer der Yonne, ein entzückendes Haus, eine ehemalige Poststation. Ich hatte mich schnell dort eingerichtet. Mein einziger Kummer war, Mallarmé nicht mehr als Nachbarn zu haben. Zum Glück sahen wir uns sehr oft in Paris. Und zu jedem Neujahr erhielt ich von ihm eine prächtige Gänseleber, die ein Vierzeiler begleitete. Die Gänselebern sind verzehrt, die Vierzeiler verschwunden außer einem einzigen auf einem Fächer, der mich nie verlassen hat :

> *Aile que du papier reploie*
> *Bats toute si t'initia*
> *Naguère à l'orage et la joie*
> *De son piano Missia.*
>
> S. M.

– verschwunden wie so viele schöne Dinge, die für mich gemacht wurden oder mir durch die Hände glitten. Ich habe gar keine Gewissensbisse, daß eine Menge schöner Verse verlorengegangen sind, daß unzählige Zeichnungen von Toulouse-Lautrec auf meinen Menukarten mit den Brosamen des vergangenen Abendessens weggefegt wurden und daß man niemals darauf kommen wird, in welcher Schublade ich jenes Sonett von Verlaine verkramt habe, in dem er mir sagte, warum ich wie eine Rose wäre. All das kam zu mir wie Blumensträuße, ich war zwanzig Jahre alt und fest davon überzeugt, daß das Leben den Geschichten glich, die mir Mallarmé erzählte; mir vorzustellen, daß ich all das, womit mich das Leben Tag für Tag überschüttete, ordnen, einrahmen, aufbewahren müßte, das wäre mir ebenso lächerlich oder frevelhaft erschienen, wie die schönsten Blumen zu trocknen, einen Schmetterling auf einen Korken zu spießen, den Hund, den ich abgöttisch liebte, ausstopfen zu lassen oder die Sonnenstrahlen in ein Glas einzusperren.

Manche sagen mir jetzt im höflich entrüsteten Ton eines Museumsdirektors, der einer Bilderstürmerin aus guter Familie mildernde Umstände zubilligt:»Was für ein Jammer, daß das alles verlorengegangen ist! Welcher Verlust für die Kunst!« Es sind genau dieselben, die vor dreißig Jahren beim Anblick der Bilder Renoirs in Lachen ausbrachen, mich fragten, wo bei meinen Landschaften Bonnards oben und unten wäre, von Mallarmés Existenz keine Ahnung hatten, die schrieen, daß

54

wir ins Höhlenzeitalter zurückfielen, als sie Strawinsky hörten, und mir für die schönsten Bilder van Goghs, von denen ich, um der Witwe seines Bruders Théo zu Hilfe zu kommen, hundertfünfzig gekauft hatte, nicht einmal zweihundert Francs zahlen wollten.

Ich habe immer geglaubt, daß die Künstler Liebe nötiger haben als Ehrfurcht. Ich habe sie geliebt, sie selbst, ihre Arbeit, ihre Mühe, ihren Kummer und ihre Lebensfreude, die ich teilte. Heute füllen die Werke meiner damaligen Freunde die Museen. Man riskiert nicht viel, sie zu verehren, seitdem sie zum öffentlichen Besitz gehören. Ich für mein Teil habe sie im täglichen Leben und auf meine Weise geliebt. Und auf meine Lippen kommt ein leichtes, ein wenig spöttisches Lächeln, wenn ich mir die junge temperamentvolle Frau vorstelle, die ich damals war und deren Bilder jetzt an den Wänden der Eremitage von Petersburg hängen und den Katalog der Sammlung Barnes in Philadelphia füllen.

Durch meine besondere Art, die Dinge zu lieben, habe ich übrigens der Nachwelt Meisterwerke erhalten, die sie sonst nie kennengelernt hätte: ein guter Teil der Pastelle Lautrecs auf Karton existieren heute nur noch dank einer dicken Schicht Autolack, mit der ich sie überzog, weil ich sie so viel hübscher fand...

Die einzigen Übeltaten, die ich ein wenig bereue, haben mir schon im Augenblick, da ich sie beging, die Röte ins Gesicht getrieben: ich sehe mich noch eines Abends in Valvins, wie ich, einfach aus schlechter Laune, ein plötzliches Unwohlsein vorgab und so den lieben Mallarmé mitten in einem wundervollen Gedicht unterbrach. Betrübt zog er seine Holzschuhe an, nahm seinen schwarzen Umhang und ging, die Laterne in der Hand, in die Nacht hinaus, während ich mir vor Scham die Lippen blutig biß. Zehn Minuten später erschien er wieder, um mir Tabletten zu bringen!

Ich war noch in einem Alter, in dem man Bücher verschlingt. So waren die unzähligen Manuskripte, die in die ›Revue Blanche‹ strömten, meine tägliche Nahrung. Eines Tages hatte es mir eine Novelle besonders angetan, die ein junger Mann aus Prag eingesandt hatte. Es handelte sich um die Geschichte eines Hauslehrers in jener Stadt. Thadée gewann Interesse an diesem unbekannten Autor und erfüllte seinen innigsten Wunsch, indem er ihn nach Paris kommen ließ. Das war der spätere Guillaume Apollinaire.

Sein erster Freund war Ernest la Jeunesse, mit dem er sich glänzend unterhielt, dann wohnte er bei uns in Villeneuve, wo er die Bekanntschaft Vollards machte. Von da an wurde er ein Stammgast der ›Cave‹. Und bei einem Diner in dem berühmten Keller lernten wir den jungen Picasso kennen; er hatte einen Christus gemalt, und Apollinaire spürte sofort, daß man sich in das Bild verlieben mußte. Apollinaire stürzte sich darauf und liebte es mit der Inbrunst eines Apostels. Zur selben Zeit stellte die Galerie Durand-Ruel, die sich in der Rue Laffitte, fast gegenüber Vollards Haus, befand, zwei Bilder Renoirs aus, das ›Déjeuner‹

und den ›Balcon‹, für die 4000 Francs gefordert wurden. Es traf sich, daß ich im Augenblick nicht das nötige Geld hatte, sie zu kaufen, und deshalb beschwor ich eine meiner Kusinen, Frau Desmarais, sie zu erwerben. Aber ich stieß auf eine ebenso ironische wie verächtliche Weigerung. Merkwürdig, daß es Apollinaire gelang, den Christus von Picasso leichter und teurer zu verkaufen. Kaum entstanden, gewann der Kubismus die Gunst des breiten Publikums, das den Impressionisten gegenüber blind blieb.

Picasso wirkte wie ein Sturmwind, der die Carolus Duran, die Ziem und Konsorten hinwegfegte und uns von dem ganzen akademischen Plunder befreite. Er fegte alles hinweg und nistete sich auf dem gesäuberten Platz fest ein... Erst vierzig Jahre später sollte man gewahr werden, daß man die Impressionisten einfach übersprungen hatte. Sehr rasch wurde Apollinaire der Priester des Kubismus und Paul Guillaume sein erster Bankier. Die Beliebtheit Picassos wuchs so unablässig, wie seine Preise stiegen.

Die rosa Epoche folgte der blauen, dann kam die der dicken Frauen mit schwellenden Formen und die Verbindung mit der Bühne dank Diaghilew, für den die bezaubernde, rosa und weiße Ausstattung des ›Dreispitz‹ und der unvergeßliche Vorhang der ›Parade‹ geschaffen wurden. Von Paul Guillaume fachmännisch eingeführt, fand Picasso Eingang in die Köpfe und Salons der intelligenten Leute zwischen Negerkunst und dem Zöllner Rousseau. Auf diese Weise gelangten die Damen der Gesellschaft frohgemut und ohne den geringsten Übergang von Jacques-Emile Blanche zu Picasso und von Reynaldo Hahn zu Strawinsky.

Wir besuchten oft die Familie Zola, die in der Rue de Bruxelles wohnte. Zu dieser Zeit hatte die Dreyfus-Affäre die Gehirne vollends vergiftet und erreichte ihren Höhepunkt. ›J'accuse‹, der offene Brief des feurigen Autors der ›Nana‹, hatte in dem ausschließlich mit Kunst und Vergnügen beschäftigten Paris wie ein Blitz eingeschlagen. Das gesamte Frankreich fand sich mit einem Schlag unrettbar gespalten: in entschlossene Fürsprecher der Justiz und militärisch gesinnte Vaterlandsverteidiger. Es klingt noch milde, wenn man feststellt, daß man sich unter Gegnern nicht mehr die Hand reichte, denn es kam nicht selten vor, daß man sich gegenseitig die Familienbüsten an den Kopf warf. Wir behaupteten, die Anti-Dreyfusisten allein schon an ihrer Kleidung oder ihrem Benehmen zu erkennen, so verächtlich erschien uns diese Menschensorte. Das Komische daran war, daß dieser kleine jüdische Hauptmann, für den wir bereit waren, Vater und Mutter in Stücke zu zerhacken, persönlich genau das darstellte, was als Typus uns allen mißfiel. Aber seine Sache war so offensichtlich die der Gerechtigkeit, daß wir nicht anders konnten, als sie in Bausch und Bogen zur unsrigen zu machen.

Wir versammelten uns alle bei Mirbeau, wo wir um die von Zola fanatisch entrollte Fahne großen Spektakel machten. Unsere glänzendsten Vorkämpfer waren Laborie, Zolas Anwalt, und Clemenceau. Aus unserer ganzen Gruppe gab es nur einen einzigen Überläufer, Forain, den wir mit Spott überschütteten, obwohl wir von Zeit zu Zeit vor der unwiderstehlichen Komik seiner Karikaturen und deren Texten notgedrungen unseren Ernst verloren. Zwei meiner Freunde hatten es zuwege gebracht, der Epidemie zu entkommen und sich auf den Monte Aventino zurückzuziehen. Es war Mallarmé, der sich nicht nur geweigert hatte, Partei zu ergreifen, sondern nicht einmal gestattete, daß die Frage in seiner Gegenwart angeschnitten wurde, und Renoir, der sich, in seine Malerei vertieft, nicht mehr sehen ließ.

Als Dreyfus endlich freigesprochen wurde, gab Joseph Reinach ihm zu Ehren ein riesiges Diner. Thadée und ich kamen gerade an, als man ins Eßzimmer ging, und ich war ziemlich erstaunt, daß man dem Sieger des Tages gleichsam königliche Ehren erwies, indem man ihn dem Hausherrn gegenüber und an die rechte Seite Frau Reinachs setzte. Ich konnte mich nicht enthalten, zu Paléologue, meinem Tischnachbarn, zu sagen, wie wenig Dreyfus der Vorstellung entspräche, die ich mir von ihm gemacht hatte. Meinem Blick folgend, sah er, daß meine Augen verdutzt den Reinach gegenüber thronenden Mann musterten.

»Aber der, den Sie ansehen, ist der Fürst von Monaco!« sagte er so überrascht, daß mir vorkam, als wisse er nicht genau, ob ich nur ein bißchen verrückt oder völlig idiotisch wäre. »Dreyfus sitzt auf der linken Seite des Tisches!«

Ich stieg wohl kaum in seiner Achtung, als ich, um die Dummheit wiedergutzumachen, versuchte, ihm etwas Liebenswürdiges zu sagen und ihn mit meinem reizendsten Lächeln fragte, worin eigentlich die Tätigkeit eines Paläologen bestünde. Er antwortete mir mit dem Tonfall eines Professors, der einem Tunichtgut vier Stunden Arrest aufbrummt, daß ›Paléologue‹ kein Beruf, sondern ein berühmter Name sei, der in gerader Linie von den byzantinischen Kaisern herstamme.

Mit dieser komischen Episode endete für mich die berühmte ›Affäre Dreyfus‹.

VERLAINE
UND TOULOUSE-LAUTREC

Nicht weit von Larue, an der Place de la Madeleine,
war ein kleines, von den Kutschern des Viertels besuch-
tes Café. Das Nebenzimmer dieses bescheidenen Lokals
war für uns reserviert. Ein junger Gitarrenspieler
machte Musik, und ich fand Vergnügen daran, mir dort
ein paar Stunden die Zeit zu vertreiben. Dort war es
auch, wo ich mich mit Paul Verlaine anfreundete. Er
kam meist abends, zwischen zwei Räuschen, und immer
traurig, setzte sich neben mich, trank, las mir bezaubernde Dinge vor und weinte...

Man fühlte, daß er einer war, den die Tragik seines
jugendlichen Herzens nicht besiegt hatte. In diesem
Leib mit dem mächtigen Schädel lebte eine Seele, die
sich ihre ganze Reinheit bewahrt hatte. Der betrunkene
Lump, der durch das Quartier Latin torkelte, dieser er-
leuchtete Bettler, der seine Füße durch den Kot zog, sah
niemals etwas anderes als den Himmel. Das peinigende
Gefühl, häßlich zu sein, es immer, jeden Tag, unaufhör-
lich, jeden Augenblick und selbst dann zu sein, wenn sein
Herz von der Liebe zu einem anderen menschlichen
Wesen verklärt war, hatte ihn nach und nach zu einer

tiefen Demut geführt. Alle Schläge des Lebens hatte er zu spüren bekommen. Keiner hinderte ihn daran, sich wieder an den schmierigen Marmor des Kneipentisches zu setzen, seinen Absinth und die abscheuliche kleine, kratzende und kreischende Feder zu verlangen, eine jener Federn, wie sie in das Tintenfaß armer Leute getaucht zu werden.

> *Vous connaissez tout cela, tout cela*
> *Et que je suis plus pauvre que personne*
> *Vous connaissez tout cela, tout cela*
> *Mais ce que j'ai, mon Dieu, je vous le donne.*

Sein Eigenstes waren die einfachen Worte, und er vermochte sie in Schätze zu verwandeln.

Die lieben Erinnerungen an dieses kleine Café waren es, die mich, als ich von Verlaines schwerer Krankheit erfuhr, veranlaßten, ihn im Hospital zu besuchen. Ich erinnere mich nicht mehr an das Krankenhaus, aber immer werde ich dieses arme verheerte Gesicht im Gedächtnis behalten, die lange, zitternde Hand, die er kaum hochheben konnte, um die meine zu ergreifen, und das Leuchten seiner Fieberaugen, die verzweifelt auszudrücken versuchten, was die Lippen zu sagen nicht mehr die Kraft hatten. Man erlaubte mir, nur einige Minuten zu bleiben. Meine Kehle war zugeschnürt, und ich fühlte eine Träne an meiner Nase herunterlaufen. Als ich wegging, stammelte ich, der Äther beiße mir in die Augen. Zwei Tage später starb Verlaine mitten im Winter bei wunderschönem Sonnenschein. Außer dem Begräbnis Debussys war dies das einzige, bei dem ich

zu Fuß folgte. Ich ging hinter dem Zug neben Mallarmé, als ich sah, daß sich Coppée vom Leichenwagen entfernte. Er hatte eine Kordel des Leichentuches gehalten, die er nun Mallarmé übergab. Er sagte, er sei sehr
müde, und kletterte in einen Wagen. Ehe wir den
Friedhof erreichten, erschien er wieder, im Laufschritt,
und nahm, Mallarmé kurzerhand wegschiebend, seinen
Posten wieder ein.

Es sollte nur kurze Zeit vergehen, bis auch Mallarmé
zu Grabe getragen wurde. Die schreckliche Nachricht
von seinem Tode erreichte uns im nächsten Sommer in
Villeneuve. Er war an einem nervösen Krampf erstickt,
der ihn vor seinem Kamin in Valvins befallen hatte.
Ich fand ihn auf seinem Himmelbett ruhend, in der
kargen und königlichen Stube, die ich so sehr geliebt
hatte.

Es waren grauenhafte Tage. Aus Paris waren eine
Menge Freunde gekommen, deren Schmerz den meinen
schürte und sogar verwundete. Ich wollte meinen Kummer mit niemandem teilen. Was wußten sie von diesem
teuren Antlitz, wenn sie es nicht im Schleier des blauen
Pfeifenrauches und ganz von jenem inneren Licht erfüllt gesehen hatten, das ›meine‹ Musik für ihn ent-
zündete? Zum ersten Mal hatte ich das Gefühl des Un-
wiederbringlichen. Wer würde Beethoven und Schubert so zu hören vermögen wie er? Es war mir ganz so
zu Mut, als sei ihre Musik mit ihm gestorben, denn ich
wußte, daß ich sie für niemanden mehr würde so spielen können wie für ihn. Weil nun niemand mehr beim

Zuhören die zauberische Kraft besaß, solche seltsamen, zarten und strahlenden Worte zu finden, noch aus ihnen ein lebendiges Mosaik zu gestalten oder sie in Märchen zu verwandeln, die in Herbstnächten im Wald von Fontainebleau leise hergesagt werden wollten, oder in durchsichtige Gedichte, die sich in des Zauberers Werkstatt unter dem Briefbeschwerer stapelten. Plötzlich dachte ich an seine Dienstag-Abende. Niemals hatte ich ihn an einem Dienstag zum Abendessen haben können. Es war ein hochheiliger Abend, den er regelmäßig mit Marie Magnier und Mary Laurence, einem ehemaligen Modell Manets, verbrachte (sie trennte sich niemals von zwei Turteltauben, die sie in einem Käfig mit sich herumtrug). Sie waren beide da, meine dienstäglichen Feindinnen … Gott weiß, wieviel Lächeln und zärtliche Überredungskunst ich verschwendet hatte, um ihn, nur zu meiner Unterhaltung, daran zu hindern, sie dienstags abends zu treffen! Immer vergeblich!

Und nun waren sie da. Auch sie, die beiden armen Frauen, waren entsetzlich traurig. Und das Ehepaar Mendès, das ganz untröstlich schien ; er, beängstigend blaß und von Alkohol und Schluchzen geschüttelt. Und all die anderen vom Schmerz Gebeugten.

Wir ließen Mallarmé in dem kleinen stillen Friedhof bei Valvins ruhen. Viele seiner Freunde kehrten mit uns nach Villeneuve zurück : Vuillard, Roussel, Bonnard, Renoir, Lautrec, Vollard, Georgette Leblanc, Mirbeau, Coolus, Elémir Bourges, Valloton, Maeterlinck und Claude Terrasse. Abends bei Tisch waren alle schrecklich müde und unsere Nerven aufs äußerste angespannt. Bei irgendeinem Wort wurde die ganze Tafelrunde von hysterischem Lachen ergriffen. Ich fand als erste meine Ruhe wieder und wurde mir bewußt, wie grauenhaft dieses Lachen nach der Feier am Morgen war.

»Stoßen Sie sich nicht daran, Misia,« sagte Renoir leise zu mir, »man begräbt nicht jeden Tag Mallarmé.«

Unsere Gäste verließen Villeneuve bald, und ich hatte ein solches Bedürfnis nach Ruhe, daß ich mir kaum Mühe gab, sie zurückzuhalten. Nur Vuillard und Lautrec waren bei uns geblieben. Lautrec setzte die Arbeit an meinem großen Porträt fort, das er die ›Ruinen von Athen‹ nannte. Er hatte sich in das Beethovensche Musikstück verliebt. Ich mußte es ihm unablässig vorspielen, denn er behauptete, daraus seine Inspiration zu schöpfen: »Die hübschen Ruinen, ach, die schönen Ruinen, noch einmal die Ruinen, Misia!« Immer wieder mußte ich mich opfern. Wieder von schönem Eifer ergriffen, malte er nun eine Weile schweigend weiter. Ich aber konnte nicht der Versuchung widerstehen, von Zeit zu Zeit einen Blick auf seine Arbeit zu werfen, und benahm mich ganz unmöglich, weil ich immer etwas auszusetzen hatte: einmal an meinen Augen, die nicht groß genug waren, dann an meiner Nase, die ich nicht klein genug, oder an meinem Hals, den ich nicht lang genug fand... kurz, ich schikanierte ihn so, daß er sich nach Vollendung des Bildes grausam rächte, und zwar mit einer unglaublichen Karikatur eines Diners bei mir, dem ich im Aufzug einer Bordellmutter präsidierte.

Für Lautrec endete der Sommer mit der ›Eröffnung der Jagd‹. Dann zog er einen zitronengelben Gummimantel an, den ein stolz über der Stirn hochgeklappter Seemannshut aus gleichem Stoff ergänzte. In dieser Aufmachung, die er für besonders waidmännisch hielt, eröffnete er seine Jagd : sie bestand in einer gewissenhaften Runde durch alle Kneipen der kleinen Stadt. Er ließ keine, auch nicht die unbedeutendste, aus. In jedem Herbst sah der geringste Schanktisch von Villeneuve die winzige, gebrechliche, in gelben Gummi gewickelte Gestalt Lautrecs getreulich auftauchen und seine ›Eröffnung‹ durchführen. Er liebte noch einen anderen Sport und übte ihn zu meinem größten Ergötzen meisterhaft aus. Dabei galt folgende Spielregel : ich saß im Garten, an einen Baum gelehnt und in ein gutes Buch vertieft, auf dem Boden. Lautrec hockte sich neben mich und bewaffnete sich mit einem Pinsel, um mir damit kunstgerecht die Fußsohlen zu kitzeln... Diese Übung, bei der in den geeigneten Augenblicken auch seine Finger eingriffen, konnte Stunden währen. Ich fühlte mich im Paradies, und er behauptete, auf meine Fußsohlen Phantasielandschaften zu zeichnen ... Wir waren beide noch nicht sehr alt, und Lautrec liebte Extravaganzen. So wurde eines Vormittags gegen elf Uhr das Haus von einem plötzlichen Schuß erschüttert, der aus den von ihm bewohnten Räumen zu kommen schien. Wir stürzten zum Stiegenhaus und drangen entsetzt in sein Zimmer: er hockte im Türkensitz auf seinem Bett und war dabei, auf eine Spinne zu schießen, die an der gegenüberliegenden Wand friedlich an ihrem Netz spann.

Viel Neues gab es in Paris, wo die Dreyfus-Affäre mit einigem Lärm das soziale Empfinden weckte und plötzlich mehr oder weniger menschenfreundliche Bewegungen, Vereine und Gesellschaften emporschießen ließ. Das ›Gratisbrot‹, die ›Liga für Menschenrechte‹, die ›Volkserziehung durch die Kunst‹ entstanden, organisierten sich und trieben ihr Unwesen bis in die Salons, in die sie mit einem völlig neuen Wortschatz einzogen, und mit einem Überfluß an Rührung über die Lebensbedingungen der unteren Klassen.

Der Widerhall dieser Bewegungen drang bis zu uns nach Villeneuve, das ich eher als sonst zu verlassen beschloß. Vuillard wollte mit mir einen allerletzten Spaziergang am Ufer der Yonne machen. Wir gingen gegen Abend fort. Ernst und verträumt führte mich Vuillard an dem von hohen silbernen Birkenstämmen gesäumten Fluß entlang. Ich glaube, wir haben nicht gesprochen. Er ging im vergilbenden Gras langsam vorwärts, und unwillkürlich achtete ich sein Schweigen. Der Tag sank rasch, wir schlugen für den Rückweg eine Abkürzung durch ein Rübenfeld ein. Unsere nebeneinander schreitenden Gestalten waren nur noch stille Schatten unterm bleichen Himmel. Der Boden unter unseren Füßen war uneben. Mein Fuß verfing sich in einer Wurzel, und ich stolperte. Vuillard war sofort stehengeblieben und half mir, mein Gleichgewicht wiederzuerlangen. Plötzlich trafen sich unsere Blicke. Ich sah in der wachsenden Dunkelheit nichts als das Leuchten seiner traurigen Augen. Er brach in Schluchzen aus.

Es war die schönste Liebeserklärung, die mir ein Mann jemals gemacht hat.

Als später die Jahre über die Leidenschaften früher Jugend hingegangen waren, fand Vuillard zwar nicht den Mut, seine Gefühle auszusprechen, aber er deutete sie in seinen Briefen an.

›Ich war immer‹, schrieb er mir, ›in Ihrer Nähe recht schüchtern, aber die Sicherheit, die Gewißheit eines vollkommenen Einverständnisses nahm mir jede Beklemmung, und es verlor nichts dadurch, daß es immer stumm war. Jetzt, da wir uns so lange nicht sehen können, frage ich mich oft mit Bitterkeit, ob es das gleiche geblieben ist. Ihre Karte ist gekommen, um mir zu antworten. O nein! Ich habe diesen Gedanken nicht lächerlich gefunden. Ich sehe darin nur Ihre Zuneigung. Ihnen verdanke ich nun auch noch diese Freude am späten Beethoven, die wie alles von ihm wehmütig ist. (Ich hatte ihm eine Schallplattenaufnahme geschickt.) Aber er erweckt auch die Vorstellung von Verstand und Gesundheit, genau wie Sie, Misia, die Sie daran so schön teilhaben. Der gute Bonnard hat mir darüber schöne Dinge gesagt. Aber jeder sieht mit seinen eigenen Augen, und er, er betrachtet die Leute gern auf seine Art. Das ist Weisheit und die einzige Möglichkeit für uns alle, damit fertig zu werden. Ich beneide ihn und möchte gern, daß wir voneinander so denken könnten. Manchmal gelingt es mir, aber noch nicht oft genug, wenn das Wetter so strahlend ist wie in diesem normannischen Nest, wo ich Ruhe und ein bißchen Lebenslust finde. Aber oft genug quäle ich mich. Trotzdem hätte ich nie geglaubt, daß ich selbst eine Sorge für meine Freunde werden könnte. Ich wünsche in dem Maße, als diese Worte einen Sinn haben können, Sie lebensprühend und friedlich zu wissen. Wären Sie hier, so bliebe ich stumm, und ich habe dasselbe Vertrauen wie früher, daß Sie mich gut verstehen würden.‹

Zu gewissen Zeiten war er davon überzeugt, daß zwischen ihm und mir eine Art geheimer Verbindung bestünde. ›Sie sind einem Wunsch entgegengekommen, der mir gestern durch den Kopf ging. Ich fürchtete aber, nicht die ‚Zeit‘ zu haben, Ihnen das zu erklären. Es gibt Besseres als drahtlose Telegrafie. Das Beste aber war, daß Sie gegenwärtig waren!... Ich glaube, jetzt bin ich glücklich – durch Sie. Ich bin ruhig.‹

Lieber Vuillard! Ich habe jedenfalls die Erinnerung an unseren Heimweg durch das Rübenfeld in meinem Herzen bewahrt.

THADÉE

Thadée war einige Tage vor mir nach Paris gefahren.
Nach meiner Rückkehr zogen wir ins Haus meines
Schwiegervaters in der Rue de Prony. Unsere Wohnung
in der Rue Saint-Florentin überließ ich meinem Bru-
der Cipa, der eine junge Krakauerin geheiratet hatte.
Er hatte meinen Vater, der zur Enthüllung eines von
ihm geschaffenen Mickiewicz-Denkmals fuhr, nach
Polen begleitet und sie auf der Reise kennengelernt.
Das intelligente junge Mädchen, das fließend französisch sprach, freute sich sehr, nach Paris zu kommen.
Ich war zufällig bei der Geburt ihrer Tochter Marie-
Anne anwesend, die bei Sonnenaufgang zur Welt kam
und so niedlich aussah, daß ich mich noch heute an sie
erinnere. Als die Hebamme das Kind nach dem Bade
herzeigte, erstaunte ich um so mehr über seine Schönheit, als mich der Anblick von Neugeborenen und allem,
was auf Niederkunft Bezug hat, sonst immer heftig ab-
stieß.
Mein Bruder und meine Schwägerin, die bald unsere
Freunde kennen lernten, verstanden es rasch, sich einen
Kreis von Künstlern und Literaten zu schaffen, der

ihnen bis über den Tod hinaus die Treue hielt: noch heute wird ihr Name mit Rührung genannt.

Seit einiger Zeit steckte Thadée bis über die Ohren in Finanzsorgen. Die ›Revue Blanche‹ kostete entsetzlich viel, und es wurde von Jahr zu Jahr schwieriger, das Defizit auszugleichen. Nur der beispiellose Erfolg des Romans von Sienkiewicz ›Quo vadis?‹ ermöglichte es der Revue, weiter zu bestehen. Aber Thadée war nun vom Geschäftsdämon besessen und hatte ein Finanzgenie in sich entdeckt. Schon hatte er mit Loucheur zwecks Ausbeutung der Straßenbahn von Toulon Verbindung aufgenommen. Der Süden war sein Betätigungsfeld geworden. Mein Schwiegervater besaß einen der beiden Hügel, die Cannes beherrschen. Er hieß ›La Croix des Gardes‹. Die hohe Lage dieses Anwesens brachte Thadée auf den Gedanken, das Wasser als Triebkraft zu benutzen. Er hatte bald eine Gesellschaft gegründet und widmete sich ganz deren Verwaltung, während er die erlöschende ›Revue Blanche‹ dem Verleger Fasquelle überließ.

Die Wasserkraft ließ mich völlig gleichgültig. So beschloß ich, auch mir für die Zeit, die ich mit meinem Mann in Cannes verbrachte, Zerstreuung zu suchen. Ich ließ mir eine Villa bauen, fand das recht unterhaltend, und das Bauen wurde mein Steckenpferd. Ich hatte mir einen Stil ausgedacht, den ich dem südländischen Klima wunderbar angepaßt fand, und rings um mich schossen die Häuser empor wie die Pilze.

Währenddessen begeisterte sich Paris für die Anarchistenprozesse. Félix Fénéon war unter den Beschuldigten. Die Gruppe seiner Freunde hatte mich ausersehen, die Nahrungsmittelpakete ins Gefängnis zu bringen und die für ihn bestimmten Briefe einzuschmuggeln. Man meinte, ich könnte die Aufseher eher erweichen als bärtige Anarchisten. Tatsächlich wurden ihm Papiere und Nahrung treulich übermittelt, so daß er bei seiner Vernehmung in bester Form war. Seine schlagfertigen Entgegnungen vor Gericht und sein geistreicher Spott waren von so blendender Beredsamkeit, daß sie heute ihren Platz in der französischen Literatur gefunden haben.

Dieser aufsehenerregende Prozeß fand in ›intellektuellen‹ Kreisen ein um so lebhafteres Echo, als er die von dem Erfolg der Dreyfusianer noch erhitzten Gemüter traf. Der jugendliche Sozialismus gewann an Kraft und Festigkeit und begann, nicht wenige Gewissen zu beunruhigen, die bislang dem Sozialproblem in treuherziger Unkenntnis gegenübergestanden hatten. Die stets fortschrittbeflissene Mode steckte schon ihre Nase hinein, und die Salons neigten ihre Lorgnons über das Elend der Arbeiterklasse. Warum hatte man denn noch nicht begriffen, daß das Volk Anrecht auf Kultur besaß? Welche Schande für die Zivilisation! Man durfte keine Minute mehr verlieren, um künstlerische Darbietungen zu veranstalten, die für alle Geldbörsen erschwinglich waren. Mirbeau fühlte bei dieser Idee sein Herz sonderbar schwellen und machte für sich allein mehr Propaganda als ein ganzes Werbeunternehmen. Aber alle diese schönen Pläne kosteten sehr viel Geld. Als man daran ging, sie zu verwirklichen, wurde ein Mäzen entdeckt in der Person von Alfred Edwards, dem Gründer der Tageszeitung ›Le Matin‹, die die größte Auflage in Europa hatte. Schon hatte auch er sich in die Fluten des Humanitarismus gestürzt. Er gab ein neues volkstümliches Blatt ›Le petit Sou‹ heraus, in das er ein Vermögen steckte, nur zu dem Vergnügen, Waldeck-Rousseau zugrunde zu richten.

Damals gab es auch die ersten Autorennen, und die Zeitungen waren voll davon. Im Klub sprachen die Herren nur von Zündkerzen, offenem Auspuff und Benzinhähnen. Die Gaffer stauten sich um die neuen Höllenmaschinen, in welche man sich nur in einer tollen Ausrüstung – einem Mittelding zwischen Taucher und Nordpolfahrer – hineinwagte. Ich war eine der ersten, die eine derartige, dem Gehirn der Herren de Dion Bouton oder Panhard und Levassor entsprungene Maschine besaß. Ihre Höchstgeschwindigkeit von dreißig Stundenkilometern war um so berauschender und schwindelerregender, als der mutige Besitzer, da der Motor hinten angebracht war, die Nase dicht an einer Windschutzscheibe hatte, vor der unvermittelt die Leere gähnte. Es war ein geradezu aufregendes Gefühl, und man kletterte nicht ohne Herzklopfen über das heruntergeklappte Trittbrett, um es sich in der Polsterung der hohen Bänke bequem zu machen, während man einige Meter Schleier um sein Gesicht wickelte.

Das erste Schauspiel für die Massen wurde schließlich unter dem Patronat der ›Liga für Menschenrechte‹ an-

73

gezeigt. Von Freude und Stolz geschwellt, wollte mich Mirbeau selbst hinführen. Als wir im Théâtre de Paris ankamen, war im Saal schon alles, was in Paris Rang und Namen hatte, vollzählig versammelt. Ich weiß nicht recht, wo sich das Proletariat versteckt hielt, aber ich habe selten so viel Reiherfedern und Zobelpelze, selten so viel blitzende Diamanten gesehen. Alfred Edwards thronte als Besitzer des Theaters in der Mittelloge (er sollte es später für die Réjane völlig umbauen lassen). Von dem Augenblick an, da Mirbeau ihn mir vorgestellt hatte, schenkte er dem Schauspiel kaum noch Beachtung und überschüttete mich mit Aufmerksamkeiten und Komplimenten. Es wurde mir geradezu peinlich. Die Atmosphäre der Loge und die Freunde, die um ihn waren, mißfielen mir sehr.

›Ich werde wohl die Höflichkeit dieser Leute erwidern müssen,‹ dachte ich, ›aber dann lasse ich sie fallen.‹

Wir vereinbarten ein Wiedersehen, aber Edwards drängte sehr, wir sollten bei ihm essen. So nahm ich schließlich an. Thadée und ich besuchten ihn also am folgenden Tag in seiner prächtigen Wohnung in der Avenue du Bois de Boulogne, wo sich eine, wie mir schien, recht seltsame Gesellschaft eingefunden hatte. Ich kannte so ziemlich niemanden: da waren Xavier Xanroff, Gaillard, der Direktor der Oper, Alfred Capus, Charcot, Edwards Schwager, die reizende Liane de Pougy mit ihrem Geliebten, dem Doktor Robin, der einer meiner guten Freunde wurde, Zeitungsdirektoren, Frauen zwischen Theater und Halbwelt, und alles unterhielt sich in Wendungen, deren Unverblümtheit mich ein bißchen überraschte.

Charcot bereitete seine Forschungsreise auf dem ›Pourquoi pas?‹ vor. Man machte eine Aufstellung der für die Reise unentbehrlichen Gegenstände, die zu Edwards Wohnung geschickt werden sollten. Unter den Dingen, die unbedingt nötig erschienen, erwähnte man mehrere Male eine ›Gummifrau‹ und breitete sich mit Behagen über die verschiedenen Arten aus, wie sich die Seeleute ihrer bedienten. Ich hatte ziemlich lange gebraucht, um zu verstehen, und kam mir sehr dumm vor. Im übrigen langweilte ich mich zu Tode. Und so machte ich Thadée auf dem Heimweg eine erstklassige Szene.

»In dieses Haus setze ich in meinem Leben keinen Fuß mehr,« schrie ich, den Tränen nahe, sobald wir im Wagen saßen, »sie sind mir widerlich, Schluß damit, Schluß!«

Aber Thadée grübelte unablässig über seinen weitläufigen Finanzplänen, und Edwards war einer der Mächtigen dieser Welt. So wollte er keinesfalls mit einem Mann brechen, der so viele Fäden in der Hand hielt. »Du bist ein Dummkopf,« sagte er mir, »du wirst dich doch nicht an ein paar unschuldigen Witzen stoßen. Für wann lädst du sie ein?«

Da ich mich energisch weigerte, das Ehepaar Edwards bei mir zu empfangen, schlossen wir einen Kompromiß und baten sie zum Abendessen ins ungarische Restaurant, das damals sehr in Mode war. Ich kam recht spät.

Edwards erwartete mich an der Tür, und ich hatte den Eindruck, als wollte er mir etwas ›unter vier Augen‹ sagen; deshalb beeilte ich mich, meine Gäste zu erreichen. Später erfuhr ich, daß er mich hatte bitten wollen, ›all die Schwätzer einfach sitzen zu lassen‹ und mit ihm anderswohin, tête-à-tête, essen zu gehen! So viel Unverfrorenheit mit so viel Geschäftigkeit fand ich komisch und zugleich recht ärgerlich.

Das verhinderte nicht, daß schon am nächsten Tag ein Blumenstrauß mit seiner Karte ankam, das Telefon läutete und er mich zu sprechen wünschte. Jede Post brachte eine Einladung von ihm. Keine Absage konnte ihn entmutigen. Mir ging das so auf die Nerven, daß ich ihm schließlich sagen ließ, ich sei verreist. In Wirklichkeit war es Thadée, der fortgefahren war, um seine geliebte Kraftanlage wiederzusehen, seine Arbeitersiedlung zu besichtigen oder seine Straßenbahn in Toulon oder Gott weiß was sonst.

Zum Glück hatte ich mächtige Freunde, die mich mehr umringten als je. Capus, Maurice Donnay, Henri Bataille stritten sich darum, mich ins Theater zu führen, und versuchten sogar, mir einzureden, ich hätte unglaubliches schauspielerisches Talent, mein Platz wäre auf der Bühne und ich hätte nicht das Recht, der dramatischen Kunst meine außerordentlichen Fähigkeiten vorzuenthalten. Das alles brachte mich sehr zum Lachen.

Aber wir erörterten auch ernste Fragen. Ich ging ziemlich regelmäßig abends zu Léon Blum, der noch immer für die Liga der Menschenrechte entflammt war und mit hochherzigem Eifer von unseren sozialen Pflichten sprach. Man aß wunderbar gut bei ihm, und sobald die Mahlzeit beendet war, machte man sich an das Kapitel über die dringendsten Bedürfnisse des Volkes. Ich fand das äußerst unbehaglich. Warum nicht dieses Thema behandeln, bevor man all die guten Sachen verspeiste! Nachher blieb einem das ›Gratisbrot‹ im Halse stecken.

Seit dem Diner im ungarischen Restaurant waren mehrere Monate vergangen. Zeit genug, daß mein anziehendes Bild im Herzen Edwards' hätte verblassen können.

An einem schönen, sonnigen Tag bekam ich plötzlich Lust, ein wenig durch die Straßen zu bummeln. Ich hatte schon immer viel Spaß an Läden, an den Schaufenstern und den Geheimnissen, die man in ihnen entdecken kann. Straßen ohne Läden sind meine persönlichen Feinde. Ich gehe sehr schnell hindurch, mit einem Schritt, der durch die stumpfe Eintönigkeit und die blinden Häuserfronten ermüdet wird. Vielleicht sind sie sehr vornehm und die einzigen, in denen es sich zu wohnen schickt. Aber für mich sind sie tot, und ich wohne nicht gern auf dem Friedhof. Deshalb hatte ich nie den snobistischen Wunsch nach einem Haus weitab von allen Geschäftsvierteln. Ganz im Gegenteil, ich habe mich immer in Stadtteilen voll Läden und besonders voll Antiquitätenhändlern wohlgefühlt. Welche Aufregung, wenn im Gewirr alters- und geschichtsloser Dinge mein Blick an irgendeinem dieser beredten Gegenstände hängen bleibt, der keinem andern ähnelt, der als einmaliges Stück der Phantasie eines in seine Arbeit verliebten Handwerkers entsprang, ein Gegenstand, dessen vergangene Pracht durch die Staubschicht hindurch plötzlich von einem Lichtstrahl erhellt wird und der mir zuruft: ›Endlich bist du da! Endlich! Wie lange ich schon auf dich warte! Ich wußte es ja, daß du mich schließlich finden würdest! So viele Dummköpfe sind an mir vorübergegangen, ohne mich zu sehen... Für dich wurde ich gemacht. Du wirst mich zu lieben verstehen. Nimm mich, reibe und scheuere mich, und du wirst sehen, wie schön ich für dich sein werde!‹

Und welch liebenswerte Freunde sind die Antiquitätenhändler! Fast alle nennen mich ›Misia‹, und sobald ich eintrete, füllt sich ihr Blick mit Rührung im Gedanken an eine Menge Erinnerungen, die mich mit Lacktischchen, konsolentragenden Negern oder Kristallgirlanden verbinden. Als ich am Quai Voltaire wohnte, beklagte ich mich oft bei einem Buchhändler, der am Seine-Ufer schöne alte Bände in glänzendem, rost- oder zitronenfarbenem Saffianleder und alte Landkarten mit Tierkreiszeichen und Meerungeheuern verkaufte, daß mein Eßzimmer, das gegen Norden lag, niemals Sonnenlicht habe. Wie groß war eines Tages, als wir uns zum Mittagessen setzten, meine Überraschung, den Raum ganz in Licht getaucht zu sehen! Ich begriff dieses Wunder gar nicht und lehnte mich aus dem Fenster, weil ich mich fragte, ob sich denn die Erde von nun an in entgegengesetzter Richtung drehe. Aber nein, es war viel einfacher und viel wunderbarer: mein Freund, der Buchhändler, war auf die Idee gekommen, auf den breiten Deckeln seiner Bücherkisten eine Reihe reflektierender Spiegel so anzubringen, daß ich mein Mittagessen in der Sonne einnehmen konnte! Die Tränen traten mir in die Augen...

Aber kehren wir zum Boulevard Haussmann zurück. Ich hatte den Fahrer gebeten, mich dort mit dem Wagen zu erwarten; ich wollte das schöne Wetter ausnutzen und im Vorübergehen einen neugierigen Blick ins Innere der Läden werfen. Mir war leicht zumute, und ich war in einer Stimmung, das Leben herrlich zu finden. Gar nicht wie an anderen Nachmittagen, wenn ich mich in den Polstern des Wagens kunstvoll zurechtsetzte, den Rock leicht über die Knöchel hochzog und in hingegossener Haltung einen Arm hängen ließ, um so elegisch auszusehen, wie es meine blühende Gesundheit eben zuließ, und all dessen müde, was das Leben meinem wunden Herzen bieten konnte. Wenn es dem lieben Gott in den Sinn gekommen wäre, einigen seiner Geschöpfe manchmal ein paar Ohrfeigen zu verabreichen, an solchen Tagen hätte er mich bestimmt nicht vergessen! In dieser glücklichen Stimmung am Boulevard Haussmann angelangt, begegnete ich einem Herrn, den ich im ersten Augenblick nicht erkannte. »Endlich! Jetzt habe ich Sie!« schrie er beinahe. »Und jetzt lasse ich Sie nicht mehr los!«

Ich war zuerst ganz sprachlos. Dann faßte ich mich und stammelte eine Menge Worte, aus denen hervorging, daß der Wagen mich erwarte, daß ich es furchtbar eilig hätte, daß er mich entschuldigen möge: mein Mann werde ohnehin finden, ich käme schrecklich spät.

»Gerade mit Ihrem Mann habe ich zu sprechen«, sagte er und versuchte, mit mir Schritt zu halten. Aber ich war ihm schon entwischt und in meinen Wagen geklettert.

Das Schicksal ist unerbittlich. Schon am nächsten Tag stieß ich auf der Place Vendôme fast mit der Nase auf Edwards. Diesmal konnte ich nicht mehr entschlüpfen. Wenn er mit meinem Mann sprechen wollte, mußte er es eben tun. Ich bat ihn in den Wagen, ließ uns nach Hause fahren und machte den Mund nicht mehr auf. Thadée schloß sich lange Zeit mit Edwards ein. Als dieser endlich fort war, sah ich einen strahlenden, jubelnden, triumphierenden Thadée in mein Zimmer treten.

»Das ist großartig!« sagte er. »Wunderbar! Edwards besitzt ungeheure Kohlenbergwerke in Koloschwar. Noch kaum genützt ... ein unerschöpflicher Reichtum!... Er macht mich zum Generaldirektor des Unternehmens und schickt mich sofort dorthin. Überleg einmal, das ist eine Goldgrube!«

»...Koloschwar?« sagte ich. »Was ist das schon wieder für eine Geschichte? Niemand hat von einem derartigen Abenteuer gehört. Sei einmal ruhig, Thadée, und denk zwei Sekunden lang nach. Dieser Mensch hat nur den einen Gedanken, dich von hier wegzubringen, dich von mir zu entfernen. Bist du denn vollkommen blind? Siehst du nicht, daß du ihm im Wege bist? Er hat wahrscheinlich ein paar Hektar steiniges Terrain gekauft, und zwar so weit weg wie möglich, um dich hinzuschicken, damit du es aufhackst, und er spiegelt dir ein Vermögen vor, während er in aller Ruhe hierbleiben wird, um mich mit seiner Zudringlichkeit umzubringen. Er ist verliebt in mich, verstehst du endlich? *Verliebt!*«

»Du bist wirklich zu komisch«, erwiderte er und brach in Lachen aus. »Du bildest dir immer ein, daß sich alle Welt beim ersten Anblick in dich verliebt. Das ist einfach Unsinn. Alfred hat dich noch nicht zehnmal in seinem Leben gesehen. Komm wieder auf die Erde herunter! Es handelt sich um ein ungeheures Finanzunternehmen und nicht um einen Liebesroman. Edwards ist kein Laffe, der den Herzensbrecher spielt. Er ist ein Geschäftsmann. Ein Realist. Du brauchst dir nicht einzubilden, daß er in Träumen schwebt!«

Mein Gott! Nein, er schwebte nicht in Träumen. Er wußte nur zu gut, was er wollte. Wie Thadée richtig sagte: er war ein Realist. Er sollte es kurz darauf beweisen.

DIE KOHLENGRUBEN
IN KOLOSCHWAR

Nichts hatte Thadée beirren können. Er war fröhlich,
den Kopf schon mit erstaunlichen Finanzproblemen
vollgepfropft, nach Koloschwar abgezogen. Wie konnte
dieser Mann, der künstlerisch so begabt und in Paris
von all den außergewöhnlichen Menschen umgeben
war, die er der ›Revue Blanche‹ zu gewinnen vermochte, sich irgendwo im tiefsten Inneren eines ungarischen Kohlenloches eingraben? Das war ein Rätsel
für mich.

Natürlich verlor Edwards nicht eine Minute. Thadée
hatte kaum die Türe geschlossen, so klopfte er auch
schon an. Aber meine Weisungen waren streng, und
ich blieb hermetisch abgeschlossen mit Lautrec, der
ein neues Porträt von mir begonnen hatte. Es wurde
mir von allen, die er gemalt hat, das liebste. Es sollte
ein Umschlag für die ›Estampe originale‹ werden.
Lautrec war zwar mit seiner Arbeit zufrieden, aber
wütend, daß er dauernd durch Edwards' Anrufe gestört wurde.

Nach mindestens achtzig Absagen nahm ich schließlich
eine Einladung zum Abendessen in der Avenue du

Bois an. Die Stimmung war gedrückt und nervös zugleich. Frau Edwards und ihr Bruder Charcot zeigten ein gewisses Unbehagen. Ich strengte mich an, liebenswürdig und unbefangen zu sein, begann von der Reise zu erzählen, die Thadée und ich in Norwegen gemacht hatten, und flocht den Bericht von unserer komischen Begegnung mit Ibsen ein. Plötzlich erhob sich Edwards sehr bleich und zog sich, eine Entschuldigung stammelnd, in sein Zimmer zurück. Das Ende der Mahlzeit wurde beklemmend. Gleich nach dem Essen zog mich Charcot in den Garten. Seine Miene war ernst und drückte schwere Sorgen aus. Er begann mit einem sehr verworrenen Satz, aus dem hervorging, Edwards' Unwohlsein sei bedenklicher, als ich es mir wohl dächte, und ich schiene mir nicht bewußt zu sein, daß ich daran schuld sei.

»Ich?« rief ich. Mir blieb fast der Atem weg.

Mittlerweile hatte uns Frau Edwards erreicht und nahm meinen anderen Arm. Sie war äußerst erregt.

»Alfred geht es gar nicht gut«, sagte sie. »Man spielt nicht ungestraft mit dem Herzen eines Mannes.«

Ich verstand immer weniger. Zwischen Bruder und Schwester eingezwängt, die über etwas, wovon ich keine Kenntnis hatte, vollkommen einer Meinung zu sein schienen, hatte ich fast den Eindruck eines Komplotts. Jetzt sprachen sie beide zugleich. War das möglich? War das wirklich Edwards' Frau, die nun in den unwahrscheinlichen Redeschwall Charcots einstimmte? Er hatte eindeutig erklärt, die einzige Art, Edwards gegenüber ›anständig‹ zu handeln, wäre, daß ich seine Geliebte würde, sonst würde er zweifellos seine Frau verlassen! Könnte ich so herzlos sein, eine derart vollkommene Ehe zu zerstören? Meine Reden bei Tisch, die von glücklichen, mit Thadée verbrachten Tagen berichteten, wären ein abscheuliches Spiel gewesen, um Alfred leiden zu lassen. Charcot zögerte nicht, mich grausamer Koketterie zu bezichtigen.

Ich fiel aus allen Wolken. Meine Erzählung von unserer Fahrt nach Norwegen hatte nur den Zweck gehabt, durch eine amüsante Geschichte eine mürrische Gesellschaft aufzuheitern. War es meine Schuld, wenn sie im Kopf des armen Alfred Vorstellungen weckte, die ihm durch seine Liebe zu mir unerträglich wurden? Ich war ehrlich verzweifelt darüber. Aber wie konnte Charcot es wagen, vor seiner Schwester in diesem Ton zu sprechen, und wie konnte diese Frau so weit die Vernunft verlieren, daß sie mich anflehte, die Geliebte ihres Mannes zu werden?

Ich war mit meinen Nerven am Ende und brach in Tränen aus. Ich glaube, ich ging nicht einfach fort: ich ergriff die Flucht. Und ich verfluchte den Tag, an dem ich die Schwelle dieses Hauses überschritten hatte.

Nach einer qualvollen Nacht war mein Entschluß gefaßt: ich wollte auf der Stelle nach Koloschwar und zu Thadée fahren. Ohne noch länger über diese höllische Verwirrung nachzudenken, in die ich geraten war, ließ ich meine Koffer packen, holte eine treue Freundin und nahm den Orient-Expreß.

Ich hatte nur den einen Gedanken: so schnell wie möglich Thadée zu treffen. Nur er konnte diesen unentwirrbaren Knoten lösen. Er würde mich nicht mehr verlassen. Er würde mich beschützen. Ich fühlte mich wieder als ganz kleines Mädchen, schwach und wehrlos, das Schutz, Trost und Zärtlichkeit brauchte. Dieses Koloschwar, über das ich mich so lustig gemacht hatte und wohin man mich vor einer Woche noch nicht für ein Königreich gebracht hätte, erschien mir jetzt wie ein sicherer Hafen.

Ach, ich sollte niemals dort ankommen. Eine Viertelstunde, bevor wir in den Wiener Bahnhof einliefen, klopfte es an die Tür meines Abteils. Ich hob den Kopf von meinem Buch und wurde leichenblaß: im Türrahmen stand Edwards, korrekt und lächelnd.

»Ich reise mit Ihnen weiter,« sagte er ruhig, »wir müssen uns aussprechen.«

Der Albdruck wich nicht. Hätte ich nicht meine Freundin Emma in Fleisch und Blut neben mir gehabt, ich hätte geglaubt, noch nicht völlig aus dieser abscheulichen Nacht nach dem Diner in der Avenue du Bois erwacht zu sein. Durch welche Hexerei stand Edwards jetzt plötzlich vor mir, tausend Kilometer von Paris? Das ging über meinen Verstand. (Er gestand mir später, er hätte mich einfach beobachten lassen. Als er von seinem bezahlten Spitzel erfuhr, daß ich im D-Zug nach Wien Plätze belegen ließ, hatte er dasselbe getan. Es war also sehr einfach!)

So überrumpelt und vor allem darauf bedacht, einen Skandal zu vermeiden, der mir schrecklich gewesen wäre, blieb ich in Wien und telegrafierte Thadée, er müsse unverzüglich kommen. Ich sandte auch eine Depesche an Vuillard mit der flehentlichen Bitte, mich schnellstens aufzusuchen. Wenn Thadée seine Arbeit nicht so ohne weiteres verlassen konnte, wollte ich doch wenigstens einen sicheren Freund zu meiner Unterstützung bei mir haben.

Edwards hatte sich am anderen Ende des Hotels einquartiert, in dem ich abgestiegen war. Er war höflich und vollkommen korrekt. Was mich am meisten entsetzte, war seine Ruhe. Er sah aus wie ein Mann, der seiner Sache so sicher war, daß ich völlig aus der Fassung geriet. Denn schließlich war seine ›Sache‹ nicht mehr und nicht weniger, als mich zu heiraten. Daß ich verheiratet, daß er es auch war, daß weder seine Frau noch mein Mann, noch ich selbst die mindeste Lust hatten, uns scheiden zu lassen, all das schien ihm in keiner Weise hinderlich zu sein. Er hatte beschlossen, zum Ziel zu kommen, und nahm sich gemächlich Zeit; denn der Ausgang war für ihn nicht zweifelhaft. Alles war in seinem Kopf kaltblütig berechnet.

Als ich begriff, in welchen Strudel Thadée geraten war, verlor ich die Fassung. Von durchaus edlen und wohltätigen Absichten beseelt, hatte der Unselige ungefähr das Sechsfache des Vermögens der Gesellschaft verbraucht, indem er den Angestellten Arbeitsbedingungen schuf, die seinem sozialen Ideal entsprachen, und ihnen wundervolle Arbeitersiedlungen baute. Er wirtschaftete drauflos und nahm mutmaßliche Eingänge aus zukünftigen Gewinnen vorweg. Nicht nur, daß er in seine verrückten Unternehmungen seinen letzten Groschen gesteckt hatte, er hatte sich auch ohne mein Wissen an meinen Bruder Cipa gewandt und dessen gesamtes Vermögen in seinem Geschäft angelegt. Jetzt wußte er nicht mehr, wie er sich drehen und wenden sollte. Er sah sich ungeheuren Verbindlichkeiten gegenüber, die Gläubiger begannen zu mahnen. Der Bankrott stand unmittelbar bevor, und der jetzt fällige Betrag war unvorstellbar hoch.

Edwards hatte dieses Rennen in den Untergang seit einigen Monaten mit heiterem Blick, und natürlich ohne einzugreifen, beobachtet und verfolgt.

Mit einem Lächeln auf den Lippen erwartete er seine Stunde. Sie war gekommen. Wie ein deus ex machina erschien Alfred Edwards im fünften Akt, mit der Macht, alles in Ordnung zu bringen. Unter einer Bedingung! Und diese Bedingung war ich. Im Grunde war nichts einfacher und klarer. Ich hatte sehr gut verstanden und kochte vor Wut.

Vuillard war nach dem Empfang meiner Depesche sofort gekommen. Aber immer noch keine Spur von Thadée. Ich hatte eine dramatische telefonische Unterhaltung mit ihm gehabt. »Ich kann nicht von Koloschwar fort,« hatte er mir verzweifelt gesagt, »ich beschwöre dich, bring alles in Ordnung! ... Ich bin verloren.«

Alles in Ordnung bringen! Das war leicht gesagt. Was stellte er sich vor? Wie sollte ich mich da herauswinden? Selbst wenn man das Unmögliche annahm und ich einwilligte, Alfreds Geliebte zu werden (wie es mir Charcot so feinfühlig andeutete zu einem Zeitpunkt, in dem ich nicht die leiseste Ahnung von dem Drama hatte, in welchem sich Thadée abkämpfte), so hätte das nichts in Ordnung gebracht. Das wollte Edwards ja auch gar nicht. Keinen Augenblick gab er mir gegenüber auch nur im geringsten seine Korrektheit auf. Was er vorhatte, war: mit mir leben, mich heiraten.

Nach fünf Tagen zermürbenden Wartens, während ich in meinem armen Kopf dieses unlösbare Problem immer wieder hin und her wälzte, begriff ich, daß Thadée nicht kommen würde, und suchte Edwards auf.

»Ich kann nicht länger hierbleiben«, sagte ich zu ihm, »und mich vor Kummer und Unruhe krank machen. Sie sind ein abscheulicher Mensch. Geben Sie mir eine Weile Zeit, um über all das ruhig nachzudenken und mich von dem Schlag, den Sie mir versetzt haben, zu erholen.«

Wir kamen schließlich überein, daß ich nach Rheinfelden fahren sollte. Ich mußte versprechen, daß Thadée mich dort nicht aufsuchen würde. Nach einem Monat der Einsamkeit sollte ich meine Antwort geben. Dies waren die Klauseln des Abkommens, durch das ich erreichte, daß Alfred nach Paris zurückfuhr und keinen Versuch machte, mich eher als in einem Monat wiederzusehen.

Obschon diese Vereinbarung überhaupt keine Lösung brachte, betrachtete ich sie fast als einen Sieg, so sehr fühlte ich mich erleichtert, Edwards fortfahren zu sehen und wieder frei atmen zu können. Es war, als wäre mir fünf Tage lang die Kehle zugeschnürt gewesen und als könnte ich jetzt wieder aufatmen.

Vuillard begleitete mich nach Rheinfelden. Meine erste Sorge war natürlich, an Thadée zu telegrafieren ; ich sagte ihm, ich sei endlich allein und er solle zu mir kommen, damit wir versuchten, uns Klarheit zu verschaffen. Ich dachte nicht eine Minute daran, daß ich Edwards gegenüber unehrlich handelte. Schließlich war Thadée mein Mann, und der Gedanke, eine Frage, wie die unserer endgültigen Trennung, zu entscheiden, ohne uns vorher gesehen zu haben, da er in Ungarn, ich in der Schweiz war, wäre mir ganz unsinnig erschienen.

Ich hoffte immer noch, Alfred habe aus eigennützigem Grunde das Bild von der Lage meines Mannes allzu schwarz gemalt. Aber dieser belehrte mich bald eines Besseren : sie war womöglich noch schlimmer, völlig verzweifelt. Von welcher Seite wir das Dilemma auch betrachteten, in dem wir festsaßen, es gab offenbar nur eine Lösung, und Thadée wagte nicht einmal, sie in Betracht zu ziehen.

»Ich glaube, ich habe dich niemals so geliebt«, sagte er immer wieder.

Ich hatte ein hilfloses Kind an meiner Brust, das alles von mir erwartete. An dem Geschehenen konnte er sich in keiner Weise schuldig fühlen. Er hatte aus edelstem, uneigennützigstem Antrieb gehandelt. Er hatte mitleidenschaftlichem Eifer gearbeitet. Er hatte alles ins Werk gesetzt, um das Los seiner Leute zu verbessern.

Inzwischen kam eine Depesche von Edwards: »Sie haben Ihr Wort gebrochen, da Sie Thadée getroffen haben. Unter diesen Umständen komme ich.« Kein Flehen konnte meinen Mann zurückhalten. Er wollte Alfred nicht begegnen.

Während wir auf dem Bahnsteig auf den Zug warteten, der ihn in das verfluchte Koloschwar zurückführen sollte, bemühte er sich auf jede mögliche Weise, aus dieser Abreise eine gleichgültige Trennung ohne Folgen zu machen. Er sprach von den Fortschritten in der sozialen Frage, von der ›Liga‹. Ich aber versuchte nicht einmal mehr, meine Verzweiflung zu verbergen. Ich fühlte mich wie ein Kind, das einem Menschenfresser ausgeliefert ist. Als der Zug abfuhr, riß ich mir zwei große Smaragde vom Halse, von denen ich mich nie getrennt hatte, brach den Schmuck entzwei und gab Thadée einen der Steine. Ich wußte, daß es zu Ende war.

HEIRAT MIT EDWARDS

Die herzzerreißende und erbärmliche Traurigkeit der
Bahnhöfe! Eine Traurigkeit der Armen, eine schmutzige Traurigkeit aus Ruß und Tränen, lose flatternden
Plakaten und tödlicher Zugluft. Ich fand mich allein
auf dem Bahnsteig, allein, verlassen.

»Das schreckliche Taschentuch, mit dem man winkt,
wenn man sich auf ewig Lebewohl sagt...« Lieber,
teurer, zartfühlender Mallarmé! Warum hatte ich ihn
nicht bei mir, um die Angst dieser eisigen Einsamkeit
zu überwinden.

»Die armen Geliebten, mit ihrem Hut, fast ohne Band...«
›Ich bin eine von ihnen‹, dachte ich, ›jetzt bin ich es
wirklich.‹

Und während der Rauch des Zuges verwehte, stieg mir
schweres Schluchzen in die Kehle. Wo war die Zeit, in
der ich, mit allem Reichtum überhäuft, in den Fond
meines Wagens gelehnt, mit tragischer Pose versuchte,
das Mitleid romantischer Herzen zu erregen! Bemit-
leidenswert, das war ich heute allerdings! War es möglich, sich ein abscheulicheres Schicksal vorzustellen als
das meine? An wen, an was sollte ich mich klammern?
Wohin sollte ich gehen?

Ich wollte nicht nach Rheinfelden zurück. Man hatte mich dort mit Thadée gesehen. Was würde man sich bei Alfreds Ankunft denken? Der Skandal jagte mir Schrecken ein. Ich war schon unglücklich genug, ohne daß sich nun noch jemand dreinmischte, um mein Leben öffentlich zu beschmutzen. Ich blieb wie angewurzelt stehen und dachte an ein Bild aus Hector Malots Erzählung ›Sans Famille‹, auf dem man den zwölfjährigen Helden im Winkel einer grauen Straße sitzen sieht, allein, mit seinem Hund zwischen den Beinen. Endlich entschloß ich mich, Alfred am nächsten Morgen in Basel zu erwarten. Das war besser, als ins Hotel zurückzukehren. Ich telefonierte Emma, sie solle die Koffer packen, ich würde ihr später sagen, wo sie mich erreichen könnte.

Edwards hatte immer noch seine entwaffnende Ruhe, als er aus dem Pariser Expreß stieg. Er nahm mich bei der Hand und führte mich ins Hotel ›Zu den Drei Königen‹. Wie brachte er es zuwege, mitten in einem Drama, das vier Existenzen zerstörte, niemals seine korrekte und höfliche Haltung aufzugeben? Ich konnte nicht begreifen, daß es für ihn im Grunde gar kein Problem gab. Das Drama rollte nicht nur so ab, wie er es vorausgesehen, sondern genau so, wie er es gewollt hatte. Nach seinem Plan. Er war so sehr gewöhnt, in allem der Stärkere zu sein, daß alles nach seinem Willen ging. Für ihn lief jetzt alles ganz normal ab.

Wie wir im Hotel ›Zu den Drei Königen‹ wohnten, erinnerte merkwürdig an Wien : ich an einem Ende des

Hotels, er am andern. Die bösen Zungen hätten es schwer gehabt, Gift zu verbreiten, so sehr blieben unsere Beziehungen nach außen hin auf der Ebene gesellschaftlich-freundschaftlichen Verkehrs.

»Ich hatte Ihnen einen Monat zum Nachdenken gegeben,« sagte er mir gleich bei seiner Ankunft, »ich werde mein Wort halten. Sie haben unsere Abmachung gebrochen, indem Sie Thadée kommen ließen, und deshalb bin ich selbst gekommen. Im Grunde war es vielleicht besser, daß Sie Gelegenheit hatten, ihn zu sehen. Das hat Ihnen, hoffe ich, erlaubt, in Ihren Gefühlen, die ich auf keinen Fall verletzten möchte, ein wenig klarer zu sehen.«

Und damit nahm er mich mit auf einen Rundgang zu den Antiquitätenhändlern, zu Sehenswürdigkeiten des Ortes und zum Forellenessen am Ufer der Schweizer Seen.

Im Schutze dieses unbeschwerten Daseins versuchte ich, in die Verwirrung, in welche die rasche Folge der seit drei Wochen durchlebten Ereignisse mein armes Hirn gebracht hatte, einen festen Punkt zu setzen. Der Waffenstillstand sollte noch ungefähr drei Wochen dauern. Von Koloschwar erhielt ich täglich flammende Briefe von Thadée, der mir versicherte, er würde im Leben niemand anders lieben als mich. Das war schön und gut. Aber inzwischen hatte er mich, an Händen und Füßen gefesselt, einem Mann ausgeliefert, von dem seine Ehre abhing und der ihm den Preis dafür nicht verschwieg.

›Bring alles in Ordnung!‹ Er hörte nicht auf, mir das einzuschärfen. Was konnte ich tun, da ich selbst das Objekt des
Geschäftes war? Thadée hatte es sich wirklich allzu leicht
gemacht. Zuerst, indem er mir seine finanzielle Lage bis
zum Augenblick der völligen Katastrophe verheimlichte,
und dann, als er sich einbildete, Alfred wolle nichts anderes von mir als einen Flirt ohne weitere Folgen.

Ich hatte alles getan, um ihm über diesen letzten Punkt
die Augen zu öffnen. Vom ersten war mir bis zur vorigen Woche nichts bekannt gewesen.

Als ich mich beruhigt hatte, sah ich wohl, wie es soweit
gekommen war. Seine Anteilnahme an dem entstehenden Sozialismus und an der Liga für Menschenrechte
hatte in seiner von Natur aus begeisterungsfähigen
Seele die Ausmaße einer wahren Leidenschaft angenommen. Der gleichzeitige Niedergang und die Aufgabe der ›Revue Blanche‹ gaben ihm die Hände frei
für Finanzunternehmungen, zu denen ihn seine neuen
Ideen über die Wasserkraft geführt hatten, und so gedachte er natürlich, das Geld in den Dienst seiner humanitären Grundsätze zu stellen.

In moralischer Hinsicht konnte man ihm nicht den geringsten Vorwurf machen. Das Geld war für ihn nur
das unerläßliche Mittel, einer Sache, die er glühend
verteidigte, zum Sieg zu verhelfen. Edwards war für
ihn die Brücke gewesen, die ihn zum Gelde führte. Er
hatte ihn niemals in anderem Lichte gesehen.

Aber ich? Ich fand allmählich, daß man mich in dieser
ganzen Angelegenheit vergessen hatte. Liebte er mich

ebensosehr wie die Liga für Menschenrechte? Ich war dessen nicht ganz sicher. Zur Zeit unserer Heirat waren wir zwei Kinder. Daß er mich geliebt hatte, daran zweifelte ich nicht.

Aber war es bei mir wirkliche Liebe gewesen, die mich getrieben hatte, diesen großen und schönen Burschen zu heiraten, den ich seit meiner frühen Kindheit gekannt hatte? War es nicht vielmehr ein Gefühl herzlicher Kameradschaft und vor allem ein brennender Durst, das Leben kennenzulernen, ein für allemal von einer Familie unabhängig zu sein, die mich schrecklich unglücklich gemacht hatte?

Hatte ich jemals in den Augen von Thadée jenes Feuer glühender Leidenschaft gesehen, das in Alfreds Augen brannte?

Wenn ich aufrichtig war, mußte ich mir sagen, daß ich mehr als eine verlorene Liebe mein Schicksal beweinte: mich noch einmal allein im Gedränge zu finden, allein, und dieser ganze Weg vor mir, so wie damals, als ich mit blutenden Füßen auf Antwerpen zulief, verlassen, wie in diesem unheimlichen London, wo ich ohne Ziel durch endlose Straßen gewandert war.

Schutzlos! Ja, das war es vor allem: schutzlos. Ein Mann, der einen liebt, muß Schutz sein. Schützte mich Thadée? Hatte er, in der Begeisterung seiner Abreise nach Koloschwar, daran gedacht, wer mich beschützen würde? Eine Welle der Empörung stieg in mir auf. ›Bring alles in Ordnung!‹ War das die Sprache eines Mannes? Ich sah wieder seine sanften und verzweifelten Augen, als er vom Bankrott sprach. Wie konnte man ihm böse sein? Er war ein Kind, Thadée war ein Kind, und Alfred ein Mann, und hierin lag die Erklärung für die Geschichte, die uns zustieß.

Nach Ablauf des Monats sagte ich Edwards, daß ich ihn heiraten würde. Am nächsten Tag fuhren wir nach Madrid.

Vor meiner Abreise aus Basel hatte ich Thadée ein hübsches venezianisches Glas geschickt. ›Die Zerbrechlichkeit dieses Glases‹, hatte er mir telegrafiert, ›bedeutet nichts gegen die Ewigkeit meiner Liebe.‹ Das war sehr nett, sehr literarisch und sehr überflüssig. Jetzt war wirklich alles zu Ende und die Seite umgeblättert.

Mein Entschluß war endgültig. Und doch erinnere ich mich, daß mir an jenem kalten Novembermorgen unserer Abreise aus Basel meine Tränen hinter den beschlagenen Gläsern der damals für Autoreisen üblichen ungeheuren Brille ein seltsames Gefühl der Wärme gaben. Das waren freilich meine letzten Tränen über diesen dramatischen Handel, dessen Objekt ich gewesen war.

Seitdem ich Edwards versprochen hatte, seine Frau zu werden, verdoppelte er seine Zuvorkommenheit und liebenswürdige Aufmerksamkeit und ließ seiner Freude freien Lauf. Dieser Mann, der dreißig Jahre älter war als ich, wurde lustig wie ein Buchfink und fand die Sorglosigkeit der Jugend wieder.

Die Liebe, die er empfand, war selbst in ihrer Heftig-
keit so glühend und zärtlich, daß ich unwillkürlich
gerührt war. Und der Eindruck der Kraft und Autori-
tät, der von ihm ausstrahlte, gab mir ein wunderbares
Gefühl der Sicherheit und Ruhe nach dieser quälenden
Ungewißheit und dauernden Sorge, die ich die letzte
Zeit mit Thadée durchlebt hatte, als ich jeden Augenblick den Boden unter den Füßen versinken fühlte.
Schluß mit dem Flugsand! Ich fand mich nach Wind
und Wetter fest an einem mächtigen Felsen verankert.
Nach kurzem Aufenthalt in Pau kamen wir nach Madrid. Warum gerade Madrid und nicht eine andere
Stadt? Ich habe es nie erfahren. Alfred hatte Lust, mit
mir nach Madrid zu fahren, und ich verlangte damals
nichts anderes, wenn ich nur von Paris weit weg war
und man mir nicht mehr von Koloschwar sprach. Sofort, nachdem wir einig geworden waren, hatte Alfred
das Notwendige getan, um Thadée von der dringendsten Sorge zu befreien, und ihm auch sein Gehalt als
Direktor des Betriebes weitergezahlt. Ich war nun fest
entschlossen, nicht mehr an diese Sache zu denken.
Für den Augenblick waren wir völlig inkognito in Madrid und daher jeder gesellschaftlichen Verpflichtung
enthoben. Es dauerte nicht lange, und Edwards fand
eine neue Beschäftigung: er kaufte Fächer für mich.
Ich hätte nie geglaubt, daß es so viele wertvolle Fächer
gäbe. Fächer aus Spitzen, Schildpatt, Gold, Lack, Elfen-
bein, andere wieder, die von den besten Künstlern des
siebzehnten oder achtzehnten Jahrhunderts zart bemalt

97

waren... Bald hatte ich eine wahre Sammlung. Aber Alfred war in seiner Jagd nach Fächern nicht aufzuhalten. Er kaufte immer noch mehr, ich konnte ihn nicht mehr davon abbringen. Wenn ich dieser Ausflüge müde wurde, ging er allein fort, nicht ohne mich sorgfältig in meinem Zimmer einzuschließen. Diese Geste erschien ihm ganz natürlich. Ich verbrachte ganze Tage hinter verschlossenen Türen. Wenn man die Redensart ›eifersüchtig wie ein Tiger‹ gebrauchen will, paßt sie bestimmt auf Edwards. Er hatte buchstäblich die Eifersucht eines Raubtieres, und ich hätte mich nicht gewundert, ihn vor meiner Türe brüllen zu hören. Mein Gott, auf wen hätte er denn in dieser Stadt, in der ich keine Seele kannte, mit irgendeinem Grund eifersüchtig sein können? Aber er ging nur ruhig fort, wenn er mich verbarrikadiert, mich hinter Schloß und Riegel gebracht hatte wie in einen Geldschrank.

Seine ungestüme Liebe hatte schließlich über meine freundschaftliche Gleichgültigkeit gesiegt, und ich bemerkte bald, daß ich unendlich viel mehr seine Frau war, als ich jemals Thadées Frau gewesen, der immer nur der Freund meiner Kinderzeit geblieben war. Aber warum dies anhaltende Mißtrauen? Sein Vater war lange Zeit Haremsarzt des Sultans in Konstantinopel gewesen. Er hatte von dort Berge von Schmuck und ein ungeheures Vermögen mitgebracht, vielleicht auch diesen wenig westlichen und Alfred vererbten Begriff von weiblicher Freiheit. Und vielleicht mußte ich mich glücklich schätzen, daß er mich nicht zwang, den Schleier zu tragen!

Von Madrid aus hatte sich Edwards sofort mit seinen Geschäftsfreunden in Verbindung gesetzt, damit unsere wechselseitigen Scheidungen so bald wie möglich rechtskräftig würden. Er wendete daran so viel Geld und Energie, daß alles in einer Rekordzeit vonstatten ging. Wir fuhren nach Paris zurück, wo gleich nach unserer Ankunft die Heirat auf dem Standesamt von Batignolles im Handumdrehen erledigt wurde. Das Ganze ähnelte ein wenig einem Taschenspielerkunststück.

GLANZ UND REICHTUM

Wir mieteten eine sehr schöne Wohnung in der Rue
de Rivoli, mit dem Blick auf die Tuilerien, und zogen
während der recht langwierigen Einrichtungsarbeiten
auf die Place Vendôme, in den Zwischenstock des Hôtel
du Rhin.

Edwards besaß ein Schloß in Corbeil. Ein richtiges
Schloß, mit Türmen, Wehrgang und allem, was dazu-
gehört. Ich konnte Schlösser nie leiden und schon gar
nicht, wenn ich eines besitzen sollte. So gab ich keine
Ruhe, bis Alfred es verkauft hatte. Meiner Meinung
nach bedeutet ein Schloß nur dann etwas, wenn man
einen historischen Namen trägt, der mit dem Grund-
besitz verbunden ist, und wenn der Besitz immer in der
Familie geblieben ist und man das nötige Geld hat, sein
Eigentum wie in der Vergangenheit instand zu halten. Ist das nicht der Fall, warum sich dann mit einem
riesigen Wohnsitz belasten, dessen rechtmäßige Eigentümer man enteignet zu haben fürchtet und der einen
am Reisen hindert, weil man sich verpflichtet fühlt,
alle Ferien dort zu verbringen? Landbesitz hatte niemals Reiz für mich. Seine Begrenzung erscheint mir

sinnlos. Ich finde Mauern abscheulich. Warum soll ich mich mit zwei- oder dreihundert Hektar begnügen, wenn ich die ganze Erde genießen kann? Wenn ich ein prächtiges Auto habe oder ein schönes Schiff und dazu zwei oder drei Koffer und viel Geld, bin ich dann nicht überall auf der Welt zu Hause?

Und wie viel freier! Kann ich bleiben, wo ich will, und wegfahren, wann es mir paßt, so besitze ich tausend-mal mehr Land als der Marquis von Carabas!

Schöne Wagen hatten wir, aber kein Schiff. Ich bat Alfred, als Ersatz für sein Schloß eines bauen zu lassen. Es sollte ein Hausboot sein, und ich liebte es schon im voraus zärtlich. Die Pläne wurden sofort entworfen ... ich hätte gewünscht, daß ein Zauberstab es auf der Stelle entstehen ließe.

Bei unserer Rückkehr nach Paris hatte ich zu meinem großen Kummer Lautrec schwerkrank vorgefunden. Ich besuchte ihn jeden Tag in der Klinik und war er-schüttert von seiner Veränderung. Mit eingefallenen Wangen, erdfarbener Blässe hatte er das Aussehen eines vom Tode Gezeichneten. Indes arbeitete er, trotz seiner Erstickungsanfälle, immer noch mit Freude. Ich weiß nicht, warum er zu dieser Zeit begann, mich ›Schwalbe‹ zu nennen. Die berühmte Serie der Zirkus-zeichnungen, die er damals schuf und mir widmete, trägt unter dem bekannten kleinen Kreis seines Mono-gramms die Worte : ›à l'Hirondelle‹. Ich habe kürzlich einen Teil dieser Zeichnungen in einer Ausstellung der

›Arts Décoratifs‹ im Louvre entdeckt und erinnere mich, sie früher einmal Manzy und Joyant geliehen zu haben, die sie als Album veröffentlichen wollten. Ich hatte vergessen, sie von ihnen zurückzuverlangen, und sie – sie mir zurückzugeben!

Der Zustand Lautrecs wurde immer ernster, und so brachte man ihn mitten im Sommer zu seinem Vater nach Albi. Von dort sollte er nicht mehr zurückkommen. Der Vater, ein seltsamer Mann, verbrachte die Tage am Bett seines Sohnes. Er hatte sich einen kleinen Bogen mit winzigen Pfeilen verfertigt, mit denen er die Fliegen tötete, die alles, sogar das Gesicht seines Sohnes, umschwärmten! Vor Ende des Sommers war Lautrec tot, mit kaum fünfunddreißig Jahren. Es war ein großer Schmerz für mich.

Sobald wir in die Rue de Rivoli eingezogen waren, fand ich alle meine früheren Freunde wieder; zu ihnen gesellten sich nun Alfreds Freunde, die mir ziemlich fremd waren. Sie gehörten zum größten Teil den Theater- und Journalistenkreisen an. Ich gewahrte bald, daß Edwards ein wahrer Potentat unter diesen merkwürdigen Männern der Presse war, die von allen, die Macht besitzen, vielleicht am meisten umschmeichelt und umworben werden. Woher kommt der unbestreitbare Zauber, den große Zeitungskönige zum Beispiel auf eine gewisse Art von Frauen ausüben? Obgleich ich Gelegenheit hatte, dieses Geheimnis aus nächster Nähe zu beobachten, ist es mir nie gelungen, es zu enträtseln.

Direktor des ›Figaro‹ war damals Périvier, der uns sehr oft besuchte. Das Bezeichnendste an ihm war seine sorgfältig genährte, unbegrenzte Zuneigung und Zärtlichkeit für sich selbst. Jeder Tag brachte ihm die Freude, sich selbst wiederzufinden, und er gestand mir, sein schönster Augenblick sei der des Erwachens am Morgen, wenn er sich guten Tag wünsche. Wie er um sich selbst besorgt war, so riet er auch mir zur Vorsorge: »Machen Sie Ersparnisse, mein Kind, machen Sie Ersparnisse«, sagte er mir immer wieder. »Mit Alfred und Ihrer Lebensweise werden Sie am Bettelstab enden.« Indessen war er es, dem Unannehmlichkeiten zustießen. Eines Tages, als er sich besonders sorgfältig zurechtgemacht hatte, um seine Mätresse, Marguerite Durand, zu besuchen, und am Café Napolitain vorüberging, bekam er aus einem möblierten Zimmer ein Nachtgeschirr auf den Kopf, das ihm ein gefälliger Fußgänger dann noch bis zum Hals überstülpte. Der Arme entledigte sich des Dings, so gut er konnte, und stürzte auf die Toilette, wo er sich nach gründlicher Reinigung mit Eau de Cologne überschüttete.

»Gott, wie riechen Sie gut!« rief Marguerite Durand und zog schon bei seinem Hereintreten die Wolken von Parfum in die Nase. Noch am selben Abend brüllten die Zeitungsverkäufer das von den Journalisten gierig aufgegriffene duftende Abenteuer durch alle Straßen.

Kurz darauf mußte Périvier die Leitung des ›Figaro‹ Calmette überlassen. Edwards war wütend über diesen Wechsel und setzte unverzüglich eine düstere Intrige ins Werk, um den neuen Direktor aus dem Amt zu vertreiben. Er ging zu Prestat, Calmettes Schwiegervater, der die Aktienmehrheit des ›Figaro‹ besaß, und führte seine Aktion in größter Heimlichkeit so geschickt durch, daß drei Wochen später das ganze Aktienpaket ihm gehörte.

Daraufhin bat er mich, Calmette zum Abendessen einzuladen. Da er ihn nicht gerade ins Herz geschlossen hatte, war ich ziemlich überrascht. Die Mahlzeit verlief ruhig, und ich verstand gar nicht, worauf Alfred hinauswollte, als er dem Gast plötzlich geradeheraus und wie die natürlichste Sache von der Welt mitteilte, er habe beschlossen, die Leitung des ›Figaro‹ selbst zu übernehmen. Calmette erblaßte. Als er verstanden hatte, daß Edwards die Aktienmehrheit besaß, fiel der Unglückliche auf die Knie und rutschte in dieser Haltung durch den ganzen kleinen Salon bis zu meinem Sessel, um mich mit gefalteten Händen anzuflehen, zu seinen Gunsten einzugreifen. Mir war das so peinlich, daß ich nicht wußte, wie ich mich verhalten sollte, und zugleich war ich wütend über Alfred, daß er mich an dieser Szene teilnehmen ließ. Warum berief er die Leute nicht in sein Büro, wenn er an ihnen ein Todesurteil zu vollstrecken gedachte? Ich konnte Calmette nicht länger auf dem Teppich herumkriechen sehen und bat Edwards inständig, seine Entscheidung auf später zu verschieben. Schließlich willigte er ein, während der Errettete meine Hände mit Küssen bedeckte.

Seit unserer Heirat gehörte eine neue Persönlichkeit zu unserem Haushalt. Sie hieß Herr Apak. Die Funktionen des Herrn Apak waren sehr genau umrissen: er war der Geldschrank und zahlte alles. Niemals sah ich eine Quittung, eine Rechnung, ein Rechnungsbuch oder etwas Ähnliches. Alles ging automatisch zu Herrn Apak, und wenn ich Geld brauchte, gab er es mir – ebenso wie meinem Mann: denn wie alle reichen Leute hatte Edwards niemals einen Groschen bei sich. Solange Herr Apak da war, hatte Geld für mich nicht die geringste Bedeutung. Mir schien, als könnte er es unbegrenzt und in beliebigen Mengen hervorzaubern. Jeder Preis war unwichtig, da es genügte, Herrn Apak die Rechnung zu schicken. Ich hatte also nicht die geringste Vorstellung von unserer finanziellen Lage. Allerdings passierte es von Zeit zu Zeit, daß ich von gewissen Kleinigkeiten überrascht wurde. Zum Beispiel bemerkte ich eines Tages eine Rechnung von 12 000 Francs (Goldfranken!) für Teegebäck, aber unser Hofmeister war anscheinend mit dem Hersteller verwandt, so daß wir jeden Tag Teegebäck vorgesetzt bekamen, in allen Formen und Farben, bis zum Übelwerden. Edwards hat in meiner Gegenwart ein einziges Mal von Geld gesprochen. Er kam, bis zu den Knieen mit Kot bespritzt, vom Automobilklub nach Hause.

»Bei so einem Wetter hättest du wirklich eine Droschke nehmen können«, sagte ich zu ihm.

»Man sieht, daß dich das Geld nichts kostet«, erwiderte er bitter. Eine Droschke kostete 1,25 Franc, und er hatte 300 000 Francs im Klub verloren.

Am nächsten Tag dachte er nicht mehr daran und empfing wie gewöhnlich die Prozession der Juwelenhändler, die jeden Morgen kamen, um Steine anzubieten. Trotz der Menge Schmuck, die er schon besaß, kaufte er immer weiter. Das war eine Leidenschaft von ihm, und ich wußte nicht, was ich tun sollte, damit er mir nicht immer neue Juwelen fassen ließ. Meine Schubladen waren voll, und ich legte sie nie an, denn damals hatte ich eine solche Vorliebe für Federn und Spitzen, daß ich fürchtete, wie die aufgetakelte Inhaberin eines Modesalons auszusehen, wenn ich auch noch Schmuck dazu trüge.

Gäste hatte ich genug in dieser Wohnung in der Rue de Rivoli, aber ich hielt mich für die unglücklichste aller Frauen, weil ich Rémy de Gourmont, den Verfasser der ›Briefe an die Amazone‹, nicht kannte. Freunde, denen ich meinen Kummer gestand, brachten ihn schließlich dazu, mich zu besuchen. Endlich kam der Tag: ich probierte alle meine Kleider, frisierte mich zehnmal, brachte fieberhaft die Blumen in den Vasen in Ordnung und sank endlich in vergeistigter Pose in einen Sessel, um auf das Klingelzeichen zu warten.

Als der berühmte Mann vor mir stand, war ich so aufgeregt, daß mir rein gar nichts einfiel. Das störte ihn nicht im geringsten, und er sprach anderthalb Stunden. Was er sagte, war überaus gelehrt. Ich verstand nicht die Hälfte davon und begnügte mich, mit begeisterter Miene zuzuhören. Ich muß übrigens gestehen, daß ich sehr gern gescheite Dinge höre, die ich nicht ganz begreife. Das gehört zu meinen Schwächen. Schließlich verabschiedete er sich. Ich begleitete ihn bis in das riesige Vorzimmer und öffnete die Eingangstür. Während er mir die Hand küßte, sah ich ihn einen belustigten Blick nach draußen werfen.

»Ich ahnte es wohl,« sagte er leise, »daß zu einer so prachtvollen Wohnung noch eine andere Treppe führen müßte!«

Erst als sich die Türe hinter ihm geschlossen hatte, begriff ich, daß die Concierge den großen Mann die Hintertreppe heraufgeführt hatte!

Mein Freundeskreis war sehr vielfältig, aber ich sollte bald gewahr werden, daß es eine soziale Klasse gab, von der ich keine Ahnung hatte: die ›Gesellschaft‹, Claude Anet hat mich darüber aufgeklärt.

Claude Anet, der Verfasser von ›Ariane, ein russisches Mädchen‹, war ein alter Freund Thadées. Er kam eines Tages zu uns, als wir Georges Bibesco ein großes Diner gaben. Der Prinz Bibesco hatte ein reizvolles Mädchen, Fräulein Lahovari, geheiratet. Mit ihnen waren eingeladen: der Maler Helleu, Sem, die schöne Marthe Letellier mit ihrem Mann, Marcel Proust – noch ganz jung und schon kränklich –, im ganzen etwa ein Dutzend Freunde. Alles war im Smoking außer Claude Anet, der in einem prachtvollen Frack erschien. Als ich ihn fragte, wem zu Ehren er sich so schön gemacht habe, erwiderte er, er gehe nachher zur Prinzessin Murat.

»Ist es schön bei den Murats?« fragte ich.

»Schön? Was nennen Sie ›schön‹, Misia? Die Murats gehören zur Gesellschaft.«

»Gesellschaft? Was ist denn das : ›Gesellschaft‹? Gehören wir nicht zur ›Gesellschaft‹?« fragte ich erstaunt.

Er brach in Lachen aus. »Sie sind köstlich! Sie haben offenbar überhaupt keine Ahnung: die Murats sind Leute, von denen Sie niemals eingeladen würden...«

Ich war nicht beleidigt, aber verblüfft. Wie? Es gab Leute, die mich nicht einladen würden? Was sollte das bedeuten? Aus was für Leuten bestand diese merkwürdige Menschengattung? Die belgische Königin trank ihren Milchkaffe bei meiner Großmutter. Mein erster Ball war der Hofball gewesen. Ich wußte natürlich, daß es verschiedene Gesellschaftsklassen gab. Aber für mich hatte es immer nur Könige, Künstler und dann Leute gegeben, die weder das eine noch das andere waren. Aber die ›Gesellschaft‹ – dieses Geheimnis war also noch zu lösen.

Im Sommer war die ›Aimée‹ fahrbereit. Es war ein ideales Schiff, fünfunddreißig Meter lang und nur fünf Meter breit, was ihm die Durchfahrt durch die Flußschleusen erlaubte. Das ganze Oberteil war mit einem Verdeck versehen. Eine Treppe führte ins Innere auf einen Gang, der auf der einen Seite zu den Empfangsräumen, auf der anderen zu den Diensträumen führte. Es gab ein großes Eßzimmer, einen Salon und außer unserem Schlafzimmer fünf Kabinen mit zwei oder drei Betten, die wir unseren Gästen anbieten konnten.

Unser Zimmer, das tagsüber, wenn das große viereckige Bett in die Wand geklappt wurde, als kleiner Salon diente, war der hübscheste und angenehmste Raum. Er bildete den Vorderteil des Schiffes und endete, dem Grundriß des Schiffskörpers angepaßt, in zwei Stufen, die zu einem breiten, von einem sehr niedrigen Geländer geschützten Balkon führten. In diesen kleinen Salon hatte ich mein Klavier gestellt, und dort hielt ich mich am liebsten auf.

Die Mannschaft bestand außer dem Kapitän aus fünf Mann. Unsere erste Reise ging nach Trouville, wo die Saison eben begonnen hatte. Wir nahmen eine Schar Freunde mit, unter anderen Forain, die Réjane und Marthe Letellier, die König Eduard VII. den Kopf verdreht hatte.

Deauville gab es noch nicht, man fuhr also gleich nach dem Grand Prix nach Trouville. Die Seebäder waren sehr in Mode gekommen. Sie erforderten aus Gründen mondäner Prüderie ein Zubehör, das uns heute zum Lachen brächte. Die am Strand aufgereihten Kabinen standen auf Rädern ; davor wurden kleine Pferde gespannt, von denen man bis ins Meer gefahren wurde, sobald man die nötige Ausstattung angelegt hatte, um ihm zu ›trotzen‹. Unter einer Tunika trug man eine Hose, die bis unter die Waden reichte und von einem unter einer Rüsche verborgenen Gummiband zusammengehalten war. Die Rüsche wiederholte sich an den Ärmeln, die von Verwegenen nur bis an die Ellenbogen getragen wurden. Ein Paar Gummistiefelchen und eine

von einem Nackenschleicher verschönte Mütze ver-
vollständigten das Kostüm. Die Tollkühnen wagten sich
ans Brustschwimmen, die Vorsichtigen tauchten am
Wellenrand ins Wasser und täuschten Schwimmbe-
wegungen vor, während sie ein Kavalier in Schnurrbart und gestreiftem Trikot mit einem Finger am Kinn
hielt. Wenn man wieder aus dem Wasser wollte, wurde
man von dem Pferdchen zurückgefahren.

In Trouville trafen wir Caruso, damals auf dem Gipfel
seines Ruhmes. Ich kannte ihn gut, ich hatte ihn oft in
Paris gesehen. Damals saß ich in einer der entzückenden Logen unmittelbar auf der Bühne. Nach dem
Kriege 1914–1918 wurden sie im Zuge der Moderni-
sierung entfernt, und das war schade, denn nichts war
hübscher und dekorativer als diese kleinen, von links und
rechts über die Bühne hängenden Balkons, auf deren
Brüstung aus rotem Samt sich die Damen mit dem
Kopfputz aus Reiherfedern lässig stützten. Die Logen
hatten vorm Eingang eine Art kleinen Salon mit Spie-
geln und einigen Samtsitzen. Sänger und Freunde kamen in den Pausen Champagner trinken. Das war auch
eine Zuflucht vor der Langeweile; wenn die Aufführung
schlecht war, konnte man sich dorthin zurückziehen
und in Ruhe plaudern. Die Oper hat viel an Reiz verloren, seitdem es diese angenehme Einrichtung nicht
mehr gibt.

Caruso war ein Stammgast unserer Loge gewesen. So
fand er es ganz natürlich, auch ein Stammgast unseres
Schiffes zu werden. Er behauptete, dessen Bauart biete

seiner Stimme eine ausgezeichnete Resonanz. Wahr ist, daß der vordere kleine Salon, in dem ich das Klavier untergebracht hatte, durch seine Täfelung die Resonanz einer Geige besaß. Unermüdlich übte der berühmte Tenor, probte und gurrte den lieben, langen Tag. Unglücklicherweise hatte er eine Schwäche für neapolitanische Volkslieder, die ich bald ziemlich satt hatte.

»Genug, genug!« schrie ich eines Tages. »Ich kann das nicht mehr hören!«

Niemals habe ich einen verblüffteren Menschen gesehen.

»Also, das, das ist zu stark«, stotterte er. Der Atem blieb ihm weg, die Augen traten aus dem Kopf. »Das ist bestimmt das erste Mal, daß man mir sagt, ich soll aufhören, mir, Caruso, dem großen, dem berühmten Caruso... Mich bitten selbst Prinzen auf den Knieen, den Mund aufzumachen, und Sie verlangen, daß ich ihn schließe...«

Seine Entrüstung war aufrichtig und grenzenlos. Aber am nächsten Tag erklangen die göttliche Stimme und das unerträgliche neapolitanische Volkslied aufs neue.

Ich hatte mein Schiff so gern, daß ich selbst nach unserer Rückkehr in Paris noch wochenlang darauf wohnte. Den Winter über lag es am Quai des Orfèvres vor Anker. Ich freute mich, auf diese Weise mehrere Heime zu haben, in die ich, je nach Laune, nach Hause gehen konnte. Außer der Wohnung in der Rue de Rivoli hatte ich den Zwischenstock im Hôtel du Rhin behalten. Es war wohl die Zeitspanne meines Lebens,

in der mir alles, was eine Frau ersehnen kann, überreichlich geboten wurde. Es blieb mir wirklich nichts
mehr zu wünschen übrig. Und doch erinnere ich mich
eines Sonntagmorgens, an dem ich, auf dem Verdeck
der ›Aimée‹ im Liegestuhl schaukelnd, die Sonne betrachtete, die mit dem Wasser der Seine spielte. Während ich versuchte, ein gequältes Gesicht aufzusetzen,
kam mir der Gedanke : ›Mein Gott, mein Gott! Wird
mein Leben immer so unglücklich und fade bleiben?...‹

RENOIR

Kurz nach unserem Einzug in die Rue de Rivoli malte
Renoir ein großes Porträt von mir in einem rosafar-
benen Abendkleid. Der Arme war damals durch seinen Gelenkrheumatismus schon fast völlig gelähmt.
Bereits halb neun Uhr morgens half der Portier dem
von Renoir unzertrennlichen Dienstmädchen Gabriele
den Rollstuhl in den Aufzug und in mein Boudoir
schieben, wo ihn seine Staffelei und sein Malgerät erwarteten. Gabriele befestigte den Pinsel mit Hilfe eines
Gummibandes an der vom Rheumatismus ganz kno-
tigen Hand und begann, ihre Meinung über die Arbeit
des Meisters zu äußern. Renoir schenkte ihr nicht die
geringste Beachtung und fing schon an zu malen, während er auf mich wartete.
Im allgemeinen war ich gegen zehn Uhr fertig und
setzte mich, in meinem rosa Kleid und mit einer
Tolle in die Stirn, artig in einem großen Fauteuil
zurecht. Das Licht war ausgezeichnet in diesem kleinen, mit grüner Seide ausgeschlagenen Raum. Er
wurde von zwei Fenstern erhellt, die auf die Tuilerien
gingen.

Die Augen halb geschlossen, eines immer ein wenig mehr als das andere, mischte der schöne alte Mann mit dem weißen Bart liebevoll die Farben, und nur Liebe konnte diese perlmutterartigen rosa Farbtöne unter seinem Pinsel entstehen lassen. Er hielt sich kerzengerade in seinem grauen Pullover. Auf seinem Kopf saß die uns allen vertraute Sportmütze, die er niemals ablegte.

Während Gabrieles Ratschläge und Kritiken unablässig halblaut dahinplätscherten, erzählte mir Renoir von der Commune. Es war sein liebstes Thema. Er konnte seine Erinnerungen an diese Zeit, an der sein Herz hing, stundenlang wachrufen. Dann hörte er plötzlich auf zu malen und flehte mich an, mein Dekolleté ein bißchen weiter zu öffnen. »Tiefer, tiefer, ich bitte Sie,« drängte er, »mein Gott, warum lassen Sie Ihre Brust nicht sehen?... Es ist ein Verbrechen!«

Da ich mich weigerte, war er mehrmals den Tränen nahe. Niemand konnte wie er den Schmelz der Haut würdigen, niemand wie er auf der Leinwand ihr den Schimmer einer edlen Perle geben. Nach seinem Tode habe ich mir oft Vorwürfe gemacht, daß ich ihm seinen Wunsch nie erfüllt habe. Meine Prüderie erscheint mir nachträglich recht albern, da es sich um das Schaffen eines Künstlers handelte, der darunter litt, daß man seinem genialen Auge etwas entzog, dessen Schönheit er ahnte.

Während unserer Sitzungen duldete Renoir keinerlei Unterbrechung. Wenn ich an einem dieser Vormittage nicht vermeiden konnte, einen Besuch zu empfangen, ließ er wütend seinen Stuhl in eine entfernte Ecke des Raumes rollen und blieb dort schmollend sitzen, ohne den Mund aufzutun, bis der Eindringling wieder verschwunden war.

Die Entwicklung der jungen Malerei interessierte ihn von Jahr zu Jahr mehr. Bonnard und Vuillard waren seine Freunde. Aber schon der Name Picassos ließ ihn hochfahren. Er wollte nichts von ihm wissen und geriet in ehrlichen Zorn gegen jeden, der ihn ernst nahm.

Renoirs Arbeitsaufwand für ein Porträt war beträchtlich. Für jedes der sieben oder acht Bilder von mir brauchte er mindestens einen Monat lang drei Sitzungen in der Woche. Und eine Sitzung dauerte einen ganzen Tag, denn er blieb zum Mittagessen, und wenn ich am späten Nachmittag heimkam, war er noch da, um die Sonne bis gegen Abend auszunützen.

Kaum hatte er ein Porträt beendet, so beschäftigten ihn schon Kleid und Pose für das nächste. Auf liebenswürdigste Weise versuchte er, mich aufs Land zu locken.

›Kommen Sie,‹ schrieb er mir am 3. Juli 1906, ›ich verspreche Ihnen, daß ich versuchen werde, Sie auf dem vierten Bild noch schöner zu malen. Mir geht es sehr gut, und es würde mir noch besser gehen, wenn Sie mich diesen Sommer in Essoyes besuchen könnten. Inzwischen werde ich mit einem entzückenden Modell arbeiten, das mir Valloton geschickt hat. Also schreiben Sie jetzt: Essoyes –Aube. Ich werde mein Möglichstes tun, um Ihnen amüsante Dinge zu zeigen, und wir werden essen, so gut wir nur können.‹

Ich konnte ihn nicht in Essoyes besuchen, aber dafür richtete ich es ein, daß ich ihn im folgenden Jahr in Nizza wiedersah, wo er wieder ein bedeutendes Porträt in Angriff nahm. Bonnard, der ihn aufrichtig bewunderte, schrieb mir damals :

›Ich weiß durch meine Freunde, daß Sie in der Gegend von Nizza sind, so wie Sie es vorhatten, und daß Sie sich mit dem großen Renoir, der Ihr glücklicher Maler geworden ist, getroffen haben. Man erzählt sich von den Wundern, die daraus entstanden sind. Ich glaube es gern. Ich denke auch, daß seine Plauderei Sie fesselt. Er ist ja ein Mensch, der weiß, was er liebt.

Von mir kann ich noch nicht dasselbe sagen. Aber ich habe schon Fortschritte gemacht. Dieses Jahr ist mein Leben viel persönlicher geworden. Ich bleibe zu Hause und koche das Mittagessen in meinen eigenen Töpfen, und von Zeit zu Zeit suche ich mir bei Freunden einen Winkel, um den Abend zu verbringen. Die Arbeit geht voran, und das ist die Hauptsache : jeden Tag glaube ich, die Malerei zu entdecken. Das ist eine Illusion, die so viel wert ist wie manche andre und mir im Grunde ganz schön die Zeit vertreibt.‹

Ein Schrecken für Renoir war Degas, mit dem er wilde Dispute hatte. Der heftigste war wegen Julie Manet entbrannt, deren Vormund Degas war. Auf den Rat Renoirs und Mallarmés hatte sie eine Ausstellung von Werken der Berthe Morizot veranstalten wollen. Degas, der abscheulich sein konnte, sagte Renoir die schrecklichsten Dinge. Mallarmé, der Beleidigungen

schlecht vertrug, sandte dem leicht jähzornig werdenden
Vormund ein schönes Schreiben, das folgendermaßen
endete : ›Und im übrigen, lieber Freund, schei- – ‹
(wenn man die Seite umblätterte, konnte man weiter-
lesen :) ›nen Sie meinen besten Dank zu verdienen.‹
Er war von diesem Einfall entzückt.

Wenn ich Renoir eine Freude machen wollte, lud ich
ihn zu Diaghilews Aufführungen ein. Er hatte eine Leidenschaft für das Russische Ballett und bewunderte
Serge Lifar. Wenn er mitkam, nahm ich die Loge
neben der Treppe, damit sein Transport nicht zu
schwierig wurde. Er setzte sich, mit seiner kleinen
Mütze auf dem Kopf, kerzengerade zurecht, verlor keinen Augenblick von der Darbietung und freute sich
wie ein Kind. Die Karsawina mit dem Federbusch konnte
ihn zu unermüdlichem Beifall hinreißen. Alles an der
orientalisierenden Ausstattung von Bakst und Benois
entzückte ihn. ›Scheherazade‹ zum Beispiel hatte ihn
begeistert. Und Diaghilew war immer äußerst empfäng-
lich für seine Zustimmung.

Ein besonders merkwürdiger Charakterzug Renoirs
zeigte sich, wenn er den Preis seiner eigenen Bilder be-
rechnete.

Nachdem das Porträt im rosa Abendkleid vollendet war,
schickte ich ihm einen Blankoscheck mit der Bitte, einen
beliebigen Betrag einzusetzen, und erinnerte ihn daran,
daß Edwards ein reicher Mann sei. Ich wurde ernstlich
böse, als ich erfuhr, er habe nur zehntausend Francs
genommen.

»Das ist ein sehr hoher Preis, Misia«, sagte er mir ernst. »Es gibt kein Bild eines lebenden Malers, das mehr wert wäre.«

Als er eines Tages hörte, sein großes Porträt der Familie Carpentier sei an das Metropolitain Museum für fünfzigtausend Francs verkauft worden, geriet er außer sich vor Zorn. »Und wieviel hat man Ihnen dafür bezahlt?« fragte ich ihn.

»Mir?« brüllte der arme Renoir, »dreihundert Francs und das Mittagessen!«

VIER FRAUEN

Wenn ich meine Gedanken durch die Vergangenheit
schweifen lasse und sie auf dieser Fahrt den Frauen
begegnen, die mein Leben kreuzten, treten in meiner
Erinnerung, wie bei der Entwicklung einer fotografi-
schen Platte, deutlich vier Gesichter hervor. Es handelt
sich nicht um Menschen, die in meinem Leben eine besondere Rolle gespielt haben, auch nicht um Künstler,
deren Werk einen Einfluß auf meinen Geist ausgeübt
hätten, sondern einfach um diese sehr seltenen, dem
Anschein nach unnützen, aber im Grunde unentbehrlichen Wesen, die die Substanz der Gesellschaft eines
Landes bilden und deren Persönlichkeit eine Epoche
so sehr kennzeichnet, daß sie nicht mehr von ihnen zu
trennen ist.

Jede dieser Frauen ist so repräsentativ für ihre Nation,
daß sie alle zusammen eine Art Geographie für mich
darstellen. Wie man mit zwölf Jahren Rußland blaß-
grün, Griechenland rosa und Deutschland dunkelbraun
sieht, weil uns der Atlas ihre Bekanntschaft in diesen will-
kürlichen Farben vermittelte, so erscheint mir Frankreich in den Zügen der Gräfin von Chevigné, Italien

in denen der Marquise Morosini, Belgien nimmt das Aussehen der Gräfin Greffuhle an, und wenn ich ein Stück meines Herzens England geben könnte, so gewiß Lady Ripon zuliebe.

Alle lebten in dem ›Revier‹, zu dem ich, wie Claude Anet meinte, keinen Zugang haben würde, in der ›Gesellschaft‹. Nur konnte ich mich freilich, sobald diese mich begeistert aufgenommen hatte, ihrer nur mit Mühe erwehren. Aber diese vier Frauen stellten in so wunderbarer Weise das Bild ihres jeweiligen Landes dar, daß sie weit aus ihrer sozialen Klasse herausragten. Ihre Erscheinung hatte etwas Königliches, sie gehörten zu jenen Menschen, vor denen man ohne weiteres den Hofknicks machen würde.

Zwischen diesen Ausnahmewesen gab es kaum etwas Gemeinsames außer der Eleganz und der Schönheit. (Die Schönheit ist in meinen Augen so wesentlich bei einer Frau, daß ich niemals eine häßliche Freundin haben konnte. Das Mittel des Kontrastes, durch den man selbst in vorteilhafteres Licht kommt, erschien mir immer sinnlos und jämmerlich. Im Theater vereinte meine Loge die schönsten Frauen unter den Zuschauern.) Eleganz und Schönheit waren bei ihnen zur Vollkommenheit entwickelt. Eine merkwürdige Bosheit des Schicksals erlaubte es mir niemals, einen meiner liebsten Wünsche zu erfüllen und alle vier zugleich bei mir zu Gast zu haben.

Die Gräfin von Chevigné bleibt in mein Gedächtnis wie mit dem Grabstichel eingraviert. Flink, mokant, wißbegierig, wenn es die Mühe lohnte, hatte sie immer ein geistreiches Wort, eine schneidende Entgegnung auf den Lippen. Sie war stolz auf ihre Abkunft von den Sades und konnte es sich erlauben, Dinge zu sagen, die man einer anderen niemals verziehen hätte. Ihr Salon bildete zwar einen Kreis für sich, öffnete aber jedem die Tür, um den es sich lohnte. Von ihrem Instinkt sicherer geführt als von ihrer Bildung, täuschte sich Frau von Chevigné niemals.

Die herzliche Freundschaft, die mich mit Diaghilew verband, brachte mich ihr rasch näher, denn ihre beste Freundin war die Großherzogin Marie Pawlowna, die Gattin des Großherzogs Wladimir, des ersten Gönners von Serge Lifar. Wir trafen uns da in einem gemeinsamen Interesse an etwas besonders Schönem und wurden nie müde, es zu pflegen.

Die Gräfin Greffuhle erscheint mir durch einen Schleier von Tüll, lebhaft, schlank, anmutig wie ein Reh. Sie bedeutete für mich meine ganze Kindheit in Belgien, die schönen Sommer in Hall, die Klaviere, den prunkvollen Speisesaal, die alte Königin mit ihrem Milchkaffee. Wiederholt hat mir ihre Schwester Ghislaine bestätigt, daß ihre schönsten Erinnerungen am Hause meiner Großmutter hingen, wo sie als kleines Mädchen bei unseren ›Höllenspielen‹ mitgetan hatte.

An ihr großes Haus in der Rue d'Astorg wußte die Gräfin Greffuhle die besten Künstler zu fesseln. Mäzenatentum war bei ihr eine ebenso natürliche Neigung wie das gute Benehmen. Keine Frau vermochte auf so an-

ziehende Art adeliges Wesen mit Einfachheit zu verbinden. Auch bei ihr fand Diaghilew immer die herz-
lichste Aufnahme und eine einsichtsvoll wirksame
Hilfe. Ich kenne keine vollkommenere Erscheinung
einer vornehmen Dame.

Die Gräfin Morosini besaß vielleicht nicht die gleiche
Vornehmheit und Feinheit des Geistes. Aber sie ver-
körperte die ganze Schönheit Italiens. Wer sie den
Markusplatz überqueren oder die Stufen ihres venetia-
nischen Palastes hinaufsteigen sah, der vergaß diesen
Anblick nie wieder. Ihr waren im höchsten Grade Vor-
züge und Fehler ihrer Nation zu eigen, das Ergebnis
war ein Meisterwerk. Offenherzig, naschhaft, indiskret,
snobistisch, schmuckliebend, mit einer Dogenmütze
auf dem Kopf, hatte sie die Haltung eines Rassepferdes,
das Lachen eines Wasserfalls und das Strahlen der Sonne.
Es schien, als wäre ihr Leben ein langes, von tausend
Lüstern beleuchtetes und in Musik getauchtes Fest.

Als ich eines Tages neben ihr im Wagen saß und durch
ihren lila Schleier die mandelförmigen, vor Lebensfreude glänzenden Pupillen sah, sagte ich: »Gott, haben
Sie schöne Augen!«

»Das kommt daher, daß sie so viel geweint haben, meine
Liebe!...« antwortete sie mit einem tiefen Seufzer.

Die Frau aber, an die ich mit der größten Bewunderung
und der größten Sehnsucht denke, ist Lady Ripon.
Ohne daß es mir je ganz bewußt geworden ist, habe ich
außerordentlich viel von ihr gelernt. Wenn es mir
lange Zeit nach ihrem Tod noch vergönnt war, etwas

Schönes zu sehen, bedauerte ich, meine Freude nicht mit ihr teilen zu können. Schon auf meiner ersten Reise mit Sert nach London hatte ich Gelegenheit, sie kennenzulernen, und das Glück, ihre Freundschaft zu gewinnen. Zu dieser Zeit war ihr schönes klassisches Antlitz schon von blaßblauem Haar umrahmt, aber ihre aufrechte Gestalt konnte sich noch biegen vor unwiderstehlichem, ausgelassenem Lachen. Königlich in ihrer Schlichtheit, hatte Lady Ripon die elegantesten Manieren und die äußerst sympathische Gabe, andere glänzen zu lassen. Um sie herum ordnete sich alles wie durch einen Zauber in vollkommener Harmonie, und sie war meines Wissens die einzige Frau, die es sich leisten konnte, zu tun, was ihr beliebte. Ich entsinne mich eines Diners, das sie zu Ehren der Königin Alexandra gab: sie setzte seelenruhig Nijinsky an deren rechte Seite. Niemand zuckte mit der Wimper, und das Fest verlief wie ein wirkliches Ballett. In London war sie für Diaghilew eine Art Fee, die alle Schwierigkeiten löste.

Ihren Mann sah man selten. Vielleicht war er oft zugegen, aber ihre Persönlichkeit war so glänzend, daß sie ihn in den Schatten stellte. Der Marquis war ein kleiner, rosiger und friedlicher Herr. Jeden Morgen ging er zu Fuß zu einem befreundeten Antiquitätenhändler, um mit einem Lederlappen seine geliebten Nippsachen blank zu reiben. Noch manche anderen, ebenso harmlosen Schrullen füllten sein Leben aus im riesigen Schatten einer außergewöhnlichen Frau.

England hat mich immer ein wenig eingeschüchtert – wahrscheinlich weil ich seine Sprache nicht beherrschte. Es bedurfte Lady Ripons, damit ich mich dort wohlfühlte, und ihrer Tochter Lady Julliet, damit ich immer mit gleicher Freude wiederkam. Mir gefällt die englische Art, das Privatleben der Mitmenschen zu ignorieren. Die persönlichen Beziehungen bleiben so taktvoll aus der Unterhaltung ausgeschlossen, daß ich mit Sert in Gesellschaft gehen konnte, solange wir noch nicht verheiratet waren, ohne daß uns das im geringsten in Verlegenheit gebracht hätte. Lady Ripon hatte uns alle Türen geöffnet: man verlor kein Wort über das, was sie tat.

Wenn sie nach Paris kam, benachrichtigte sie mich im voraus, damit ich für sie ein Diner mit ›neuen Leuten‹ veranstalten sollte. Jedes Wesen interessierte sie, vorausgesetzt, daß es auf keinen Fall ein Durchschnittsmensch war. Ein glänzender Politiker, eine aufsehenerregende Schönheit, ein begabter Künstler oder eine erstaunliche Kartenlegerin fesselten sie in gleicher Weise. Sie wußte nichts von Snobismus, jedes Vorurteil lag ihr fern. Und wenn sie sich freute, bei mir Philippe Berthelot oder Marcel Proust zu treffen, so war sie ebenso entzückt, die Bekanntschaft von Damia zu machen.

Das letzte Mal, als sie nach Paris kam, war sie schon zu krank, um meine Treppe am Quai Voltaire hinaufzusteigen. Sie war untröstlich bei dem Gedanken, nicht zum Souper kommen zu können, und fand den Ausweg, sich von zwei Männern hinauftragen zu lassen. Sert bewunderte diesen Unternehmungsgeist und die Fröhlichkeit, die sie ohne die mindeste sichtbare Anstrengung zeigte. Auch er hatte sich mit Lady Ripon sehr angefreundet. Sie neckte ihn gern : anläßlich einer seiner Reisen nach London hatte sie ihn gebeten, die bei ihrem Pariser Schuhmacher bestellten Schuhe mitzubringen – sie waren riesig, denn sie hatte sehr große Füße und war zu klug, um dies nicht zu wissen. ›Achten Sie gut auf meine Schuhe‹, schrieb sie, ›und ziehen Sie sie vor allem während der Reise nicht an, selbst wenn Sie große Lust dazu haben sollten.‹

Ich glaube, sie war wohl der einzige Mensch auf der Welt, dem Sert jemals eine Arbeit schenkte. Sie hatte übrigens die Gabe, die Freigebigkeit anzuregen. Cartier sandte ihr jedes Jahr seinen neuesten Schmuck, und sie verstand es wie eine Königin, Geschenke anzunehmen.

Vierzehn Tage vor ihrem Tod erhielt ich einen Brief von ihr mit der Bitte, sie zu besuchen. Sie fühlte ihr Ende schon nahe. Erschüttert eilte ich zu ihr, denn ihre Zuneigung war mir teuer.

Ich dachte sie im Bett zu finden, aber sie hielt sich, trotz furchtbarer Schmerzen, wie gewöhnlich angekleidet, in einem kleinen Salon im Erdgeschoß ihres Londoner Hauses auf. Nicht eine Sekunde klagte sie, sondern unterhielt sich ruhig mit mir über den Tod – in so edlen Worten, daß ich den Atem anhielt, um ihr zuzuhören. Ich bemerkte bei ihr weder Traurigkeit noch Bitternis, sondern nur ihre gewohnte, bewundernswerte Haltung. Ihr ganzes Leben lang hatte diese große Dame Empfänge gegeben. Nun wollte sie den Tod empfangen. Sie war bereit. Mit einem Lächeln auf den Lippen würde sie ihn mit der herzlichen Liebenswürdigkeit wirklich überlegener Wesen begrüßen, die niemals fürchten, ›zuviel‹ zu tun.

Sie war die einzige Frau, die mich in Bewunderung versetzt hat.

MARCEL PROUST

›Verehrte und liebe Freundin,
wie ich Sie darum beneide, im Land der Sonne und der
Blumen zu sein! Seit Ihrer Abreise haben wir im
Schlamm und Nebel gelebt. Das heißt, Ihnen die Traurigkeit von Paris schildern...
Die Leute, die ich sehe, sind immer noch ebenso lang-
weilig. Nichts hat sich vom Fleck gerührt. Die Politik
ist verworren. Die Zukunft schwarz oder rot, wie Sie
wollen. Meine Wohnung verlassen, da mir die Hausbe-
sitzer zuviel Schwierigkeiten machten, sie in Ordnung
zu bringen. Bailby immer gleich eifrig und zartfühlend,
die Närrinnen ebenso wahnsinnig wie die Männer eitel.
Cecile Sorel ist immer die gleiche bürgerliche Kurti-
sane, die ältlichen Schönen sind mehr und mehr auf
Männer erpicht, die Lehrmädchen im Delirium, die
Theater fade. Monzie ist zugleich praktisch, scharfsin-
nig und einschläfernd. Die Welt, dem äußeren Anschein nach lärmend und fröhlich, ist ebenso gequält
und unruhig wie haltlos. Was mich angeht, so denke
ich, mit lächelndem Munde und ein wenig übersatt,
mit innerer Erregung an alles, was ich geliebt, ge-

wünscht, gewollt, gehofft hatte – und zeige nach außen hin eine gesundheitstrotzende Untätigkeit, die den Jahren und der Skepsis Trotz bietet. Das sind in Eile und in wenigen Zeilen die Neuigkeiten der letzten Tage. Sie sehen, daß es nichts Neues gibt unter der Sonne von Paris.

Ich denke oft, sehr oft, sehr, sehr oft an Sie.

Man ist um so empfindlicher, je unglücklicher man ist. In den Augenblicken der Erschöpfung dringt mir Ihr Bild, sooft ich es beschwöre, tief ins Herz. Ich bin heute abend allein zu Hause, und beim Schreiben empfinde ich das Bedürfnis, Ihnen das alles zu sagen, einfach weil ich zu sehr daran denke, als daß die Gedanken nicht, fast gegen meinen Willen, nach außen drängten...‹

Dieser Brief, den ich in Rom öffnete, war unterschrieben mit Boni de Castellane und datiert vom 19. Januar 1912.

1912! Ist es möglich, daß Paris sein Glück bis zu solchem Grade verkannte? Es war die Zeit der Hühnchen für drei Francs, des Cancan, der Damen vom Maxim, der Soupers im Bois de Boulogne. Es war die Zeit der Veilchen für zwei Sous, der glücklichen Grisetten und des ›Chat noir‹, der blendenden Feste, der Besuche ausländischer Könige, des feenhaften Russischen Balletts, der leidenschaftlichen Wortgefechte zwischen Rodins Freunden und den Lästerern des ›*Après-midi d'un Faune*‹, der sprühenden Leichtigkeit der Varietés, der Boulevardbummler, zugleich des aufblühenden Impressionismus, der Anfänge Strawinskys, der Entstehung des Kubismus. Es war die Zeit des Goldfranken und eines ausgeglichenen Staatsbudgets! Und Boni de Castellane schrieb mir aus dem rosa Marmorpalais, das die unzähligen Dollars seiner Frau in der Avenue du Bois erbaut hatten, um sich über die Schwierigkeiten und die Langeweile des Lebens zu beklagen!

Boni, dem alles in den Schoß gefallen war! Sein Bruder, der Graf Stanislaus de Castellane, sagte mir einmal: »Wir waren drei Brüder, Boni war das Kind der Liebe, Jean das der Pflicht und ich das des Ekels!« Er sagte das, weil es eine elegante Allüre von Stanislaus war, sich häßlich zu finden. In Wirklichkeit kenne ich kein vornehmeres und geistreicheres Gesicht als seines. Und sein Benehmen, seine Manieren sind so tadellos, daß er wahrscheinlich als das letzte vollkommene Muster eines französischen Edelmannes gelten kann.

Dem mit allem begabten Boni fehlte anfangs nichts als das für seine Liebhabereien erforderliche riesige Vermögen. Seine Heirat füllte diese Lücke aus. Ich entsinne mich eines Déjeuners bei Voisin nach seiner Scheidung. Als ich die neue Frau von Talleyrand eintreten sah, konnte ich mich nicht enthalten, Boni zu sagen: »Ist es möglich, daß Sie diese Frau jemals geliebt hätten ohne ihr Geld?«

»Man liebt immer jemand wegen irgend etwas«, erwiderte er, während er seine Languste zerteilte.

Er ist der einzige Mann meiner Bekanntschaft, der von zehn Millionen Rente zum Autobusverdeck überwechseln konnte, ohne daß es ihm das geringste ausmachte.

Boni hatte noch Kastenvorurteile. Wenn wir auf dieses Thema zu sprechen kamen, stand ich mit ihm immer auf Kriegsfuß. Eines Abends sagte er mir anläßlich eines großen Diners, das er geben wollte: »Der alte Herzog von Luynes ist tot, der Kleine erbt den Titel, ich werde ihn rechts neben die Hausfrau setzen müssen.« Mich empörte das. Der kleine Luynes war vielleicht siebzehn Jahre alt, und es wurden ein oder zwei Künstler von Rang erwartet, von denen einer schon alt war. »Wenn der alte Victor Hugo aus dem Grab auferstünde,« fragte ich ihn, »würden Sie ihn hinter diesen jungen Mann rangieren?« »Ohne zu zögern,« erwiderte er, »das ist doch gar keine Frage.«

Für viele spielten diese Probleme der Rangordnung bei Tisch noch eine bedeutende Rolle. Mein Leben gehörte zu sehr den Künstlern, als daß ich den tausend kleinen Geschichten Interesse abgewinnen konnte, von denen sich die Gesellschaft nährte. Oft neckte ich Marcel Proust, weil er den geringfügigen mondänen Zwischenfällen so außerordentliche Bedeutung beilegte. Dieser Ernst bei Kleinigkeiten war ein wenig wunderlich gerade bei einem Mann, dessen besonderes Talent es war, den Dingen auf den Grund zu gehen, und so habe ich ihn schließlich einmal gefragt, ob er ein Snob sei. Diese Frage hatte ihn sehr aufgebracht.

Viele Jahre später, schon sehr krank und bettlägerig, dachte er noch daran. In dem Wunsch, ihn, den Leidenden, zu zerstreuen, hatte ich ihn mit ein paar Zeilen zu einer Ballettaufführung in meine Loge eingeladen.

In dem Brief, den er mir bringen ließ, um abzusagen, tauchte wieder die Erinnerung an die ärgerliche Frage auf! »Es tut mir so sehr leid... die Ähnlichkeit der äußeren Umstände – Russisches Ballett, Souper bei Ihnen – erweckt teure Erinnerungen und läßt fast an eine Art wiedererwachtes Glück glauben. Sogar diesen Satz : ›Sind Sie ein Snob?‹, der mir das erste Mal recht albern erschien und den ich am Ende wohl noch gern haben werde, weil ich ihn von Ihnen hörte. An sich hat er gar keinen Sinn ; wenn unter den seltenen Freunden, die sich aus Gewohnheit weiter um mich kümmern, noch hie und da ein Fürst oder Prinz erscheint, so sind deren Besuche reichlich aufgewogen durch die anderer Freunde, von denen einer Kammerdiener, der andere Chauffeur ist, und die ich besser behandle. Sie sind übrigens einander wert. Die Kammerdiener sind gebildeter als die Fürsten und sprechen ein hübscheres Französisch, aber sie sind heikler in bezug auf die Etikette und weniger einfach, empfindlicher. Alles in allem sind sie einander wert. Der Chauffeur ist vornehmer. Aber schließlich hat mir die Frage : ›Sind Sie ein Snob?‹ gefallen wie ein Kleid vom vergangenen Jahr, das Sie tragen, weil ich Sie darin hübsch fand. Jedoch versichere ich, daß Sie der einzige Mensch sind, dessen Besuche mir die Bezeichnung Snob eintragen könnten. Und das wäre nicht einmal wahr. Denn Sie wären die einzige, die glaubt, daß ich mit Ihnen mehr aus Eitelkeit als aus Bewunderung verkehre. Seien Sie nicht so bescheiden...«

Vielleicht bewunderte er mich ein bißchen, aber ich war zu eigenwillig, zu heftig in meinen Geschmacksäußerungen, meinen Neigungen, als daß sich sein auf tausend Feinheiten und Arabesken eingespielter Geist nicht dagegen gesträubt hätte.

Ich glaube wohl, daß er Sert vorzog für seine Diskussionen. Zwischen ihnen beiden konnten sich endlose Wortgefechte abspielen. Kultur und Bildung der Jesuiten erlaubten es Sert, sich durch das Labyrinth Proustscher Kompliziertheiten zu schlängeln wie ein Fisch durchs Wasser. Meine Gesundheit, mein Lachen und meine Fröhlichkeit verletzten Proust ein wenig. Indes liebte ich an ihm die Delikatesse, die das Spiegelbild einer Zeit war, in welcher Höflichkeit noch etwas bedeutete. Proust ruft mir die Erinnerung wach an die beiden Rosen, die kandierte Frucht auf der Brüstung einer Theaterloge, an den Salon der Frau von Chevigné, die Aussprüche Montesquious, an das Raffinement der Sprache und die hübschen Dinge, die man zu einer Zeit las, in der die Leute noch Briefe zu schreiben verstanden. Die seinen waren immer endlos, entzückend und unleserlich, voll von Parenthesen und auf große Briefbogen in die Länge, die Breite und die Quere geschrieben.

In den letzten Jahren seines Lebens sehe ich ihn nicht anders vor mir als im Frack. Er war ein Nachtmensch, der sich erst nach Tagesende erhob. Die langen Jahre seines Leidens, die es ihm ermöglichten, aus seinen zahllosen Aufzeichnungen ein umfassendes Werk zu machen, nahmen ihm niemals sein Heimweh nach einer glanzvollen und unbeschwerten Welt, und er vergoß Tränen, weil er an ihr nicht mehr teilhaben konnte. Weder Husten noch Fieber hielten ihn im Bett, wenn er Kraft genug hatte, aufzustehen. Der letzte Brief, den ich von ihm habe, drückt noch, zugleich mit dem Zauber seines Geistes, die unstillbare Sehnsucht nach der großen Welt aus:

›Es ist schon Jahre her, daß ich nicht in eine ‚Abendgesellschaft‘ gegangen bin, und ich glaube nicht, daß ich am 24. Dezember wieder damit beginnen kann. Aber zum ersten Mal verspüre ich die Versuchung. Nichts täte ich lieber, als zu Ihnen zu kommen, als Sie zu sehen. Das gehört zu den seltenen Dingen, die mir Spaß machen würden.

Aber das ist noch kein Grund, daß ich es auch könnte.

Es gibt Tage, an denen ich mich erstaunlich gut an Ihr böses und schönes Gesicht erinnere. Andere Male weniger. Sind Sie noch mit Herrn Sert befreundet? Ich bewundere ihn über die Maßen, aber er ist recht wenig nett zu mir und hat gesagt, daß *niemand* unsympathischer sei als ich. Welche Übertreibung...‹

Drei Monate vor seinem Ende hatte er noch Mut zu dieser Koketterie! Derselbe Gott, der Molière seinen letzten Atemzug auf der Bühne tun ließ, hätte Marcel Proust erlauben sollen, auf einem Ball zu sterben.

DIE LANTHELME

Alfred bewunderte die Réjane, die das Idol des Pariser Publikums geworden war, und ließ für sie das ›Théâtre de Paris‹ völlig umbauen. Es wurde nun das ›Théâtre Réjane‹. Unglücklicherweise blieb es nicht dabei, er schrieb sogar ein Stück für sie. Es war, um die Wahrheit zu sagen, nur ein Einakter. Aber meiner Meinung nach war das schon zuviel, denn ich konnte mich beim besten Willen zu keiner Bewunderung seines dramatischen Talents aufschwingen. Er war darüber recht ungehalten, hatte aber immerhin so viel Geschmack, es bei diesem einzigen Erzeugnis bewenden zu lassen.

Die Réjane fand für die Hauptrolle seines Werkes eine mehr in der Halbwelt als auf der Bühne bekannte junge Schauspielerin. Es war die Lanthelme.

Edwards wurde dem Brauch, sich als Autor in seine Hauptdarstellerin zu verlieben, nicht untreu, und ich bemerkte das bald. Als Frau, die ganze Wochen hinter Schloß und Riegel in spanischen Hotels zugebracht hatte, sprach ich mir das Recht zu, die hier angebrachte Eifersucht zu bekunden. Indes wollte ich meinen Auftritt durch gründliche Kenntnis der Sachlage vorbereiten. Nach reiflicher Überlegung beschloß ich eines schönen Tages, Alfred Gleiches mit Gleichem zu vergelten: hatte er mich nicht, wie er zynisch gestand, früher einmal beobachten lassen? Nun gut, auch ich würde ihn beobachten...

Ich legte mir geschickt meinen Plan zurecht, und eines Abends kam ich, in meinem Wagen dem seinen folgend, bis zur Rue Fortuny. Eines stand sofort fest: hier wohnte die Lanthelme. Ach, ich war leider noch nicht sehr erfahren im Spionieren und steckte den Kopf aus dem Wagenfenster. Edwards sah mich und geriet in große Wut. Er brachte mich nach Hause und schimpfte während der ganzen Fahrt.

Ob ich denn völlig verrückt wäre und mich nicht schämte, wie die Heldin eines Dreigroschenromans zu agieren. Was sollte die Dienerschaft denken? Ob es mir etwa Vergnügen bereite, einen Mann seines Alters und seiner Stellung zu kompromittieren und lächerlich zu machen?

Aber dieser schöne Ausbruch und die vornehme Art seiner Vorwürfe ließen mich ziemlich kalt. Ich hatte immerhin mit eigenen Augen gesehen, daß er zur Lanthelme fuhr.

Es war übrigens unmöglich, in den nun folgenden Wochen seine Verwirrung und Erregung nicht zu bemerken. Zweifellos hatte ihn der Johannistrieb gepackt. Eines Tages, als wir Forain zum Mittagessen hatten, läutete das Telefon. Alfred stürzte zum Apparat. Aus seinen Erwiderungen entnahm ich, daß er seinerseits die Lanthelme beobachten ließ ... Es war eine Manie bei ihm! Der mit dem Bericht betraute Agent teilte ihm gerade mit, sie sei endlich in flagranti ertappt worden ...

»Da haben wirs«, sagte Forain zu mir. »Bis jetzt glaubte er, sie zu lieben. Von heute an wird sie ihm unentbehrlich werden.«

In der Tat begann von jetzt an eine Hölle. Jeden Tag sank Edwards, wenn er zum Essen heimkam, in einen Sessel, vergrub den Kopf in den Händen und schrie: »Aber in des Teufels Namen, was habe ich denn! Sie ist rein gar nichts. Und sie ist abscheulich und kann dir nicht das Wasser reichen... Und wenn du sie ohne Schminke sähest, es bleibt nichts übrig! Sie ist schrecklich, hörst du, schrecklich!«

»Laß mich in Ruhe,« sagte ich, »sie ist entzückend, ich weiß es, und du liebst sie mehr als mich. Also lieg mir nicht in den Ohren mit deinen Geschichten.«

»Ich verbiete dir, so zu sprechen,« stöhnte er, »nur dich liebe ich... Sie ist ein Dreck, ein Scheusal!«

Und er zog ein Geschenk aus der Tasche, das meine Erbitterung nur noch steigerte. Ich schlug die Türe zu und flüchtete in mein Zimmer, um meine Tränen zu verbergen.

Ich hatte mir eine Photographie der Lanthelme verschaft; sie thronte auf meinem Frisiertisch, und ich machte verzweifelte Anstrengungen, ihr ähnlich zu werden, ihre Frisur, ihre Kleidung, was weiß ich, nachzuahmen. Sie erschien mir als das reizendste Geschöpf der Welt, da die Männer ihr zu Füßen lagen.

Inzwischen verfiel Edwards immer mehr, und jeder Tag brachte die unvermeidliche Szene: Flehen um Verzeihung, Reue, Tränen... aber jeden Abend kehrte er zu ihr zurück. Der fast Sechzigjährige war wie besessen. Paris begann mich zu bemitleiden.

›... Ich will nicht einschlafen, meine geliebte Freundin,‹ schrieb mir die Réjane, ›ohne Ihnen für Ihr Telegramm zu danken... Ich segne fast den Zustand der Betäubung, in dem Sie sein müssen. Er wird Ihren armen Nerven Beruhigung bringen, und im Augenblick gibt es nichts Besseres... Ich kann dem, was Sie sagen, nur zustimmen, denn in Ihrem Alter hätte ich nicht anders gehandelt... Alfred scheint mir zerfahren, nervös, befangen, traurig und wird nach Ihnen verlangen, Sie suchen und Sie zu uns zurückführen, die wir alle Sie innig lieben, Sie fühlen es.
Er würde alle Sympathie verlieren, wenn er noch lange brauchte, um vor aller Augen wieder das zu sein, was er im Grunde ist: ein guter Mensch, der Sie und nur Sie liebt. Sehen Sie, das Geld verdirbt und beschmutzt alles... und nur sein Geld lockt diese Frau... Zartfühlend, wie Sie sind, schließen Sie die Augen und können nicht begreifen. Aber er ist so intelligent, daß ihm sein Geld vielleicht seine gegenwärtige Dummheit begreiflich machen wird...‹
»Habe Geduld,« flehte er mich an, »ich fühle, daß es zu Ende ist. Ich halte es nicht mehr aus mit diesem Frauenzimmer. Oder besser, geh du zu ihr. Erkläre ihr alles. Sag ihr, sie soll mich in Ruhe lassen, und dann machen wir beide eine Reise.«

Und so hatte ich wieder ein wehrloses Kind in den Armen! Das war offenbar mein Schicksal, das mich verfolgte, mich, die so dringend Schutz brauchte!

Unser Leben wurde unhaltbar. ›Wenn du zu ihr gingest... wenn du zu ihr gingest...‹ Dieser Satz drehte sich in meinem Kopf, kam unablässig wieder. Schließlich, warum sollte ich es nicht versuchen? Was hatte ich zu riskieren? Sehr rasch entschloß ich mich und bat telefonisch um eine Zusammenkunft. Um meine Entscheidung ja nicht mehr umstoßen zu können, ließ ich sofort den Wagen kommen und mich zu dieser unseligen Rue Fortuny fahren, wohin ich bisher nur als Spionin, auf den Spuren von Alfreds großem roten Wagen, gekommen war.

Auf der Fahrt zur Urheberin all meines Unglücks kam ich mir sehr heroisch vor. Ich malte mir unser Zusammentreffen etwa im Stile der Dramen Henri Batailles aus.

»Ich liebe diesen Mann, Madame, und er liebt mich,« würde ich sagen, »Sie sind im Begriff, ihn zu töten. Sie haben das Herz einer Frau... Geben Sie ihn mir zurück!« In diesem Augenblick würde ich ihr mit unwiderstehlicher Gebärde die Hand entgegenstrecken. Sie würde in Tränen ausbrechen und in meine Arme sinken... Ich sah die Szene sehr deutlich vor mir: ich fand sie großartig.

Ich schellte also mutig. Ein Diener öffnete und wollte mir unbedingt meinen Muff abnehmen. Nachdem er ihn durchsucht hatte, gab er ihn mir zurück. Dann erschien ein Stubenmädchen, führte mich in einen kleinen Salon und klopfte mein Kleid ab, um festzustellen, ob es Taschen hätte. Ich verstand, daß man sich auf Befehl der ›gnädigen Frau‹ vergewisserte, daß ich unbewaffnet sei. Beruhigt ließ mich das Mädchen in das Boudoir, das genau dem einer Kokotte glich, und die Lanthelme trat ein. Sie begann sofort die Unterhaltung in lustigem und munterem Ton und schnitt so die ihr zugedachte, herzbewegende Rede kurz ab. Ich wurde ganz verwirrt von den Komplimenten, die, von mörderischen Blicken begleitet, mich wie eine Lawine überfielen. Man konnte aus ihrem Redeschwall entnehmen, daß ihr Edwards herzlich wenig bedeute, ich ihr hingegen überaus gut gefiele.

Ich blieb sprachlos und fragte mich, wie diese Art von Erklärung aufzufassen sei. Sie war jedoch eine Person ohne Umschweife, die nicht zögerte, den Punkt aufs i zu setzen. Sie würde mir Alfred mit Freude zurückgeben, unter drei Bedingungen : sie brauche die Perlenkette an meinem Hals, eine Million Francs und… mich. Außer dem dritten Punkt, den ernst zu nehmen ich mich weigerte, war ich durchaus bereit, den Preis zu zahlen. Ich hatte meine Perlen schon vom Hals genommen und auf den Tisch gelegt.

»Lassen Sie mir einige Tage Zeit, um die Million zusammenzubekommen«, sagte ich ihr. »Ich habe sie selbstverständlich nicht bei mir, aber Sie werden nicht lange zu warten brauchen.«

Ich verließ die Rue Fortuny ziemlich ratlos und fragte mich, ob ich schon triumphieren dürfte. Die Unverblümtheit ihrer Worte und die Schamlosigkeit ihrer Gedanken hatten mich so sehr verletzt, daß ich das dringende Bedürfnis empfand, mich zu waschen. Ich fuhr zum Hôtel du Rhin, wo ich den während der Einrichtung unserer Wohnung gemieteten Zwischenstock immer noch hatte. Von Zeit zu Zeit flüchtete ich gern dorthin. Ich war noch nicht eine halbe Stunde da, als ich durch die Rue de la Paix den großen roten Wagen ankommen sah. Der Fahrer brachte mir ein Päckchen und einen Brief. Das Päckchen enthielt meine Perlen. Das Schreiben auf zyklamenfarbenem Papier war von der Lanthelme und besagte, daß sie nach reiflicher Überlegung auf die Perlen und die Million verzichte und nur die dritte Bedingung aufrechterhalte...

Am nächsten Tag kam Alfred in bester Laune zum Mittagessen in die Rue de Rivoli. Ich wußte nicht mehr, was sagen, was tun.

Einige Tage später hatten wir abends Freunde bei uns. Ein Diener kam und flüsterte Edwards etwas zu: er hatte vergessen, daß ein sehr wichtiger Politiker diesen Abend in die Rue Fortuny kam und man ihn dort sehen wollte. Er ging fort und kam nicht mehr nach Hause. Ich fühlte mich völlig verloren und verbrachte ganze Tage in Tränen in meinem Zimmer eingeschlossen. Alfred erschien von Zeit zu Zeit, beteuerte seine Liebe zu mir, wetterte, stöhnte, bedachte die Lanthelme mit abscheulichen Namen... und kehrte zu ihr zurück.

Eines Abends rief er nach dem Theater an und fragte meine Kammerzofe, ob ich auch nicht vergessen hätte, meine Diamanten aufzuräumen und einzuschließen. Ich geriet in solche Wut, daß ich einen Hutkarton ergriff, kunterbunt all meinen Schmuck und alles, was mir an Dosen und anderen Gegenständen aus Gold unter die Hände kam, hineinwarf und Auftrag gab, das Paket unverzüglich zur Lanthelme zu bringen.

Am folgenden Tag blühte mir ein abscheulicher Auftritt. Alfred fragte mich, ob ich denn vollkommen verrückt geworden sei, seinen ganzen Familienschmuck einer solchen Frau zu schicken. Aber dieses Mal behielt ihn die Dame...

Der plötzliche Besitz einer solchen Menge Juwelen, die sie sich bestimmt niemals hätte träumen lassen, selbst nicht nach einem ganz nach Wunsch verlaufenen Leben, sollte ihr übrigens sehr bald zu Kopf steigen. In der Tat zeigte sie sich wenige Wochen später in meiner Abwesenheit auf meinem Schiff und verlangte einen Augenblick ins Badezimmer zu gehen, um ›sich herzurichten‹. Dort ließ sie in Sekundenschnelle eine prunkvolle, schwergoldene Toilettengarnitur, die ich immer auf unserem Hausboot hatte, in ihre Tasche verschwinden. Sie hatte keinen Grund mehr, sich nicht buchstäblich alles anzueignen. Seit diesem Augenblick habe ich auf das vielgeliebte Schiff keinen Fuß mehr gesetzt.

Immerhin zeigte Edwards, bevor alles in Stücke ging, noch ein plötzliches Aufflackern von Vernunft. Nach einer besonders erniedrigenden Szene hatte er mit der Lanthelme gebrochen – endgültig, sagte er – und schien von dieser entehrenden Eroberung nach und nach zu genesen. Ach, es dauerte kaum länger als vierzehn Tage. Was war ihr nur eingefallen? Welchen neuen Schachzug hatte sie gefunden, um ihn zurückzuholen? Auf jeden Fall fand ich eines Abends in meinem Zimmer ein paar pathetische Worte von Alfred, der mir sagte, daß er mich anbete, daß er verdammt sei ... und wieder fortgegangen war, um bei ihr zu leben.

Ich war zerschlagen, zermürbt, angeekelt und nahm eine Einladung von Freunden für ein paar Tage nach Italien an. Seit dem Drama mit Thadée hatte ich mich noch nie so verlassen gefühlt. Im ›Grand Hôtel‹ in Rom wollte es das Unglück, daß mir die Direktion ein Zimmer mit einem riesigen, überreichlich mit Amoretten und Cupidos geschmückten Doppelbett zuwies. Eines Abends fühlte ich mich so einsam, verzweifelt und winzig in einer Ecke dieser großen, für die Liebe gebauten Lagerstatt und dazu noch umgeben von diesen blödsinnigen Liebesgöttern, die mich mit ihren Pfeilen und ihrem Lächeln verhöhnten, daß mich – so plötzlich wie ein Brechreiz – eine Aufwallung von Empörung ergriff. Es mochte zwei Uhr morgens sein. Ich schlüpfte in einen Morgenrock, öffnete die Tür und blieb so auf der Schwelle: entschlossen, den ersten besten Mann einzuladen, meine Einsamkeit, mein Bett und die Betrachtung der Liebesgötter zu teilen.
Es war wohl das einzige Mal in meinem Leben, daß mir ein derartiger Gedanke kam, und Gott weiß, was

daraus geworden wäre, wenn im Verlauf dieser guten Viertelstunde, in der ich wartete – vor Angst, Kälte, Erregung und Entrüstung zitternd –, nicht nur jemand vom Hauspersonal vorbeigekommen wäre.

Die Müdigkeit war schließlich stärker, und ich schlief auf dem tränendurchweichten Kissen ein, von meinem treuen Heer der Amoretten bewacht und von ihren Pfeilen verteidigt.

Am nächsten Tag fuhr ich nach Paris zurück. Die Lage war unverändert, Alfred, halb wahnsinnig, blieb in den Netzen der Dame, die meinen Schmuck so sehr liebte.

Ich hatte genug von diesem Leben voller aufregender Dramatik. Meine Nerven waren überreizt und vom Kummer erschöpft. Ich mußte Schluß machen, einer unmöglichen Lage ein Ende bereiten.

So weit war ich mit meinen sehr bitteren Überlegungen gekommen, als mir der Besuch Forains gemeldet wurde. Er brachte einen jungen Spanier mit, den er mir vorstellen wollte. Er hieß José-Maria Sert.

SERT

Ich kannte Sert dem Namen nach; denn ich hatte im
Salon eine Anzahl riesiger Gemälde gesehen, die er für
die Kathedrale von Vich gemalt und von denen man in
Paris schon viel gesprochen hatte. Obwohl er das Selt-
samste seiner Bekleidung, seinen Sombrero und seinen
Umhang, im Vorzimmer abgelegt hatte, sah ich einen
jungen Mann eintreten, eine ungewöhnliche Erscheinung, ungestüm, höflich und mit nichts und niemand
vergleichbar. Seine Sprache war ebenso unerwartet wie
sein Gebaren. Ein katalanischer Akzent würzte sein
Französisch, dessen er sich mit großer Gewandtheit
bediente, um die ungereimtesten Geschichten zu erzählen. Er saß noch nicht zehn Minuten, als er mir
schon erklärt hatte, wieso ein Storch angesichts einer
Unmenge Futter Hungers sterben müsse, wenn man
ihm den Schnabel in entsprechender Länge absäge,
um ihm jeden Maßstab für Entfernung zu nehmen,
und wie er sich über das Entsetzen und die panische
Angst einiger Enten vor einem Bilde amüsiert habe,
auf dem er sie als Seehunde mit Entenfedern gemalt
hatte. Diesen grausamen Episoden folgte unvermittelt

die Erzählung von seiner Rundreise durch Kalabrien auf dem Rücken eines Pferdes, dem er an einem Hungertage seinen Strohhut geopfert hatte. Mit einem flüchtigen Funkeln seiner Augen, mit dem er das Gesagte Lügen strafte, wurde all das in größtem Ernst vorgetragen und von so beredten Händen unterstrichen, daß ich von den als Fragezeichen in die Luft gestreckten Daumen fasziniert war. Lebendige, harte, wollüstige, ungestüme, forschende, liebkosende, herrische Daumen, Künstler- und Eroberdaumen zugleich.

Ich war sehr belustigt, ein wenig ärgerlich und durchaus nicht überrascht, als er mich vor dem Weggehen geradeheraus bat, ihn in Rom zu besuchen, wo er einige Wochen verbringen werde. Ich war nicht einmal besonders erstaunt, mich auf die natürlichste Weise antworten zu hören, daß ich mit Freuden annähme.

Erst nachdem er fort war, wurde mir die ganze Unschicklichkeit der Sache klar. In Wahrheit war mir in der Verzweiflung und Traurigkeit, die mich seit Wochen und Wochen bedrückte, dieser Mann wie ein Lichtblick erschienen, als etwas völlig Neues und unerklärlich Anziehendes: ein weit offenes Fenster, das die Aussicht auf ein vielversprechendes Leben bot.

Am nächsten Tag erhielt ich einen Eilbrief von ihm mit der Bitte um Verzeihung. In eiligen, unordentlichen und betrübten Zeilen erklärte er mir, er habe nicht das Recht, mein Leben zu zerstören, er schäme sich, so gehandelt zu haben... wir müßten diese Tollheit unterlassen – kurz, genau das, was nötig war, damit ich mich endgültig zur Reise entschloß.

Unterwegs telegrafierte ich ihm von irgendeinem Bahnhof aus nach Rom, ich sei halbtot vor Angst und Hitze, käme mit meiner Kammerzofe an, und er möge mir ein Appartement im Grand Hôtel bestellen.

Ich war selbst ziemlich verdutzt, daß ich im Zuge nach Rom saß, um einen Menschen zu treffen, den ich kaum kannte.

Sert war in Barcelona geboren und stammte aus einer sehr alten Familie von Webereibesitzern. Seit Jahrhunderten belieferten sie Katalonien mit Stoffen, Teppichen und Tuchwaren. José-Maria, der fünf Geschwister hatte, wurde in sehr jungen Jahren den Jesuiten anvertraut. Er machte bei ihnen glänzende Fortschritte und erwarb rasch eine gediegene Bildung. Sein Geist hatte eine natürliche Neigung zu theologischen Fragen – mit denen er sich übrigens auch weiterhin sein ganzes Leben lang eingehend beschäftigte. Diese Veranlagung hatte ihm die Gunst der Lehrer verschafft, die seine Bildung mit besonderer Sorgfalt förderten. Vom fünfzehnten Lebensjahr an trieb er nebeneinander künstlerische und literarische Studien. Und nachdem er seine akademischen Prüfungen abgelegt hatte, besaß er eine für seine Jugend erstaunliche Kenntnis dessen, was man damals die ›Humaniora‹ nannte. Die elterliche Industrie lockte ihn nicht, und er entschloß sich, in Paris zeichnen und malen zu lernen. Leichten Herzens verzichtete er auf die bedeutende Stellung, die ihm das Vaterhaus durch Erbschaft geboten hätte, und begnügte sich mit einem schmalen Studentenwechsel – tausend Francs im Monat. Doch vorerst wollte er seinen Geist mit anderem als mit Bücherweisheit füllen und unternahm nacheinander Fahrten durch Spanien und Italien.

Außer seinen natürlichen Gaben war es sicherlich auch seinen früher erworbenen Kenntnissen zu verdanken, daß unser italienischer Aufenthalt zu einer Reise durchs Wunderland wurde.

Das Geheimnis der Schicksalsbegegnung ist unergründlich. Ich fühlte mich unwiderstehlich getrieben! Es war nutzlos, mich dagegen aufzulehnen. Ich habe übrigens nie etwas Gutes getan, außer wenn ich meinem Herzen folgte. Die Überlegung ist ein Werkzeug, das ich nicht handhaben kann: es wendet sich gegen mich. Ich beging das, was man gemeinhin eine Verrücktheit nennt: wenige Tage später sollte ich erfahren, daß es Weisheit und Glück zugleich war.

Mein Leben mit Edwards ging zu Ende, und meine dritte Heirat sollte in Wirklichkeit meine erste sein, die einzige wahre meines Herzens. In der Tat war Natanson ein Freund der Kinderjahre gewesen, und das Kind, das ich mit fünfzehn Jahren war, hatte einen Spielgefährten geheiratet. Er war ein bezaubernder Gefährte, zartfühlend und gebildet, dem ich das Beste verdanke, was ich auf geistigem Gebiet kennenlernen durfte. Edwards konnte dem Alter nach mein Vater sein und hatte aus mir das verwöhnteste Mädchen der Welt gemacht. Dagegen ging ich mit Sert im Gleichschritt ins Leben hinein. Er hatte seine Laufbahn erst begonnen. Ich ahnte etwas von den nicht gehobenen Schätzen in diesem begeisterungsfähigen Kopf, der alles wissen, alles versuchen, alles erreichen wollte. Bereit, jedes Hindernis zu überrennen, das seinen Weg versperrte, hatte er einen so durchtrainierten Geist, wie ihn nur ein Mann haben kann, der zwar eine umfassende Bildung in sich aufgenommen hat, aber jederzeit mit seinem Wissen reinen Tisch macht, um sich einer neuen Idee hinzugeben mit jener Jugendfrische, die einer ersten Begegnung allein den rechten Wert verleihen kann. Ich stellte mir vor, was wir zu zweit zuwege bringen könnten, und war davon begeistert.

Mein Instinkt sollte mich nicht täuschen. Von dem Tag an, da wir zusammen lebten, war sein Aufstieg unaufhaltsam. Sehr schnell liefen Aufträge ein für die Vereinigten Staaten, für Südamerika, Spanien, England. Er war der einzige, der große Flächen behandeln konnte. Deshalb berief man ihn, sobald es um Gebäude palastähnlicher Ausmaße ging. Die Meisterschaft seiner Entwürfe konnte sich mit der klassischen italienischen Epoche messen, und sein angeborener Sinn für Flächen und Proportionen führte ihn zu einer so einzigartigen Technik, daß seine Werke mit keinen anderen seiner Zeit zu vergleichen sind. Die wenigen Ausstellungen, zu denen man ihn veranlaßte, erregten ein solches Aufsehen, daß sogar das spanische Herrscherpaar zu ihrer Eröffnung kam. Sein Vaterland wußte übrigens sein

Talent in besonderer Weise zu würdigen, indem es ihm die höchsten Auszeichnungen zuerkannte.

»Weißt du, Toscha,« sagte er mir später knurrend, wenn ich irgendeinen Einwand machte, »daß ich das Recht habe, meinen Hut vor dem König aufzubehalten und zu Pferd in die Kirche einzureiten?«

Aber damals war sein Hut vorläufig noch der wunderliche Sombrero, mit dem er mich in Paris besucht hatte, und jene geniale Kopfbedeckung kam mir einmal sehr zu Hilfe, denn sie brachte uns, als ich sie auf dem Bahnsteig in Rom wiedersah, so zum Lachen, daß unser Zusammentreffen dadurch wesentlich erleichtert wurde.

Ich mietete im Grand Hôtel ein Automobil, mit dem wir unsere italienische Rundreise unternahmen. Wer das Glück gehabt hat, eine Reise mit Sert zu machen, erinnert sich sein ganzes Leben lang daran. Es ist unmöglich, sich einen vollkommeneren Reisebegleiter vorzustellen. Überall wußte er sogleich das Ungewöhnliche zu entdecken, und wo es nicht existierte, schuf er es neu. Man folgte den Spuren eines Zauberers. Grenzen, Zölle, Wechselstuben hatten für ihn keine Bedeutung. Bei seinem Nahen öffnete sich alles auf geheimnisvolle Weise. Seine Prachtliebe sicherte ihm die schönsten Wohnungen, die besten Plätze und die tiefsten Bücklinge. Wenn er in einer Stadt ankam, führte er einen unmittelbar zum bedeutendsten Bauwerk, zum wesentlichsten Bild, zur eindrucksvollsten Kirche. Nicht zu den berühmten Sehenswürdigkeiten des Baedekers, wohl aber zu denen, die er selbst entdeckt, ausgesucht und mit so viel Liebe studiert hatte, daß er sie einem gleichsam gereinigt zeigte von ihren verschiedenen Schichten Museumslack und dem Plunder offizieller Literatur, in dem heute die Frische ihrer Schöpfung ertränkt wird.

Niemals hatte ich mit Sert diesen Eindruck eines ›Museumsbesuches‹, von dem man im allgemeinen erschöpft zurückkommt, das Hirn vollgepfropft mit einem Katalog alten, verblaßten Ruhms, die Beine müde wie nach einem Gebirgsmarsch und das Herz von Traurigkeit beklommen. Von jedem dieser unzähligen Kunstwerke bin ich mit ihm weggegangen wie aus dem Atelier eines Freundes, als habe er mich dorthin geführt, um seine Lieblingswerke zu betrachten. Und das, was er mir von diesen Bildern sagte, belebte sie für immer in meinem Herzen auf so natürliche Weise, daß ich mich jeden Tag um neue Schätze bereichert fühlte.

Ein einziges Mal, als wir die Sixtinische Kapelle besichtigten, war ich schon so von Kunst übersättigt, daß ich nicht verstand, warum mir Sert einen Spiegel geben wollte, um die Deckengemälde zu betrachten, wie die auf den Bänken sitzenden Besucher es taten. Ich hörte nicht, was er mir sagte, es ging nichts mehr in meinen Kopf hinein. Erst zwei Jahre später, als ich mich wieder dort befand und zufällig in das Spiegelchen meiner Handtasche schaute, um meine Haare zu ordnen, wurde mir die Offenbarung der gewaltigen Decke Michelangelos zuteil. Mein Spiegel faßte gerade das erschütternde Fresko von ›Adam und Eva‹.

Die Fähigkeit seines Auges, immer das Echte zu entdecken, die Einfachheit des Ausdrucks, mit dem Sert
etwas erklärte, was man erst nach jahrelangem Stu-
dium begriffen hätte, seine Überzeugungskraft, mit
der er anderen seine Begeisterung für das Schöne mitteilte, schenkte einem die wunderbare Empfindung,
mit ganzer Seele etwas Wesentliches zu begreifen.

Ich kenne kein angenehmeres Gefühl, als sich plötzlich
sehr gescheit vorzukommen. Sert hatte die Fähigkeit,
einen gescheit zu machen. Dieses später nie wieder-
kehrende Gefühl, das man am Ende der Jugendzeit hat,
wenn einem ein großer Mann einen großen Gedanken
erklärt, und plötzlich reißt der Schleier : man begreift,
man ist mit dem anderen auf gleicher Ebene, man
folgt mühelos, man überspringt mit ihm gemeinsam,
ohne an einem einzigen hängenzubleiben, alle Hin-
dernisse auf der Rennbahn des Geistes, man lustwan-
delt ruhigen Herzens im geheimnisvollen Garten der
Intelligenz.

Dieses Gefühl, das man für immer in den mit sechzehn
Jahren vergossenen Freudentränen ertränkt glaubte,
Sert konnte es nach seinem Belieben wieder wachrufen.
Mit ihm habe ich erfahren, was es heißt, das Herz zu
betören. Eine knappe halbe Stunde genügte ihm, um
einem zu zeigen, was er einen sehen lassen wollte. Aber
man kann nicht lange in den hohen Regionen verwei-
len, ohne Gefahr zu laufen, alles zu verderben. Er
wußte es. Schnell führte er mich in den Schatten einer
der Café-Terrassen, wie nur Italien sie kennt, wo man

stundenlang vor einem eisgekühlten Zitronensaft sitzen und die Welt so schön finden kann, daß man in die Knie sinken möchte.

Wir gingen dann wohl auch auf die Suche nach einem Restaurant oder einem Antiquitätenladen, an den er sich von früher erinnerte. Edwards liebte Fächer, Sert liebte alles. Nichts Schönes entging ihm. Später, als er anfing, Kunstgegenstände zu kaufen, räumte er buchstäblich die Piazza di Parigi aus. War ein Gegenstand wirklich außergewöhnlich, so blieb er nicht zwei Tage bei einem Antiquitätenhändler.

Sein Sinn für Echtheit in jener Hinsicht bewahrte ihn glücklicherweise vor der Sammelwut. Eine schöne Inkunabel reizte ihn nicht weniger als ein Boule-Möbel oder ein Leuchter aus Bergkristall. Der Sinn fürs Kolossale in seiner Malerei spiegelte sich in der Art, wie er Räume ausschmückte: er zögerte nicht, eine griechische Marmorfigur von achthundert Kilo auf einen dem Anschein nach gebrechlichen Kamin zu stellen oder mächtige Krüge auf einen Schrank, den jedermann schon unverhältnismäßig groß fand. Bei ihm schien nichts überladen, so sicher wußte er mit Proportionen und Raummaßen umzugehen.

Jedes seltene und wertvolle Material bot Sert gleichsam das Mittel, mit dem er überraschende Raumwirkungen erzielte. Vor keiner Farbenzusammenstellung schreckte er zurück: er spielte mit der Gefahr und konnte wie ein Kind bis zur äußersten Grenze des Fürchterlichen vordringen, ohne jemals darin zu versinken. Man kam

zu ihm ein bißchen wie in Ali Babas Zauberhöhle, so
sehr erweckte die Anhäufung von Gold, Kristall, Marmor, kostbarem Samt, Ebenholz und riesigen Leuch-
tern den Eindruck des Märchenhaften. An seinem Tisch
trug man nur ganze Tiere auf. Wenn er Blumen
schickte, so waren es Bäume, Rosenstöcke, die bis an
die Decke reichten. Handelte es sich um Pralinen, so
brauchte man einen kleinen Wagen, um sie zu trans-
portieren ... Ist es erstaunlich, daß allen Frauen, die ihn
kannten, jeder andere Mann unbedeutend erschien?
Als unsere italienische Reise zu Ende ging, war keine
Rede mehr davon, daß ich ihn verlassen könnte. Ich
wußte, daß Edwards ein für allemal in den Klauen der
Lanthelme bleiben würde. Ihre Herrschaft über ihn
war tyrannisch geworden. Sie machte mit ihm, was sie
wollte, und war fest entschlossen, ihn zu heiraten. Die
Würfel waren gefallen und der Kreis der Erfahrungen
geschlossen. Ich hatte jetzt die unbedingte Gewißheit,
daß Sert der Mann war, auf den ich seit jeher gewartet,
daß es die anderen gar nicht gegeben hatte und daß es
nie mehr einen anderen geben würde.
Zum ersten Mal hatte ich das betörende, ruhige und
erschreckende Gefühl des Endgültigen.

DIAGHILEW

Ich hatte den lebhaften Wunsch, die Aufführung des
›Boris Godunow‹ zu hören, die Serge de Diaghilew
vorbereitet hatte. Das war einer der Gründe, die unsere
Rückkehr nach Paris beschleunigten. Der Ruf Diaghilews, der mit seiner Ausstellung russischer Maler im vergangenen Jahr einen ungeheuren Erfolg gehabt hatte,
war stetig im Wachsen, und seine Persönlichkeit reizte
mehr und mehr meine Neugierde.

Rußland hat niemals sehr große Maler hervorgebracht,
aber es hatte sehr bedeutende, in Europa noch völlig
unbekannte Künstler auf dem Gebiet der Theaterausstattung und Inszenierung. Diaghilew war ein überraschender Beweis dafür.

›Boris Godunow‹ war für mich ein so einschneidendes
Erlebnis, daß er eine wirkliche Etappe meines Lebens
kennzeichnet. Seit ›Pelléas‹ hatte mich nichts so tief bewegt. Im Bereich der Musik war es meine zweite Liebe.
Ich sollte nur noch eine haben: das war einige Jahre
später das ›Frühlingsopfer‹ von Igor Strawinsky.

Die Pariser Ohren waren damals noch nicht an russische Musik gewöhnt, und so war die Oper bei den Vor stellungen des ›Boris‹ bei weitem nicht ausverkauft. Aber ich hatte eine solche Leidenschaft für dieses Werk, daß ich nicht nur jede Vorstellung besuchte, sondern auch Auftrag gegeben hatte, alle freigebliebenen Plätze für mich zu kaufen. So blieb nie eine Eintrittskarte unverkauft, und Diaghilew hatte die ermutigende Illusion eines pekuniären Erfolgs.

Zur Premiere hatte ich ein Dutzend Freunde in die große Loge ›zwischen den Säulen‹ eingeladen. Aber von der Mitte des ersten Aktes an war ich von der Musik so erschüttert, daß ich auf die höchste Galerie entwischte und dort bis zum Ende der Aufführung auf einer Stufe sitzenblieb. Die Inszenierung, die Kulissen, die Kostüme waren von solcher Pracht, wie sie die Oper noch nie auch nur annähernd gesehen hatte. Diaghilew führte nicht nur Regie, sondern regelte auch selbst die Beleuchtung. Die Bühne war in Gold getaucht. Schaljapins Stimme erhob sich mächtig und großartig und beherrschte die erschütternde Musik Mussorgskys. Obwohl er noch ganz jung war, besaß er schon dieses außerordentliche schauspielerische Talent, das bei Sängern so selten ist. Auch die übrige Besetzung zeigte ein so außergewöhnliches Niveau, wie es seither niemals wieder erreicht wurde.

Ich verließ das Theater in tiefer Erregung und fühlte: irgend etwas in meinem Leben hatte sich verändert. Die Musik ließ mich nicht mehr los. Jedes Mal, wenn das Stück auf dem Spielplan erschien, war ich da, andächtig, begeistert wie am ersten Tag. Unablässig warb ich für das Werk und schleppte alle Menschen, die ich gern hatte, ins Theater.

Als ich kurz nach der Uraufführung eines Abends mit Sert bei Prunier soupierte, trafen wir Diaghilew. Sert, der ihn kannte, stellte ihn mir vor. Meine glühende Begeisterung für ›Boris Godunow‹ öffnete mir rasch den Weg zu seinem Herzen. Wir blieben bis fünf Uhr morgens zusammen und konnten uns nur schwer trennen. Am nächsten Tag war er bei mir, und unsere Freundschaft sollte erst mit seinem Tode enden!

Von allen meinen Freunden ist Serge de Diaghilew gewiß derjenige, dem ich mich am nächsten gefühlt habe und dessen Zuneigung mir am unentbehrlichsten war. Trotz heftiger Dispute auf künstlerischem Gebiet wurde unsere Eintracht durch eine wirkliche geistige Verbundenheit gewahrt: niemals unternahm er etwas Wichtiges, ohne vorher meine Meinung und mein Gefühl zu befragen. Ich hatte das Glück, ihn mit allen jungen französischen Musikern, deren Bekanntschaft mir Jean Cocteau vermittelt hatte, in Verbindung bringen zu können; viele von ihnen verdanken Diaghilew und Cocteau wenn nicht ihre Berühmtheit, so doch ihre erste Anerkennung in sehr jungen Jahren.

In dem Jahr, das unserer Begegnung folgte, stellte er in St. Petersburg seine unvergleichliche Tanzgruppe zusammen und gründete das Russische Ballett, mit dem er mehr als zwanzig Jahre lang die Welt in Erstaunen versetzte und bezauberte. Für dieses Unternehmen scheute er kein Opfer, arbeitete er hartnäckig mit einer unvorstellbaren Liebe und Selbstlosigkeit.

Serge besaß den Spürsinn eines Wünschelrutengängers, Künstler zu entdecken, und die außerordentliche Gabe, das Beste aus ihnen herauszuholen. Die Tanzkunst lag in Europa in den letzten Zügen und unter dem Zwang einer akademisch erstarrten Routine; durch Diaghilew erhielt sie den Peitschenhieb, der sie wie ein Wunder wieder erweckte. Niemals erlebte sie so glänzende Triumphe wie unter seiner Leitung. Mit Mut und Geschick verstand er es, die klassische Tradition der französischen und italienischen Choreographie mit der neuen, in Petersburg unter Fokine entstandenen russischen Richtung zu verbinden und dadurch eine wirkliche Schule zu begründen, die immer ein Vorbild bleiben wird.

Da er die besten Musiker, Maler und Dichter seines Jahrhunderts zu vereinen und in den Dienst der Tanzkunst zu stellen verstand, ohne sich jemals zu täuschen, gelang es ihm, aus jeder Ballettsaison ein wirkliches Ereignis zu machen. Die Arbeit aller an der Schaffung eines Balletts beteiligten Künstler wurde etwas Hinreißendes unter diesem Mann, der zugleich Dompteur und Zauberer war. Fast alle um ihn waren oder wurden meine Freunde, so daß mein Leben mit seiner künstlerischen Entwicklung innig verbunden war.

Edwards hatte den Mietvertrag in der Rue de Rivoli, wohin er keinen Fuß mehr setzte, nicht erneuert. So richtete ich mir nach unserer Rückkehr aus Italien eine sehr schöne Wohnung am Quai Voltaire ein. Bonnard stattete meinen großen Salon mit bedeutenden Gemälden aus, und bald konnte ich dort meine Freunde versammeln. Ich war damals von jungen Künstlern umgeben, die das Leben verzaubern konnten. Ich denke vor allem an Jean Cocteau, auch an Sacha Guitry, die alle Tage bei mir waren, mit ihnen viele Theaterleute, die sich damals einbildeten, in mir ein großes Bühnentalent zu entdecken! Die Réjane wollte um jeden Preis, daß ich mit ihr spielen sollte. Maurice Donnay hatte ein Stück für mich geschrieben, und auch Henri Bataille verfaßte eins, das er mir widmete.

Ich machte mir über meine Fähigkeiten keinerlei Illusionen, aber nichts konnte meine Freunde von ihrer Überzeugung abbringen. Sie waren unerschütterlich und gaben keine Ruhe, bis sie mich auf die Bretter gestellt hatten. Natürlich war ich entschlossen, niemals im Ernst zu spielen, aber ich war gern mit einigen Proben einverstanden. Ich erinnere mich an diese Zusammenkünfte, bei denen wir uns vor ausgelassenem Lachen nicht halten konnten. Ich sprach falsch, ich spielte falsch, ich fand mich abscheulich. Meine Freunde behaupteten im Gegenteil, es wäre ausgezeichnet, denn was im Leben falsch, wirke auf der Bühne gerade echt. Gott sei Dank war ich klug genug, es bei den Proben zu belassen.

In dieser Zeit wollte mich Maillol unbedingt als Modell haben. ›Ich habe den Plan gefaßt,‹ schrieb er, ›mich

durch Sie für das Cézanne-Denkmal inspirieren zu lassen. Seien Sie mir nicht böse, wenn ich Ihnen diese
Idee mitteile, die Ihnen allzu kühn vorkommen mag –
in Ihnen scheint mir die Gestalt der Unsterblichkeit
schon vorgebildet zu sein – man braucht sie nur nach-
zubilden. Die Inspiration des Künstlers ist die Natur,
die Schönheit muß nachgebildet werden, wo sie sich
findet. Ich wende mich also ganz unbefangen an Sie.
Vielleicht erheben sich unzählige Schwierigkeiten, aber
der feste Wille von uns beiden kann sie ebnen, vor
allem der Ihre...‹

Ach, über meinen ›festen Willen‹ täuschte er sich sehr.
Ich war viel zu träge, um mich für lange Sitzungen
herzugeben. Und so entkam ich zur gleichen Zeit dem
Meißel des Meisters wie dem Rampenlicht.

DAS RUSSISCHE BALLETT

Es ist recht selten, daß eine Freundschaft, deren Grund-
motiv von Anfang an innige Verehrung ist, sich entfal-
tet und zwanzig Jahre lang in immer gleichbleibender
Intensität andauert. So war es aber bei der Freundschaft,
die mich mit Diaghilew verband. Er ertrug es nicht,
wenn ich nicht unmittelbar zu erreichen war, sooft er
eine Entscheidung zu treffen hatte, und bombardierte
mich buchstäblich mit vorwurfsvollen Telegrammen,
damit ich zu ihm käme. Manchmal war der dringende
Wunsch, mir eine Szene zu machen, stärker als seine
Abneigung gegen die Anstrengung des Schreibens, nur
in äußerster Wut zückte er die Feder:

›Ich kenne nichts Sinnloseres,‹ schrieb er mir, ›als
diese Art Verhängnis, das Dich gerade dann in einer
Stadt ankommen läßt, wenn ich abreisen muß, oder
Dich verpflichtet, eine andere genau in dem Augenblick zu verlassen, in dem ich dort lande und Dich unbedingt brauche, wäre es auch nur für einige Stunden...
Ehrlich gesagt, hast Du in den letzten Wochen allem
gegenüber, was mir wichtig ist, eine solche Gleichgültigkeit gezeigt, daß es besser wäre, wir würden

uns einmal offen aussprechen. Ich weiß wohl, daß eine Freundschaft nicht Jahrhunderte dauern kann, aber um etwas bitte ich Dich inständig : sage mir niemals mehr, daß Du ,dringend zurückgerufen' wurdest, denn das weiß ich im voraus. Ich kann diese ,dringenden Rufe', ohne viel nachzudenken, mit der größten Genauigkeit vorhersagen... Ich betrachte sie nur insofern als Rufe, als sie das Gelächter der Freunde ,hervorrufen', denen ich sie prophezeite. Ich verstehe vollkommen, daß Sert durch seine Arbeit abberufen werden kann, aber daß Du mich derart behandelst, ist meiner Meinung nach ebenso unfreundschaftlich wie unverdient. Siehst Du, es gibt Augenblicke, in denen mir die Wahrheit wichtiger erscheint als alles andere...‹

Wenn er so seiner Entrüstung Luft gemacht hatte, wußte er ganz genau, daß ich nicht lange dem Wunsch widerstehen konnte, ihn irgendwo zu treffen, damit wieder einmal endlose Diskussionen beginnen konnten, die eine Partitur, eine Folge von Entwürfen, einen schüchternen Tänzer, der mir zur Begutachtung vorgeführt wurde, betrafen, und all das inmitten einer unablässigen, fieberhaften Tätigkeit, drängender Mahnung unbezahlter Gläubiger, endgültiger Zerwürfnisse mit Bakst (der am nächsten Tag unweigerlich wieder auftauchte) und unvorstellbarer Proben, während deren dieser Mann, der alles zugleich sah, hörte, beurteilte und verbesserte, mit Feuereifer jene Folge von Wundern gestaltete, die die Welt jedesmal in Erstaunen versetzte, wenn der Vorhang vor einem seiner Stücke aufging.

Einmal hatte ich die Dummheit begangen, ihm zu sagen, er hinge im Grunde gar nicht so sehr an mir, denn er bombardiere mich zwar mit Telegrammen, hielte es aber nicht der Mühe wert, mir zu schreiben; er grübelte während einer langen Eisenbahnfahrt über diesen Ausspruch nach und sandte mir bei der Ankunft einen Brief, der so begann:

›Du behauptest, nicht mich zu lieben, sondern nur meine Arbeit. Nun, ich muß von mir das Gegenteil sagen, denn ich liebe Dich mit Deinen zahlreichen Fehlern und habe für Dich die Gefühle, die ich für eine Schwester empfände, wenn ich eine hätte. Unglücklicherweise habe ich keine, deshalb hat sich die ganze Liebe auf Dich konzentriert. Erinnere Dich, bitte, daß wir uns vor nicht sehr langer Zeit darüber *sehr ernsthaft* einig geworden sind, daß Du die einzige Frau auf der Welt bist, die ich lieben könnte. Darum finde ich es einer ‚Schwester‘ so unwürdig, solche Geschichten zu machen, nur weil ich Dir nicht schreibe. Wenn ich schreibe – und Du weißt, wie selten das ist –, dann ausschließlich, um Dir etwas zu sagen; nicht um Dir den Erfolg meines Balletts in London zu schildern (von dem Du sicher schon gehört hast), sondern um Dir meine Hoffnungen, Projekte und Pläne mitzuteilen.‹

Diese Hoffnungen und Projekte stellten einen wahren Ameisenhaufen von ständig gärenden Ideen dar. Der

unermüdliche und teuflisch begabte Jäger war ständig
auf der Lauer nach einem neuen Wild, einem schlum-
mernden Talent, nach dem, was die heranwachsende
Generation zu geben hatte und er in Beschlag nahm,
bevor ein anderer auch nur bemerkt hatte, daß hier
etwas zu holen war. Diaghilew war für die jungen
Künstler ein beständiges Wunder: durch ihn hatten sie

M. Larionow: Diaghilew bei der Probe

eine Möglichkeit, in wenigen Monaten zu erreichen,
was sie nach zwanzigjähriger Anstrengung nicht zu er-
hoffen gewagt hätten. Er wußte nicht nur ihre besten
Fähigkeiten aufzuspüren, sondern leitete sie auch so,
daß jeder für ihn das Beste leistete – und manchmal
schon ganz am Beginn seiner Laufbahn.
Georges Auric war knapp neunzehn Jahre alt, als er
mir schrieb: ›Da Sie so gütig waren, mir vor einem
Monat zu erlauben, Herrn Diaghilew meine ‚Noces de

Gamache' vorzuspielen, gestatte ich mir heute, Sie (aufs Geratewohl) zu fragen, ob es ganz und gar unmöglich ist, ihn auf eine Minute wiederzusehen.

Ich kann mir sehr gut denken, daß ihn die bevorstehende Aufführung stark in Anspruch nimmt, und will Sie nicht belästigen.

Aber da Cocteau, glaube ich, gerade jetzt nicht da ist, so habe ich nicht gezögert, Ihnen ganz einfach diese wenigen Worte zu schreiben, die Sie mir verzeihen werden, nicht wahr, aus Respekt für den Boche[1], der da oben in seiner Ecke nachdenkt.

Ich sende Ihnen also, verehrte gnädige Frau, mit meinem nochmaligen Dank für Ihre liebenswürdige Aufnahme in der letzten Zeit meine ergebensten Grüße.‹

Für Diaghilew komponierte er auch ›Les Fâcheux‹ und besonders ›Les Matelots‹, die sicher die hinreißendsten Stücke seines Werkes bleiben werden.

Auch Francis Poulenc schrieb für das Russische Ballett eine bewundernswerte Musik, ›Les Biches‹, als er fast noch ein Kind war, ängstlich und schüchtern. Ich fand von ihm einen an Sert gerichteten Brief wieder, aus einer Zeit, in der er schwerlich ahnte, daß sein Name drei Monate später in allen Metropolen den größten Beifall finden sollte: ›...Seien Sie so nett, bei Ihrer Frau der Mittelsmann für eine Bestellung zu sein, die ich vor meiner Abreise aus Paris gern selbst gemacht

1. Es handelte sich um den Kopf Wagners am oberen Rand des von ihm benutzten Briefpapiers.

hätte, die ich aber bis heute verschieben mußte, da ich nie Gelegenheit hatte, sie allein zu sehen. Sagen Sie ihr doch bitte, ich hätte ihr nur deshalb mein Ballett nicht vorgespielt – es ist ihr gewidmet –, weil die ‚Biches‘ noch nicht ganz fertig waren, und da ich Ihre Frau für einen der wenigen Menschen halte, die Musik wirklich verstehen und lieben, so hätte mich nichts mehr eingeschüchtert, als ihr ein unfertiges Werk zu unterbreiten. Sobald der letzte Taktstrich gesetzt ist, wird es mir eine Freude sein, es ihr vorzuspielen...‹

›La Chatte‹, die Henri Sauguet für Diaghilew schrieb, war ebenfalls eines seiner allerersten Werke und ein durchschlagender Erfolg.

Auch Erik Satie, der reizende Einsiedler von Arcueil, um den sich alle diese jungen Komponisten scharten, sollte der Anziehungskraft des Zauberers nicht entgehen:

›Verehrte Dame,‹ schrieb er mir 1916 mit seiner verschnörkelten Schrift, die seinen Briefen das Aussehen eines mit Miniaturen geschmückten Manuskriptes gaben, ›Matisse, Picasso und andere gute Leute geben am 30. Mai bei Bongard ein Granados-Satie-Konzert. Ihre Anwesenheit in der Rue Huyghens hat mir Glück gebracht (ja, gnädige Frau), deshalb bitte ich Sie, bei dieser Zeremonie wieder meine Patronin zu sein. Wollen Sie?

Was Sie mir neulich in Ihrem Hause in bezug auf das Russische Ballett sagten, hat schon seinen Erfolg gezeitigt: ich arbeite an einem Ding, das ich Ihnen in kurzem zeigen möchte und das Ihnen schon, während ich es mache und niederschreibe, gewidmet ist.

All das, liebe gnädige Frau, macht die größte Freude. Sind Sie nicht eine Zauberin?‹

Das ›Ding‹, von dem mir Satie damals sprach, war nichts Geringeres als das Ballett ›Parade‹, das bald darauf, während der Schlacht von Verdun, aufgeführt wurde.

An einem trübseligen Winterabend 1941/1942, während ich an meinem Kamin fror, dachte ich wieder an das, was im vorigen Krieg die sogenannte ›Stimmung im Hinterland‹ gewesen war: ich geriet beim Stöbern in alten Kartons an einen anderen Brief Saties von 1916. Ich las dreimal das Datum, bevor ich mich davon überzeugt hatte, daß wir wirklich damals, während die heftigste Schlacht tobte, den Geist so vollkommen frei halten konnten, um künstlerische Unternehmungen zum Erfolg zu führen, die in der Geschichte Epoche machten. Denn wenn man es recht bedenkt, war ›Parade‹ der erste Kontakt Picassos mit dem breiten Publikum.

›Liebe gnädige Frau,‹ schrieb mir damals unser Freund aus Arcueil, ›ich komme Dienstag, nicht wahr? Wenn ja, dann kein Wort zu den anderen über das, was ich für Sie vorbereitet habe. Mein kleiner Einfall für das ‚Ding‘ ist so gut gereift, daß ich es Ihnen bis zum Ende vorspielen kann (es fehlt ein Stückchen in der Mitte, aber ich rechne auf Sie, daß Sie es nicht weitersagen). Und ich möchte, daß es Ihnen gefällt. Viele böse Zungen behaupten, ich hätte es um meiner ‚Fabeln‘ willen aufgegeben. Ich bin nicht treulos. Und auch Diaghilew ist keiner, der sein Wort zurücknimmt, denke ich. Der gute Lafontaine soll warten. Wir werden um so moderner sein und ungerührt das Stilexperiment auf später verschieben. Zum Teufel damit! Unser guter alter Fabulist wird darüber krebsrot werden.

...Aber lassen wir zuerst das ‚Ding‘ siegen.

Guten Tag, liebe gnädige Frau. E. S.‹

Es wurde tatsächlich ein Sieg. Der große Vorhang zur ›Parade‹ wird meines Erachtens eine der schönsten Dekorationen bleiben, die je gemacht wurden. Daß ein Teil des Erfolges auf Jean Cocteau fiel, freute mich unendlich. Er war noch ein Kind, als er, im brennenden Wunsch, etwas mit Diaghilew zusammen zu schaffen, das Plakat für den ›Geist der Rose‹ entworfen hatte. »Imponiere mir!« hatte ihm Serge gesagt und damit gemeint, daß er ihn von da ab ernstnehmen würde.

Gott weiß, wie unwiderstehlich Jean mit zwanzig Jahren war... wenn er zum Beispiel beim Souper, das stets einer Premiere zu folgen pflegte, auf den Tischen des Restaurants ›Larue‹ zu tanzen anfing. Aber freilich brauchte er mehr, um Anspruch auf eine Zusammenarbeit mit Diaghilew zu erheben. Jean, dessen Leben eine Kette glänzender Erfolge ist, brachte es bald so weit.

›Liebe Misia,‹ schrieb er mir damals, ›sagen Sie Serge, daß mein Aufenthalt hier wohl schon zu sehr das Mißfallen des Ministeriums erregt. Die Arbeit ist gut im Zuge – Massine hat sich meine Ideen zu eigen gemacht

und – was immer Diag davon denkt – meine Abwesenheit wird der ‚Parade‘ nicht mehr schaden.

Sie werden meine kleine Chobelska gerne mögen: sie
tanzt das kleine amerikanische Mädchen und sieht aus
wie der Hund von Buster Brown.

Bakst, dieser riesige mondäne Kakadu mit seinem verrückten Steckenpferd, ein Ungetüm jüdischer Doppel-
züngigkeit, eifersüchtig auf die Liebe der anderen und
zu allem fähig, um sich ihnen in den Weg zu stellen. Gibt
groß an, aber schläft allein. Die Tänzerinnen mögen ihn
nicht, das überrascht mich, denn ich hielt ihn dort für
populär. Über seinen Schnurrbart lachen sie sich tot.

Picasso entzückt mich jeden Tag. In seiner Nähe leben,
das gibt einem ein Beispiel edler Haltung und ernster
Arbeit. Die Futuristen sehen wir selten, sie sind arge
Provinzler und Aufschneider. Sie wollen im fünften
Gang losfahren. Das hindert einen, die Straßen zu sehen,
und wirkt wie Stillstand. Wenn ihnen etwas gelingt, ist
es sehr hübsch, sehr anmutig, sehr verspielt und wie ein
Plakat. Sie wissen nicht, daß die Kunst eine Religion
ist und daß man nicht in Katakomben kämpft, um sich
sagen zu lassen, die Religion sei ‚sehr nett‘, ‚sehr amü-
sant‘ usw.

Wenn sie ‚malen‘, sieht das Lévy Dhurmer oder Char-
les Stern ähnlich. Ich langweile mich fern von Ihnen…‹

1 *Jugendbildnis Misias*

2 *Misia in Venedig*

A mon sévère ami Sert

3 *Colette*

4 *Misia*
Ölgemälde von Renoir

5 *Auguste Renoir*

6 *Misia Natanson beim Schlittschuhlaufen*
Plakat von Toulouse-Lautrec für die von Thadée Natanson
gegründete Zeitschrift ›La revue blanche‹

7 Misias Fächer mit handgeschriebenen Versen von Mallarmé

8 *Marcel Proust*

9 *Claude Debussy*

18. Maurice Ravel

11 *Waslav Nijinsky und Tamara Karsawina*
Diaghilew-Ballett ›Der Geist der Rose‹ 1912

12 *Igor Strawinsky*
Zeichnung von Picasso, 1920

13 *Prinzessin Roussadana Mdivani*
Aufnahme aus dem Jahre 1936

14 *Jean Cocteau*

15 *Pablo Picasso*

16 *José-Maria Sert mit seiner Gattin Roussi*
und seinem Schüler Salvador Dali

NIJINSKY

Eine der ersten Tragödien, die den Bestand des Russischen Balletts erschütterten, war die Heirat Nijinskys. Serges Zuneigung zu ihm war grenzenlos. Mit ihm hatte er 1909 seine ersten Erfolge davongetragen. Er hatte ihn vollkommen geformt und gestaltet und zum Ruhm geführt. Er war sein Werk und sein vergöttertes Kind. Ich erinnere mich an jenen Sommer 1915 in Venedig – an einen sonnenhellen Vormittag –: ein telefonischer Anruf von Diaghilew, der mich bat, sofort zu ihm zu kommen. Ich sehe mich in meinem weißen Batistkleid, einen Sonnenschirm schwingend, bei ihm eintreten... er war noch im Nachthemd, mit seinen Schlappen an den Füßen. Ich aber hatte alles stehen und liegen lassen müssen, weil er eben die Partitur der ›Boutique Fantasque‹ erhalten hatte und wollte, daß ich sie ihm sofort auf dem Klavier vorspielte. In seiner Begeisterung und während er quer durchs Zimmer Elefanten-Entrechats vollführte, ergriff er meinen Sonnenschirm und öffnete ihn. Ich brach mitten im Spiel ab und sagte, er solle den Schirm schließen, es bringe Unglück, einen Schirm im Zimmer zu öffnen, und Diaghilew war verrückt abergläubisch. Kaum hatte ich meine Warnung ausgesprochen, als es an die Tür klopfte. Ein Telegramm…

Diaghilew war leichenblaß geworden: die Depesche besagte, daß Nijinsky Romola Markus, eine Ungarin, heirate, die ihn schon seit einiger Zeit verfolgte und sich auch auf dem Dampfer, der ihn nach Südamerika brachte, eingeschifft hatte; sie war zu allem entschlossen, um ihn einzufangen. Diaghilew, dessen Angst vor Seefahrten nahezu krankhaft war, hatte sich nach tausendfältigem Zögern entschlossen, ihn nicht zu begleiten. Romola ergriff die Gelegenheit beim Schopf. Und nun war die Katastrophe da.

Serge, einem hysterischen Anfall nahe, war im Begriff, alles kurz und klein zu schlagen. In Tränen und Verzweiflung ließ er Sert kommen, Bakst, alle Welt.

Als der Kriegsrat versammelt war, versuchte man, das schreckliche Ereignis mit klarerem Kopf zu besprechen. In welcher Verfassung war Nijinsky bei seiner Abreise gewesen? Sah er sorgenvoll aus? – Gar nicht. Traurig? – Durchaus nicht.

»All das ist blödsinnig,« unterbrach Bakst, »wichtig ist, zu wissen, ob er Unterhosen gekauft hat.« Denn wenn er welche gekauft hätte, so würde das etwas beweisen, etwas Ernsthaftes und Vorbedachtes.

Hatte er Unterhosen gekauft, ja oder nein? Niemand wußte etwas davon. Bedrückte Stille. Jemand erinnerte sich dunkel, daß er Hemden bestellt habe. Aber was die Unterhosen betraf, das blieb ein Geheimnis.

Diaghilew brach wieder los: man solle ihn mit dieser Unterhosengeschichte in Ruhe lassen. Er sei in völliger Verzweiflung, könne man nicht, statt von solchem Unsinn zu faseln, etwas Nützliches tun? Man solle sofort telegrafieren! Sich erkundigen! Handeln! Verbieten!

Ach, neue Bestätigungen trafen ein: das Unheil war geschehen, nicht wiedergutzumachen. Wahnsinnig, wild vor Wut und Traurigkeit, wurde Diaghilew schnell von uns nach Neapel gebracht, wo er sich wüsten Orgien hingab.

Aber auch das half nichts. Warum hatte er nicht seiner ersten Regung gehorcht und Nijinsky begleitet! Warum mußte er diese Angst vor dem Meer haben! Sie war stärker als er. Bei seiner ersten Fahrt nach Amerika war jeden Morgen beim Erwachen seine erste Sorge, seinen Diener auf das Verdeck hinknien und für die Rettung seines Herrn beten zu lassen. Hatte er auf diese Weise dem Himmel gegenüber die entsprechenden Sicherheitsmaßnahmen getroffen, so war er für den Tag einigermaßen beruhigt – unter der Voraussetzung natürlich, daß die See guter Laune blieb.

Amerkia war im übrigen nichts für ihn, er mochte es nicht. »Es ist unbegreiflich,« sagte er, »ein Land, in dem es keinen Bettler gibt! Keinen einzigen! Das kann keine Atmosphäre, kein Lokalkolorit haben. Was wäre Italien ohne Bettler? In New York habe ich gesucht, sehr gewissenhaft gesucht. Schließlich habe ich eines Tages an einer Straßenecke beinahe einen Jubelruf ausgestoßen – ein Mann kam auf mich zu, sehr anständig gekleidet, aber in dieser gewissen Haltung, die einen nicht täuscht, mit diesem Blick voll Demut und Hoffnung zugleich: so daß man mit der Hand in die Tasche fährt. Ich beeilte mich, es zu tun, und mit solcher Freude, daß ich schnell mein ganzes Kleingeld zusammensuchte. Dieser Mann verdiente wahrhaftig alles zu bekommen, was ich seit Tagen an seine Kollegen nicht loswerden konnte, weil ich keine fand. Als ich ihm das alles gab, erhellte ein breites Lächeln sein Gesicht und legte die Zähne bloß... ach, sie waren alle aus Gold...«

Diaghilew hatte aber noch gewichtigere Gründe, Amerika nicht zu lieben. Wenn ich denke, daß er Schaljapin, Nijinsky, die Pawlowa, Fokine, die Karsawina dorthin gebracht hatte, das heißt, auf einer einzigen Tournée alle seine genialen Künstler, die die Welt kannte – und dann so viel Unverständnis und Gleichgültigkeit begegnete, daß er nicht imstande war, seine Unkosten zu decken! Kaum daß er genug Geld auftrieb, die Rückfahrt zu bezahlen!

Wenige Jahre später bot jeder beliebige amerikanische Impresario schweres Gold, um einen einzigen dieser Künstler zu bekommen. Wie immer jubelten die Leute dem Genie zu spät zu.

Die unglückselige Geschichte mit Nijinsky – in der seine Frau eine sehr häßliche Rolle spielte, denn sie ging so weit, ihn lieber ins Irrenhaus zu stecken als zu Diaghilew zurückkehren zu lassen – führte zu seiner Trennung von der Truppe. Ein für ihn verhängnisvoller Schritt, denn nun kam ihm zum Bewußtsein, daß er ohne die Leitung und Ratschläge Serges recht wenig leistete.

In London, wo man noch unter dem Schock der Aufregung stand, den der Oscar Wilde-Prozeß hervorgerufen hatte, war man in einer edlen Aufwallung puritanischer Moral zunächst mit Nijinskys Entschluß zur Ehe sehr zufrieden. Denn er war ein Schoßkind der Gesellschaft geblieben. Lady Ripon, ihr ganzes Leben lang eine wahre Wohltäterin des Russischen Balletts, schrieb mir:

›Sie verstehen, daß die Heirat Nijinskys hier alles für ihn eingenommen hat. Es gab Leute, die glaubten, er wolle nicht zum Ballett zurück. Aber seitdem er hier ist, erzählt man sich, daß er recht unglücklich ist über seine Entlassung und nichts lieber möchte als zum Ballett zurückkehren. Das spricht unter den gegenwärtigen Umständen natürlich gegen Diag, der sich bei seinem letzten Besuch in London nicht sehr geschickt benommen hat. Ich werde in Paris ausführlich mit Ihnen darüber sprechen.

Jetzt etwas anderes: Könnte man erfahren, wie weit er sich Wladimirow gegenüber verpflichtet hat? Denn, wie ich Ihnen schon sagte, erzählt er einem von den Kontrakten, was ihm gerade einfällt. Es kommt jetzt vor allem auf Fokine an. Wie gerne würde ich ihn (Fokine) sehen und sprechen. Ich warte ungeduldig auf Ihren Brief...‹

Fokine war gewiß der wunderbarste Ballettmeister aller Zeiten, aber er war nicht immer mit Nijinskys choreographischen Experimenten einverstanden. Das nützte man aus, um den Bruch zwischen Nijinsky und dem Ballett auf das Konto ihrer Meinungsverschiedenheiten zu schieben. Wenn es sich wirklich um nichts Ernsteres gehandelt hätte, so hätte Diaghilew das Problem rasch gelöst. Aber Romola war überzeugt, viel Geld zu verdienen, wenn sie Nijinsky dazu brachte, eine eigene kleine Truppe zusammenzustellen. In Wirklichkeit wurde es eine Katastrophe. Die arme Lady Ripon, der ihre rührende Verehrung für den großen Tänzer den klaren Blick nicht trübte, war verzweifelt.

›Ich habe viel Verdruß,‹ schrieb sie mir, ›denn trotz dem Mißerfolg des armseligen Nijinsky-Balletts ist man jetzt in London sehr gegen Diag aufgebracht, weil Nijinsky nicht wieder engagiert ist. Solange man ihn nicht sah, dachte man nicht daran. Aber seit einigen Tagen überfällt man mich mit ärgerlichen Fragen und macht mir sogar Vorwürfe, weil ich bei Diag nicht auf einem neuen Engagement bestanden habe. Ich habe gut reden, es sei Fokines Schuld, niemand glaubt mir. Man spricht viel von seiner neuen Freundschaft. Der Pariser Klatsch der kleinen Leute – denn in Paris schwätzt man nur über das Ballett unter dem Vorwand, dafür zu schwärmen – ist bis hierher gedrungen. Und infolgedessen bezeichnet man mehr denn je das Ballett als ‚Lasterhöhle‘ usw. Sie wissen ja, daß ich für Fokine war, solange ich glaubte, es handle sich darum, zwischen Nijinsky als Ballettmeister (mit seinen erfolglosen Inszenierungen) und Fokine mit seinen neuen Inszenierungen zu wählen, da mir der Erfolg des Unternehmens sehr am Herzen lag. Um so mehr, als das Ballett so durcheinander geraten war, daß man es nicht wiedererkannte...

Aber jetzt glaube ich allmählich, daß Diag selbst Fokine nahelegte, seine Rückkehr zum Ballett zu verweigern, wenn Nijinsky dabei wäre, oder zumindest nichts unternahm, um die Sache möglich zu machen. Er erzählt mir so viel Unsinn, so viele widersprechende Geschichten über die Kontrakte usw., dieser liebe Freund, daß ich nicht weiß, wie er mit Fokine oder auch mit dem neuen jungen Tänzer steht. Wäre es möglich, Nijinsky wieder zu engagieren? Um so mehr, als er anscheinend nicht die geringste Lust hat, Ballettmeister zu spielen, und bereit ist, als Tänzer mit Fokine in den Rollen zu alternieren. Können Sie da etwas tun? Ich hatte gehofft, daß diese Geschichte in London mehr oder weniger unbemerkt bleiben würde. Aber, obwohl Nijinsky überaus vernünftig war und seinen Streit mit Diag nicht erwähnte, spricht man viel davon, und ich fürchte, das könnte dem Ballett hier schaden. Ich selbst fange an, der nächsten Saison mit wachsender Unruhe entgegenzusehen und mit dem einzigen Wunsch, irgendwohin zu fahren, sehr weit weg, wo es kein Theater gibt... denn wenn man damit anfängt, die Kunst persönlichen Fragen zu opfern, dann vergeht einem die Lust, sich mit ihr zu beschäftigen.

Ich bitte Sie, mir ein Wort zu schreiben, denn Ihre Meinung ist mir zu wertvoll...‹

In der Tat war Nijinsky im Schatten des großen Diaghilew so sehr vor allen Zusammenstößen mit dem Leben geschützt gewesen, daß ihm nun jede Schwierig-
keit wie ein unübersteigbarer Berg erschien. Sein Weg
war bislang immer in allen Einzelheiten vorgezeichnet
gewesen. Die größten Künstler hatten unter Serges
Führung Leistungen vollbracht, die seine außergewöhnlichen Fähigkeiten bezeugten. Nijinsky wußte
und fühlte, wie sicher ihn dieser Mann – ebenso durch
seine innige Liebe wie durch seine Festigkeit und die
Sicherheit seines Urteils – zu einem Erfolg geführt
hatte, dessen Fluidum seiner Begabung unerläßlich
geworden war.

Jetzt war er, im wahrsten Sinne des Wortes, ein ver-
lorenes Kind. Jetzt zweifelte er an allem und vor allem
an sich selbst. Jetzt war er tief unglücklich.

In diesem Tänzer, der in der Geschichte seiner Kunst
ein Wunder bleiben wird, war eine gewisse Passivität
dem Leben gegenüber, eine Lenkbarkeit des Willens,
die aus ihm ein völlig wehrloses Wesen machten, sobald er Diaghilew nicht mehr hatte, um von ihm an
der Hand durchs Leben geführt zu werden. Er war für
Romola eine verblüffend leichte Beute gewesen, hatte
er doch kaum recht begriffen, daß sie ihn heiratete. Er
verstand beim besten Willen nicht ihren Widerstand,
als er den einzigen Platz, der ihm natürlich erschien,
bei seinem Meister wieder einnehmen wollte. Die
Gründe der ›Schicklichkeit‹, mit denen sie ihm in den
Ohren lag, waren für ihn ohne jeden Sinn.

»Ich bereue meine Beziehungen zu Diaghilew nicht und werde sie niemals bereuen – welche moralischen Gründe Sie auch immer anführen mögen.«

Zu mehreren Malen waren die beiden Männer daran, sich auszusöhnen. Aber Romola schreckte vor nichts zurück, um es zu verhindern. Gott allein weiß, ob Nijinsky nicht noch Jahre des Ruhmes vor sich gehabt hätte, wenn er nicht dieser Frau begegnet wäre, die ihn so schnell ins Irrenhaus brachte. Keinerlei Zerwürfnis mit Diaghilew wäre möglich gewesen. Selbst während der Proben zum ›Nachmittag eines Fauns‹, die von Serge eine unwahrscheinliche Geduld verlangten – denn es gab mehr als hundert! –, wurde er nicht ein einziges Mal heftig gegen ihn. Sein Glaube an Nijinskys Vollkommenheit war so unerschütterlich, daß er seine Wut und Überreiztheit unweigerlich an anderen ausließ.

Der Gedanke, das Thema des berühmten Mallarméschen Gedichtes einem Ballett zu unterlegen, war Serge während des Sommers 1911 in Venedig gekommen. Es gelang ihm so gut, Nijinskys Begeisterung zu wecken für eine neue Verkörperung dieses Sujets, daß sie Stunden um Stunden zusammen die Museen durchwanderten auf der Suche nach einer Inspiration. Alle beide waren ganz erfüllt von der Idee dieses neuen ›Fauns‹, dem zu Ehren Nijinsky als Choreograph debutieren sollte.

Sobald sie nach Monte Carlo zurückgekehrt waren, machte sich jeder gleich an die Arbeit. Bakst, dem

Diaghilew Ausstattung und Kostüme anvertraut hatte, wurde gebeten, den Tanzproben beizuwohnen, damit er seine Meinung über die neue ›Schöpfung‹ Nijinskys abgäbe. Der Arme arbeitete seine Choreographie genau aus, Takt für Takt, hielt nach jedem Takt inne und fragte Diaghilew : »Geht es so?... Und was werden wir jetzt machen?«

Diese Arbeitsweise war für die mitwirkenden Künstler wahrlich eine Nervenprobe. Im Gegensatz zu anderen Tänzern, die ihre Choreographie auch selbst ausarbeiten, war Nijinsky zwar wohl fähig, die Tänze der anderen festzulegen, versagte aber hoffnungslos da, wo es sich um die Gestaltung der eigenen Tänze handelte. Er war einfach unfähig, Tanzfiguren zu entwerfen, die er selbst ausführen mußte. Sein Geist versuchte immer wieder, seinem Körper Attitüden aufzuzwingen, die seinen natürlichen Möglichkeiten und Gaben nicht im mindesten entsprachen. Sie waren, weiß Gott, großartig! Aber er wehrte sich gegen seine eigene Natur.

Nach mehreren qualvollen Monaten war der ›Nachmittag eines Fauns‹ endlich fertig. Diaghilew strahlte vor Stolz bei dem Gedanken, daß Nijinsky zum ersten Mal auf dem Theaterzettel als Choreograph genannt werden würde. Aber nun gab es plötzlich ein ebenso unerwartetes wie lächerliches Hindernis : man brauchte zur Aufführung die Genehmigung der Erben Mallarmés. Seine Tochter war tot, es blieb nur der Schwiegersohn, ein Doktor Bonniot, Arzt, voller Vorurteile und bürgerlicher Skrupel, der das, was Nijinsky mit dem

Schleier der Nymphe machte, für höchst unsittlich hielt. Kurz und gut, er untersagte die Aufführung.

Rasend vor Wut berief Diaghilew eine Art ›Ehrenjury‹, die beauftragt wurde, ihre Meinung über die ›Schicklichkeit‹ des Balletts abzugeben. Rodin, der damals auf dem Gipfel seines Ruhmes stand, erklärte, es sei einfach sinnlos, bei diesem Stück, das ihn begeisterte, von Unsittlichkeit zu sprechen.

Schließlich führte man es also in einer gespannten Atmosphäre auf. Ein Teil des Publikums war von vornherein entschlossen, Anstoß zu nehmen – übrigens nicht so sehr an der ungewohnten Art der Choreographie als an Nijinskys Schlußgebärde, mit der er sich dem Schleier vermählte.

Mit der Unterschrift Calmettes veröffentlichte der ›Figaro‹ am nächsten Tag einen Artikel, der das Trommelfeuer der Presse einleitete : ›Ich bin überzeugt,‹ schrieb Calmette, ›daß keiner unserer Leser, der gestern im Chatelet war, etwas dagegen hat, wenn ich gegen diese unwahrscheinliche Aufführung einen entrüsteten Protest erhebe. Man maßt sich an, sie uns als tiefgründiges Werk edler Kunst und dichterischer Gestaltung anzupreisen. Wer bei diesem Ballett von Kunst und Poesie spricht, macht sich über uns lustig... Wir haben nichts gesehen als einen lüsternen Faun, dessen tierisch-erotische Bewegungen in schamloser Weise unterstrichen werden. Das ist alles...‹

Der ›Temps‹ blieb hinter dem ›Figaro‹ nicht zurück, und bald war die Presse in zwei Lager gespalten, die

es an wechselseitigen Beschimpfungen nicht fehlen
ließen. Weitaus den größten Widerhall aber fand der
von Rodin gezeichnete Artikel im ›Matin‹:

›...Nijinsky hat im höchsten Grade den Vorzug der
physischen Vollkommenheit und der Harmonie des
Ebenmaßes,‹ schrieb er. ›Im ‚Nachmittag eines Fauns'
dringt er ohne irgendeinen Sprung oder Satz, allein
durch die Haltung und die Bewegungen einer halb
bewußten naturnahen Kreatur bis an die Grenze des
Wunders vor. Der Einklang von mimischer und kör-
perlicher Gestaltung ist vollkommen... Er besitzt die
vollendete Schönheit antiker Fresken und Statuen. Er
ist das ideale Modell, nach dem Maler und Bildhauer
von jeher strebten. Ich wünschte, daß es jedem Künstler, der von seiner Kunst wahrhaft ergriffen ist, vergönnt sei, diese ideale Verkörperung der antiken grie-
chischen Schönheit zu sehen.‹

Diaghilew trug diesen Artikel überall mit sich herum.
Es war eine der großen Freuden seines Lebens.

RAVEL UND STRAWINSKY

Die wirtschaftliche Existenz des Balletts war kein leichtes Problem. Der arme Serge, der allmählich seine persönlichen Geldmittel geopfert hatte, durchlebte oft tödliche Angst, wenn die Zahlungstermine kamen. Für seine Aufführungen und für seine Künstler konnte ihm nichts zu schön, nichts vollkommen genug sein. Für sich selbst gab er nicht einen Groschen aus. Wenn ihm am Ende eines Jahres, in dem er vier Millionen Francs zusammenbringen mußte, um seine Tanzgruppe zu erhalten, zehntausend Francs blieben, um den Sommer in Venedig zu verbringen, so hielt er sich für den glücklichsten aller Menschen. Hundertmal stand er am Abgrund des Bankrotts, ohne daß sein Vertrauen jemals erschüttert worden wäre. Da seine gewohnte Lebensluft das Wunder war, sollte der Himmel (mit Hilfe einer Handvoll Getreuer natürlich) zusehen, die Geldgeschichten in letzter Minute zu regeln. Manchmal war diese letzte Minute schon die allerletzte Sekunde.

Ich habe die Erinnerung an ein unverständliches und angstvolles Warten am Abend der Generalprobe von ›Petruschka‹. Der Vorhang hätte schon vor gut zwanzig Minuten aufgehen sollen. Ein zum Brechen volles Haus, von Diamanten glitzernd und mit Reiherfedern besät. Die große Erregung der ›Eröffnungspremieren‹ des Balletts. Schon seit einer Weile war es dunkel. Von allen Seiten hörte man das ›Pst‹ in Erwartung der drei Gongschläge. Nichts... Gemurmel lief um. Die Ungeduld ließ die Operngläser sinken, die Fächer sich in Bewegung setzen, die Programme rascheln. Plötzlich öffnete sich, wie von einem Windstoß aufgerissen, meine Logentür. Blaß und schweißbedeckt stürzte Diaghilew herein. »Sag schnell, hast du viertausend Francs?« »Nicht hier, aber zu Hause. Wozu? Was ist los?« »Der Schneider will die Sachen nicht dalassen, wenn er nicht bezahlt wird. Es ist furchtbar. Er sagt, er läßt sich auf nichts mehr ein und will mit dem ganzen Zeug wieder fortgehen, wenn das nicht sofort geregelt wird!« Bevor er geendet hatte, war ich schon draußen (es war die glückliche Zeit, in der ein Fahrer den Platz nicht verließ, wo er einen abgesetzt hatte). Zehn Minuten später ging der Vorhang auf. Uff! ... Die Vorstellung lief ab, prächtig, tadellos, und keiner hatte etwas bemerkt... Solche Erlebnisse gehörten zum täglichen Brot des Russischen Balletts. Und trotz seiner grenzenlosen Uneigennützigkeit lebte der arme Serge inmitten von Protesten und Beschuldigungen der Künstler, die er berühmt machte, für die er Unmögliches versuchte, um ihnen Stargagen zu bezahlen, die aber niemals zufrieden waren und gewöhnlich ihre entrüsteten Forderungen über mich weiterleiteten.

Bakst, der von allem Anfang an Serges vertrauter Mitarbeiter gewesen war, schrieb mir zum Beispiel im
ersten Kriegsjahr aus Genf: ›Ich bin hier und warte
auf Strawinsky, um mit ihm nach Rom zu fahren, er
fährt wegen seiner Konzerte, und ich habe dort einige
Portraits zu machen; ich freue mich, nicht allein reisen
zu müssen, denn ich werde mit allen Mitteln versuchen,
diesem schmutzigen Ausbeuter namens Serge aus dem
Wege zu gehen. Übrigens: glauben Sie, daß er mich
bezahlt hat? Nie im Leben! Er hat nur zurückgegeben,
was ich ihm geliehen habe. Aber er und sein Geld sind
mir widerlich. Besonders seitdem ich – denken Sie
doch – in diesem Sommer eine Menge Bilder in Amerika verkauft habe, bin ich in der Lage, ihm sein Geld
an den Kopf zu werfen!‹

Dieser ›schmutzige Ausbeuter‹, der in Wirklichkeit alles
dem Erfolg seines Unternehmens und dem Ruhm der
Künstler opferte, von denen die Besten zwanzig Jahre
lang nur durch ihn lebten, mußte sich von jedem unter
ihnen – fast ohne Ausnahme – alle möglichen Beschimpfungen gefallen lassen. Warum konnten sie nicht begreifen, welche ungeheure Belastung das Ballett darstellte?
Eines Tages kam Bakst mit einem blauen Auge und der
Miene eines bissigen Hundes zu uns zum Déjeuner. Als
er nach der Herkunft seiner Verzierung gefragt wurde,
sagte er wütend: »Kümmert euch nicht darum, ich habe
nur eben von Diaghilew telefonisch einen Schlag bekommen.« Einer der ganz wenigen (wenn man von Debussy
absieht, der anfangs gegen die geplante Verwendung

seines Werkes als Ballett protestierte, später aber recht stolz darauf war), deren Zerwürfnis mit Serge nicht durch Geldfragen hervorgerufen wurde, war Maurice Ravel. Seine Partitur zu ›Daphnis und Chloe‹, die recht ungleich ist, aber zehn Minuten so herrlicher Musik enthält, daß sie allein für die Unsterblichkeit des Komponisten hinreichen würde, hatte trotz ausgezeichneter Kulissen von Bakst und einer sehr guten Choreographie von Fokine nicht den Erfolg, den sie fraglos verdiente. Und zwar einfach deshalb, weil sie in der gleichen Saison gespielt wurde wie der ›Faun‹, der die Aufmerksamkeit des Publikums und der Kritik allein für sich in Anspruch nahm. ›Daphnis‹ wurde daher nicht als ›Clou‹ betrachtet und erfuhr mühevolle Änderungen. Deshalb war Ravel, als er 1920 wieder zur Mitarbeit mit Serge aufgefordert wurde, nicht ohne Bedenken. Sein Werk, das am Ende nie vom Russischen Ballett aufgeführt worden ist, sollte zuerst ›Wien‹ heißen. Es ist später unter dem Namen ›La Valse‹ berühmt geworden.

›Tausend Dank für Ihren beruhigenden Brief‹, schrieb mir Ravel. ›Was wollen Sie? Meine Unruhe ist entschuldbar: der arme Daphnis hatte sich schon sehr über Diaghilew zu beklagen. Ich gebe zu, daß es auf Gegenseitigkeit beruhte und daß selten ein Werk so viel Verdruß bereitet hat, ohne daß die Schuld immer bei ihm lag.

Sprechen wir jetzt von ‚Wien‘ ... Verzeihung, das soll jetzt ‚La Valse‘ heißen. Ich muß Sie zunächst bitten, mich zu entschuldigen, aber es ist mir nicht bekannt, ob Serge in Paris ist, und, wie Sie wissen, antwortet er mir nicht.

Meine choreographische Tondichtung wird sicher Ende dieses Monats beendet und sogar instrumentiert sein, und ich könnte sie dann sofort Diaghilew hören lassen. Mir würde es jedoch viel besser passen, wenn er bis Mitte Februar warten könnte. Dann muß ich unbedingt einige Tage in Paris sein (zwei Uraufführungen bei Pasdeloup und noch anderes). Ich werde also ungefähr für zehn Tage kommen und schnell wieder abfahren, um zu arbeiten... Baton wartet, daß ich ihm ein Datum nenne.‹

Baton brauchte nicht für das Ballett zu proben. ›La Valse‹ mißfiel Serge (nicht in musikalischer Hinsicht, sondern unter dem Gesichtspunkt der choreographischen Möglichkeiten). Er erklärte, das sei ein bezaubernder Walzer, aber auf diesem Thema könne keinerlei szenische Entwicklung aufgebaut werden. Es erscheine ihm für die Bühne ungeeignet. Da er bei Entscheidungen über Annahme oder Ablehnung keine Zugeständnisse kannte, war er jedem Einwand, daß er doch selbst den Auftrag gegeben habe oder daß er den Komponisten verletzen würde, unzugänglich. Und das ergab das Zerwürfnis mit Ravel.

Kurz vor seinem Tode im Jahre 1929 versuchte er, sich mit dem Komponisten, den er schätzte und bewunderte, auszusöhnen. Aber er starb, ehe er ihm die Hand reichen konnte.

Der Fall Ravel ist einer der ganz wenigen, bei denen der Streit nicht um Geldangelegenheiten ging. Um materielle Forderungen aber handelte es sich vor allem bei Igor Strawinsky.

Diaghilew traf ihn zum ersten Mal bei einem Konzert des Konservatoriums von St. Petersburg. Man spielte eine kurze symphonische Dichtung ›Feuerwerk‹ von ihm, die er zu Ehren der Tochter seines Professors komponiert hatte. Als Diaghilew kurze Zeit darauf, 1909, sah, daß Liadow mit der Partitur des ›Feuervogels‹ nicht zurechtkam, erinnerte er sich an die außerordentliche Begabung jenes jungen Menschen und wandte sich in seiner Verzweiflung an ihn. Von diesem Tag an entstand zwischen den beiden Männern eine Freundschaft, aus der eine lange Zusammenarbeit und einige der wichtigsten Musikwerke dieses Jahrhunderts hervorgehen sollten. Diaghilew verstand es, aus Strawinsky – wie aus allen anderen, die er entdeckte – das Beste ›herauszuholen‹, was der Künstler während seines ganzen Lebens schaffen sollte. Ihm verdankte der junge Komponist den ersten Erfolg in der Öffentlichkeit und bald danach den Weltruhm.

Nach der Verblüffung durch ›Petruschka‹ und der Verzauberung durch den ›Feuervogel‹ rief ›Das Frühlingsopfer‹ eine Art Revolution in der musikalischen Welt hervor und bedeutete einen Wendepunkt in der Musikgeschichte. Für mich war nach ›Pelléas‹ und ›Boris‹ nun ›Das Frühlingsopfer‹ das dritte und letzte musikalische Ereignis, das mein Leben bereicherte. Von der Loge Diaghilews aus nahm ich an einer regelrechten Schlacht teil, zu der sich die Generalprobe dieses Werkes entwickelte. Die brüllende Begeisterung, übertönt von anhaltenden Pfiffen und durchdringenden Schreien, verursachte einen derartigen Tumult, daß Astruc aufstehen und eine Ansprache an die Zuschauer halten mußte, um die Ruhe einigermaßen wiederherzustellen. Es handelte sich da um etwas Neuartiges, daß es offenbar unmöglich war, es dem Publikum einer Generalprobe gleich beim ersten Mal schmackhaft zu machen. Aber Diaghilew war fest davon überzeugt, hier ein Meisterwerk in Händen zu haben, und so machte es ihm wenig aus, ob der Erfolg sich schon bei der ersten Vorstellung einstellte. Ich selbst hatte an allen Orchesterproben teilgenommen und zweifelte nicht, daß sich ›Das Frühlingsopfer‹ bald glanzvoll durchsetzen würde – so sehr war ich davon überwältigt. In der Tat: als Monteux das Werk ein wenig später konzertant aufführte, erhoben sich alle Zuhörer, brachten Strawinsky Ovationen dar und wollten ihn im Triumph nach Hause tragen.

Ebensowenig wie ich zur Zeit meiner verrückten Zuneigung für ›Boris Godunow‹ auch nur eine Sekunde das Gefühl hatte, ›Pelléas‹, meine erste Liebe, zu verraten, beunruhigte die Erschütterung, die ich beim ›Frühlingsopfer‹ empfand, mein Gewissen – so deutlich erkannte ich an diesem Werk die wichtige Rolle, die Debussy in der Entwicklung Strawinskys spielte. Und während ich noch ganz ergriffen war von diesem Wunder, daß drei so heftige Leidenschaften gleichzeitig in einem Herzen wohnen konnten dank ihrer unbewußten und geheimen Verwandtschaft, fiel mein Blick auf den neben mir in der Loge sitzenden Debussy: sein Gesicht war von maßloser Trauer erfüllt. Er neigte sich zu mir und murmelte: »Es ist schrecklich: ich höre nicht mehr.« Für mich war das einfach unbegreiflich. Wie konnte ihm eine Musik, die der seinen so nahe verwandt war, verschlossen bleiben? Später habe ich oft an dieses tragische Geständnis des armen Debussy denken müssen, der Strawinsky nicht mehr zu verstehen glaubte. Jedesmal, wenn ich das ›Meer‹ höre, kann ich nicht umhin, festzustellen, daß fünf oder sechs Takte fast Note für Note einer Phrase aus dem ›Frühlingsopfer‹ gleichen.

Indes vergaß Strawinsky, dessen berechtigter Stolz rasch wuchs, sehr bald, was er dem Schöpfer des Russischen Balletts verdankte : › *Unser* Erfolg ist ihm zu Kopf gestiegen,‹ schrieb er, ›was wäre er ohne Bakst und mich!‹

Aber Diaghilew bewunderte ihn so sehr, daß er, selbst wenn er eine seiner Partituren für ungeeignet hielt oder einfach nicht mochte – wie es bei ›Oedipus Rex‹ 1927 der Fall war –, sich selbst die Schuld gab und sich sagte, er habe sie vielleicht nicht verstanden. So sehr war er davon überzeugt, daß Strawinsky ›sich nicht selbst unterlegen‹ sein könnte.

Mit dem Erfolg war für Strawinsky auch der Geschmack am Geld gekommen. Wie übrigens viele Mitarbeiter Diaghilews blieb er den teuflischen Schwierigkeiten der Finanzierung dieses riesigen Unternehmens gegenüber

völlig gleichgültig und quälte ihn unablässig mit Geld-
forderungen. Während ich jedes Jahr neue Kraftpro-
ben bestand, um Serge zu helfen, damit er das Wunder
vollbringe, sein Budget im Gleichgewicht zu halten,

Cocteau: Strawinsky und Picasso in Rom 1917

mußte ich auf der anderen Seite das immer heftigere
Jammern Igors anhören.

Von 1918 an waren die Ereignisse in Rußland, obwohl
er seit langem nicht mehr dort lebte, ein neuer Vorwand, sein Elend zu beklagen. Von Morges, wo er
während des Krieges behaglich lebte, schrieb er mir:
>Es ist mir sehr peinlich, Ihnen von all dem Unglück
(Sie kennen es) sprechen zu müssen, das uns in diesem
entsetzlichen Jahr getroffen hat, und nun muß zu all-
dem noch der völlige Mangel an Geld hinzukommen
und die völlige Unmöglichkeit, sich welches zu beschaffen. Seit Juli kein Centime von Diaghilew (der mir

30 000 Francs schuldet). Ich weiß wirklich nicht, was ich tun, an wen ich mich um Geld wenden soll. Es ist mir darum der Gedanke gekommen, Sie zu fragen, ob Sie mir möglicherweise irgendwo Geld in Form einer Anleihe besorgen können, um das schreckliche Gespenst des mich bedrohenden Elends zu verscheuchen. Verzeihen Sie mir, meine Liebe, aber es bleibt mir wirklich nichts anderes übrig...‹

Selbsverständlich mußte ich mich nun auch mit seinem ›schrecklichen Gespenst‹ herumschlagen und übernahm es, für ihn ein ziemlich einträgliches Konzert zu veranstalten, so daß der nächste Brief aus Morges weniger schwarz war:

›Ich habe Ihnen meine ganze Dankbarkeit für Ihre große Güte telegrafiert und will sie Ihnen hier wiederholen. Doch kann ich Ihnen nicht verhehlen, wie unangenehm es mir ist, die Verehrerin zu kennen, die mir das Geld schickte. Ich hatte, als ich Sie bat, mir eine Anleihe zu beschaffen, wirklich nicht daran gedacht, sie von Ihnen persönlich zu erbitten; denn ich weiß, daß Ihre Mittel nicht unbegrenzt sind, besonders in der heutigen Zeit. Ich weiß nicht, wann ich in der Lage sein werde, Ihnen diesen Betrag zurückzugeben, und das ist mir schrecklich peinlich. Ich will also das Konzert, von dem Sie sprechen, abwarten. Dazu kann ich Ihnen sagen, daß ich meinen Freund Ernest Ansermet (unseren Dirigenten) mit der Leitung betrauen werde. Das Konzert sollte, denke ich, folgendermaßen zusammengesetzt sein:

1. Teil. a) Petruschka (eine Suite aus dem Ballett) –
28 Minuten

b) Das Lied der Nachtigall (symphonische
Dichtung nach dem 2. und 3. Akt der Oper,
die ich letztes Jahr schrieb) – 20 Minuten

2. Teil. ›Das Frühlingsopfer‹, ungekürzte Aufführung.
Das ist alles.‹

›Das ist alles!‹ Ein Konzert, in welchem Strawinsky das
›Frühlingsopfer‹, ›Petruschka‹ und die ›Nachtigall‹ ver-
einigte: dreißig Jahre liegt das nun zurück... mir ist es
wie ein Traum. ›Das ist alles‹ – aber es war ungeheuer!
Leider sollte Strawinskys Groll gegen Serge nur noch
wachsen. In dem Maße, wie ihn diese unerfreulichen
und reichlich trüben Geldgeschichten von ihm entfern-
ten, dachte er mehr und mehr an Amerika und dessen
finanzielle Möglichkeiten. Im folgenden Jahr (1919)
erhielt ich einen langen, für seine damaligen Sorgen
sehr bezeichnenden Brief: ›Meine liebe Misia, daß
meine unangenehme Angelegenheit mit Diaghilew so
langsam in Ordnung kommt und ich hoffen kann, daß
sie bald völlig geregelt ist, verdanke ich Ihnen und
Ihrer großen Freundschaft und Güte. Ich werde Ihnen
nie genug danken können, nicht nur dafür, daß Sie bei
Diag für mich eingetreten sind, um mein materielles
Leben zu erleichtern, sondern auch dafür, daß Sie mir
diese peinliche Aufgabe abgenommen haben.

Ansermet hält mich auf dem laufenden über alles, was
vorgeht, und sagt mir unter anderem, daß Sie in kurzem Otto Kahn in Paris sehen werden. Damit Sie über

meine amerikanische Affäre unterrichtet sind, erzähle ich sie Ihnen in großen Zügen:

Ich habe im letzten Winter erfahren, daß man im Herbst in der Metropolitan ,Petruschka' gespielt hat (Balin – Choreographie, Monteux – Orchester und ein dritter Jude Ausstattung und Kostüme), ohne mir ein Wort davon zu sagen und ohne einen Groschen zu zahlen. Ich schrieb damals an Kahn, daß ich wohl sein gesetzliches Recht (das heißt die Rechtlosigkeit der Russen in den Vereinigten Staaten) anerkenne, ihm aber das moralische Recht abstreite, mein Werk herauszubringen, ohne mir auch nur davon Mitteilung zu machen (zumindest ein Akt der Höflichkeit) und ohne mir etwas zu bezahlen, zumal augenblicklich meine Werke die einzige Erwerbsquelle für mich und meine Familie sind. Zwei Monate später erhielt ich von Kahn eine Antwort: Entschuldigungen (er wußte meine Adresse nicht) und einen Scheck über 1250 frs. (fünf Aufführungen zu 250 frs., wie er geflissentlich hinzufügte). Eine solche Zahlung verlange ich immer wieder von Diaghilew, der aber verweigert sie mit der Starrköpfigkeit eines Esels, weil er einfach nicht begreift, daß er den Skandal nur vergrößert (ein Russe bestiehlt einen anderen Russen mit der Erklärung, dieser befinde sich im Ausland ohne gesetzlichen Schutz. Ist das nicht wirklich ein Skandal?). Gleichzeitig hatte ich auch an andere Leute in New York geschrieben (noch ehe die Antwort Kahns eintraf) und sie gebeten, dieser ganzen Judenbande begreiflich zu machen, wie abscheulich ihre Haltung mir, einem wehrlosen Russen, gegenüber ist... Und zum Schluß noch eine kleine Anekdote, die mir Ansermet erzählt: Die ,Daily Mail' hat zahlreiche Briefe erhalten mit der Anfrage, warum wohl die Amerikaner für Sie (Strawinsky) eine Subskription auflegen, da doch Ihre Ballette so viel Geld in der Alhambra einbringen. Worauf der Kritiker der genannten Zeitung (beim Bankett zur Vorbereitung der de-Falla-Premiere in London) auf Diag zuging und ihn darüber interviewte. Diag antwortete: ,Die Amerikaner haben Strawinsky bestohlen.'

Ist das nicht schön?...‹

In der folgenden Zeit wurden die Beziehungen der beiden Männer vollends unerträglich. Ich aber hatte das Jammern des einen und das Toben des anderen auszuhalten und war davon einfach wie zerschlagen. Bald erklärte Strawinsky, daß ihm seine ›religiösen Überzeugungen‹ nicht mehr gestatteten, seine Kunst für etwas so ›Niedriges wie das Ballett‹ zu mißbrauchen, und er nahm seine schönste Feder, um dem unglücklichen Serge zu schreiben, das Ballett habe ›Christi Bannfluch auf ihn geladen‹. Diaghilew, seinerseits durch die wilden Enzykliken seines heißgeliebten Komponisten einigermaßen aus der Fassung gebracht, schrieb: ›Ich höre, daß Strawinsky, mein Erstgeborener, sich der zweifachen Anbetung: Gottes und des Geldes, weiht...‹

Die Aufführung der ›Hochzeit‹ wurde für Strawinsky ein neuer Anlaß zu derartigen Geldschikanen, daß ich beim Lesen seiner Briefe meinte, eine gerichtliche Vor-

ladung vor mir zu haben – so sehr hatte sich seine Streit-
sucht gegen den armen Serge gesteigert.

Wie traurig, beim Blättern in den Briefen des größten
heute lebenden Komponisten den Eindruck nicht loszu-
werden, als ob man die Akten eines Steuereinnehmers
vor sich hätte! Gott weiß, daß mich die wirkliche Not-
lage eines Künstlers niemals gleichgültig gelassen hat
(und ich danke dem Himmel, daß er es mir möglich
machte, sie immer zu lindern, sobald ich von ihr wußte),
aber zwischen der Not und dem Wunsch, sich zu be-
reichern, liegt zum Glück eine ganze Welt – eben die
Welt, in der die Künstler leben sollten.

Von dem Schöpfer des ›Frühlingsopfers‹, das mit einem
Schlag meine leidenschaftliche Bewunderung erun-
gen hatte, bekam ich noch manchen Brief. Die für
mich komponierten ›Morceaux de quatuors‹ hatten
mir nicht gefallen. ›Ich begreife Ihren Unwillen gegen
die Quartette nicht‹, schrieb er mir. ›Wahrhaftig,
meine Liebe, ehe Sie über diese armen Quartette her-
fielen – sie waren für Sie komponiert, erinnern Sie
sich, um in Ihrem chinesischen Salon gespielt zu werden; das ist pikant, nicht wahr? –, hätten Sie sich sagen
müssen, daß meine Sachen immer sehr schwierig sind
und meiner persönlichen Kontrolle bedürfen, und die
fehlte hier. Ich kann mir gut denken, was man Ihnen
da vorgespielt hat.‹

Als ich sie jedoch später so hörte, wie er sie gespielt
haben wollte, gefielen sie mir nicht besser. Und die
innige Freundschaft, die mich mit Diaghilew verband,

vertrug sich auf die Dauer schlecht mit den Vorwürfen, dem Hohn und schließlich den Beleidigungen, mit denen Strawinsky ihn überschüttete. Amerika gab den Rest und legte ein Meer zwischen uns beide. Aber ich weiß wohl, daß der eigentliche Ozean, der uns trennt, sich zwischen dem Strawinsky des ›Frühlingsopfers‹ und dem heutigen Strawinsky aufgetan hat.

Cocteau: Strawinsky auf der Probe für das kubistische Ballett
›Parade‹ von Cocteau in der Ausstattung Picassos

DER ERSTE WELTKRIEG

Im Sommer 1914 erfuhr ich, daß Edwards im Sterben lag. Ein Freund holte mich ab, um mich zu ihm in die Rue d'Anjou zu bringen, wo er seit zwei, drei Jahren in einer Wohnung lebte, die ich nicht kannte. Als wir ankamen, war er seit zehn Minuten tot. Ich kniete an seinem Bett nieder zu einem letzten Gebet. Auf seinem Antlitz lag nun wieder der Seelenfrieden, den seine letzten traurigen Lebensjahre völlig ausgelöscht hatten. So verließ ich ihn denn auch beinahe glücklich, mit einem Gefühl der Befreiung für ihn und für mich. Sogar das tragische Ende der Lanthelme hatte jene Art Wahnsinn, die ihn mit zunehmendem Alter befallen hatte, nicht besänftigen können. Jeden Tag war er ein wenig tiefer gesunken, seines Niederganges bewußt und unfähig, einem Leben trüber Ausschweifung inmitten von Frauen, die nur auf sein Geld erpicht waren, Einhalt zu gebieten, während in seinem Innern die Furcht vor Einsamkeit und körperlichem Verfall immer mächtiger wurde. Jedesmal, wenn wir uns nach unserer Trennung trafen, hatte er mich angefleht, ihn wieder zu heiraten. Ich hätte es um nichts der Welt getan, hatte ihm aber doch zu nahe gestanden, um mich wieder zu verheiraten, solange er lebte.

Jetzt, da ich seine schönen, nun wieder befriedeten Züge gesehen hatte, wußte ich, daß alle seine Dämonen ihn verlassen hatten, und fühlte mich selbst frei, endlich ohne Bedenken den Mann zu heiraten, den ich liebte. Der Alpdruck der letzten Jahre mit Alfred war endgültig verschwunden.

Mir schien es, als atmete ich eine andere, leichtere, reinere Luft. Der große rote Wagen, dessen Verfolgung ich bisher immer noch gespürt hatte, war mir nur noch wie ein böser Kindertraum. Alfred hatte zu leiden aufgehört, und mein Leben zeichnete sich fortan auf dem von mir gewählten Weg klar und rein ab neben einem Menschen, der mein ganzes Dasein erfüllen würde. Rückblickend konnte ich mir schwer vorstellen, jemals mit einem anderen als mit Sert verheiratet gewesen zu sein. Seit der Entdeckung, die ich mit vierzehn Jahren gemacht hatte, daß man die Freiheit nur zu zweit erleben kann, hatte ich nur auf ihn gewartet.

Bei unserer Trennung hatte Edwards beabsichtigt, mir eine sehr beträchtliche monatliche Rente auszusetzen. Er hatte mich des öfteren dringend gebeten, zum Notar zu gehen, um meine Lage zu sichern und die Dokumente zu unterschreiben, die er für den Fall seines Ablebens aufgesetzt hatte. Meine Abscheu vor Notaren und Geschäftspapieren ließ mich diese lästige Pflicht immer auf später verschieben, so daß ich bei seinem Tod plötzlich mittellos dastand.

Als ich am nächsten Morgen in meiner eben fertig eingerichteten Wohnung am Quai Voltaire aufwachte, sagte ich zu meiner Kammerzofe Aimée, meiner Vertrauten seit vielen Jahren: »Jetzt bin ich ruiniert und habe noch einen Haufen Rechnungen für diese Wohnung zu bezahlen...« Das Klingeln des Telefons hinderte mich, diese traurige Betrachtung zu beenden. Es war mein alter Freund Flamand:

»Misia, du ziehst doch so gerne um, willst du nicht ein glänzendes Geschäft machen? Es sind Amerikaner bei mir: sie flehen mich an, ich möchte dich bitten, ihnen deine Wohnung zu überlassen. Sie bieten eine sehr hohe Summe...«

»Was für eine Idee!« antwortete ich mit Herzklopfen und so unbefangen wie möglich. »Ich habe gar keine Lust, diese entzückenden Räume zu verlassen. Die Einrichtung ist eben fertig geworden, und es gefällt mir hier sehr gut... Wie hartnäckig du sein kannst... na gut, da du so darauf bestehst, können sie einmal herkommen... das verpflichtet ja zu nichts.«

Nachdem ich den Hörer hingelegt hatte, brach ich in Lachen aus: »Alles ist in schönster Ordnung, meine gute Aimée,« sagte ich, »mach nicht so ein Gesicht, wir sind sehr reich!«

Diaghilew war damals in Paris, und seit einiger Zeit warf ich ihm vor, daß er sich noch nie für Erik Satie interessiert habe. Endlich gab er meinem Drängen nach, und ich lud beide zusammen ein, damit Serge die Musik des Meisters von Arcueil höre. Am Klavier

sitzend, mit schwankendem Zwicker auf der Nase, hatte
der schmale kleine Satie eben seine ›Morceaux en forme
de poires‹ zu Ende gespielt, als, wie ein Wirbelwind,
mit wehendem Bart ein alter Freund von uns herein-
platzte. Ohne Atem zu schöpfen, erzählte er vom Atten-
tat in Serajevo und erklärte, warum der Krieg logischer
Weise unvermeidlich sei. Ich lehnte am Kamin, hörte
hingerissen mit vor Aufregung blitzenden Augen zu
und erinnere mich genau, daß ich dachte, während er
sprach: ›Welches Glück! Lieber Gott, mach, daß es
Krieg gibt!...‹

Wenn ich nicht als scheußliches Ungeheuer gelten will,
muß ich den allgemeinen Geisteszustand jenes Sommers 1914 in Erinnerung rufen. Es gab unter hundert
Franzosen nicht zwei, die nicht glühend wünschten,
ihren Nachbarn jenseits des Rheins eine strenge Lek-
tion zu erteilen. Die Begeisterung war allgemein, sie
wirkte ansteckend und rief die großherzigsten Gefühle
wach. Muß ich hinzufügen, daß ich noch sehr jung war,
nach Neuem dürstete und, da ich die Schrecken des
Krieges noch nicht kennengelernt hatte, in ihm nur
die wunderbare Erregung und die zahllosen Möglichkeiten sah, sich zu betätigen? Mein ebenso kindischer
wie grausamer Wunsch sollte bald erfüllt werden.

Kurz nach diesem denkwürdigen Tag hatte ich für die
ungeheure Summe von fünfzigtausend Goldfranken den
Vertrag über die Abtretung meiner Wohnung abgeschlossen und ging eines Morgens aus, um dieses Geld auf
die Bank zu tragen. Es war zehn Minuten vor zwölf, als

ich vor dem Kassierer stand. Plötzlich erschien mir das Vorhaben, mich gerade in dem Augenblick, da ich mich mittellos geglaubt hatte, von einem kleinen Vermögen zu trennen, sinnlos. Anstatt den mitgebrachten Betrag zu deponieren, bat ich den Kassierer nachzusehen, wieviel noch auf meinem Konto stehe und mir diesen Rest ganz auszuzahlen. Der Angestellte sah mich sonderbar und ganz verblüfft an. Aber die Bank schloß um zwölf, die Zeit drängte, und er konnte nichts tun, als in den sauren Apfel beißen.

Ich war kaum wieder draußen, als die Rufe der Zeitungsverkäufer meine Aufmerksamkeit fesselten. Ich kaufte ein Blatt und sah in fettgedruckten, riesigen Buchstaben : ›Allgemeines Moratorium. Alle Zahlungen gestoppt. Die Bankkonten sind bis auf weiteres gesperrt.‹ Ich drückte die Tasche, die mein Vermögen enthielt, liebevoll an meine Brust und hielt an mich, um keinen Freudensprung zu machen.

An diesem 2. August 1914 fand ich mich auf den Grands Boulevards inmitten einer vor Begeisterung tobenden Volksmenge plötzlich auf einen weißen Pferderücken gehoben, hinter einem Kürassier in Galauniform, dem ich Blumen um den Hals wand. Die allgemeine Erregung war so groß, daß mir nicht einen Augenblick das Absonderliche dieser Positur bewußt wurde. Und weder der Kürassier noch das Pferd, noch die Volksmenge ringsherum waren verwundert, denn in ganz Paris gab es ähnliche Szenen zu sehen. An jeder

Straßenecke wurden Blumen verkauft, in Kränzen, in großen und kleinen Sträußen oder ungebunden; alle waren im Nu auf dem Käppi der Soldaten, an der Spitze ihres Bajonetts oder hinter ihrem Ohr. Man fiel einander in die Arme, man wurde von irgend jemand geküßt, man weinte, man lachte, man drängte sich, man umarmte sich gegenseitig bis zum Ersticken, man sang und trat einander auf die Füße und fühlte, daß man niemals hochherziger, edler, opferwilliger und, alles in allem, so wunderbar glücklich gewesen war!

Es war ganz ausgeschlossen, daß sich jeder nicht Gesunde unverzüglich zum Wehrdienst meldete. Mein Personal war der Einberufung bereits zuvorgekommen. Ich war also froh, meine Wohnung am Quai Volaire so günstig abgegeben zu haben, um mit Sert ins Hotel Meurice zu ziehen, wo wir ganz oben ein entzückendes Appartement mit Terrasse hatten. Das Hotel Meurice wurde übrigens sehr bald ein wahrer Mittelpunkt des politischen Lebens. Aristide Briand, Clemenceau und sein Kabinettchef Mandel, Philippe Berthelot, Pams (damals Innenminister) kamen regelmäßig zu uns zum Déjeuner und servierten uns brühwarm die letzten Nachrichten. Alexis Léger, der am Beginn einer glänzenden Laufbahn stand, brachte uns den englischen Militärattaché, den er in die Geheimnisse von Paris einweihen sollte. Roland Garros, das As einer Luftwaffe, die uns heute an die Zeiten der Landsknechte gemahnen würde, fügte diesem militärisch-politischen Cocktail den unentbehrlichen Tropfen Begeisterung bei.

Von der Regierung, deren größte Sorge es war, die Hauptstadt vor einer Panik zu schützen, war das Rote Kreuz aufgerufen worden. Ich wurde von General Gallieni ermächtigt, einen Zug von Ambulanzen zusammenzustellen, um Erste Hilfe zu leisten.

Daraufhin hatte ich eine wahrhafte Razzia in allen deutschen Privathäusern von Paris unternommen. Die Unternehmung war äußerst erfolgreich, und ich konnte dem Roten Kreuz eine riesige Menge Wäsche und nicht wenig Geld zuführen. Die Vorsitzende dieses Verbandes, Madame d'Haussonville, war ganz erstaunt über meine Tatkraft und betrachtete mich um so mißtrauischer, als ich einen ausländischen Namen trug, der meine Geburt in Petersburg und meine polnische Herkunft verriet, und zudem noch mit einem Spanier zusammen lebte. Als meine Freundin, Jacqueline de Pourtalès, nach Brüssel entsandt wurde, widersetzte sich Madame d'Haussonville energisch dem Vorschlag, daß ich sie begleitete.

Um die Zahl meiner Ambulanzen zu vergrößern, kam ich auf die Idee, den Modehäusern ihre unnütz gewordenen Lieferwagen abzuverlangen. Man bestellte keine Kleider mehr.

Auf diese Weise gelang es mir, vierzehn Wagen zusammenzubringen; der Wagenbauer Saoutchik erklärte sich bereit, sie in Ambulanzen umzubauen. Die Enttäuschung begann erst, als es sich darum handelte, Freiwillige für ihre Besatzung zu finden. Ich hatte gedacht, ganz Paris würde mir helfen wollen. Daraus wurde nichts. Schließlich stellte ich meine Mannschaft zusammen aus Sert, Jean Cocteau, Paul Iribe, François le Gris, Gautier-Vignal, Madame Rumilly (einer Berufskrankenschwester) und unserem lieben Wagenbauer Saoutchik. Das Ganze bildete eine recht absonderliche Truppe.

Mein großer Mercedes fuhr als Aufklärungsfahrzeug an der Spitze des Zuges. Iribe saß, ausstaffiert wie ein Taucher, am Steuer, und neben ihm hatte Jean Cocteau, vom Schneider Poiret als freiwilliger Krankenpfleger kostümiert, Platz genommen. Sert nahm mit mir den Rücksitz des Wagens ein. Er hatte blaßgraue Knickerbocker an und trug einen mächtigen Photoapparat mit sich herum, dessen er sich an der Front hartnäckig bediente, auch auf die Gefahr hin, daß wir alle erschossen würden. Wir bildeten, offen gestanden, einen so zusammengewürfelten Trupp, daß unsere Dienste in der Tat von Nutzen gewesen sein müssen, sonst hätte man uns im Laufe der ersten Kriegsmonate, in denen die ›Spionitis‹ die Gehirne buchstäblich verwirrte, unweigerlich hinter Schloß und Riegel gebracht.

Unsere erste Fahrt führte uns nach La Haye-les-Roses. Dort erwartete uns ein so grauenvolles und herzzerreißendes Schauspiel, daß ich in Schluchzen ausbrach. Ich glaubte aus einiger Entfernung eine Truppe Neger in jammervollem Zustand zu sehen. Doch beim Näherkommen merkte ich, daß es deutsche Kriegsgefangene mit Kopfverwundungen waren. Ihre Gesichter waren vollkommen mit schwarzen Fliegen bedeckt, die an den noch nicht verbundenen Wunden klebten. Die Straße nach Varède war mit Pferdeleichen besät. Überreste von Menschen und Tieren, die durch Explosionen in die Luft geschleudert worden waren, hingen in den Ästen der Bäume.

Später wurden wir bis nach Reims gerufen und kamen gerade zur ersten Beschießung zurecht. Inzwischen hatte die berühmte ›Taxi-Aktion‹ der Marne-Schlacht stattgefunden: Während eines Déjeuners bei mir mit Gallieni, Gheuzi und Sert hatte der General dargelegt, wie drohend die Gefahr sei, wenn man nicht sofort frische Truppen an die Marne senden könne. Es gab keine Eisenbahn mehr, keine Lastautos. Warum nicht die Pariser Taxis, meinte einer von uns. Als wir drei Tage später auf Reims zusteuerten, kreuzten wir in Meaux den ruhmreichen und endlosen Aufmarsch dieser kleinen roten, von Soldaten überfüllten Taxis, die beim Feinde die entscheidende Überraschung hervorrufen sollten.

Das unsinnige Getöse der Beschießung von Reims, der ersten, die wir kennenlernten, versetzte uns in ziemliche Bestürzung. Inmitten der vielen Verwundeten krampfte sich mein Herz zusammen, wenn ich bedachte, daß wir in unseren Ambulanzen nur wenige dieser Tausende auf Strohbündeln liegenden Unglücklichen zurückführen konnten. Wie sollte man unter all den flehenden Augen wählen?

Unsere Aufgabe wurde ganz besonders erschwert durch den strikten Befehl, nur nachts nach Paris zurückzukehren. Auch das, damit der Anblick der Verwundeten keinen ungünstigen Eindruck auf die Pariser Bevölkerung machte. Diese Rücksichtnahme erschien mir, beim augenblicklichen Stand der Dinge, übertrieben. Aber militärische Anordnungen dulden keinen Einwand. Meine Instruktionen erhielt ich von General Février, einem hohen Kommandanten der Sanitätstruppe, ihm erstattete ich Bericht über unsere Fahrten. Bei der Rückkehr aus Reims war ich ungeheuer stolz darauf, ihm zeigen zu können, daß wir alle mit heilen Gliedern heimgekommen waren. Wie groß war meine Verblüffung, als ich vor dem Déjeuner, das den General mit allen Mitgliedern meines Zuges zusammenführen sollte, Jean Cocteau, auf Krücken gestützt und stark hinkend, hereintreten sah. Hatte ich ihn nicht in Reims aus einem Keller herauskommen sehen, zwar mit Staub und Schutt bedeckt, aber unverletzt und in voller Gesundheit, wenn er auch ein wenig stöhnte? Mit kläglicher Stimme behauptete er nun, eine Verbrennung an der Hüfte verursache ihm die heftigsten Schmerzen. Mein Eindruck auf den General war zunichte! Sert freilich war wütend und hatte Jean in schwerem Verdacht, er wolle sich interessant machen. (Dazu muß gesagt werden, daß dieser fast noch ein Kind und ein großer Komödiant war.) ›Ich bekomme nun‹, schrieb mir Jean am Tag nach diesem Essen, ›die Nachwirkung und das Wundfieber zu spüren nach meinem, trotz allem, recht ernsten Unfall in Reims. Während der Verrücktheiten verwehrt man es sich, sie zu unterbrechen. Aber jetzt beunruhigt mich der Stabsarzt, ich hinke wirklich... Sert hat mich ausgezankt, sicher glaubt er, daß ich Theater spielte... er kennt mich schlecht!‹

In der Tat kannte er ihn nur zu gut, liebte ihn sehr, und ihre unaufhörlichen Plänkeleien gehörten zum szenischen Programm unserer Expedition. Später, als der Krieg Cocteau auf verschiedene Posten abberief, vergaß er in seinen nahezu täglichen Briefen an mich niemals einen kleinen ›Stich‹ für Sert. ›Wie soll ich Dir das Unheimliche dieses düsteren Lagers schildern, wo die Automobilschuppen hochfliegen wie Flugzeuge und die Geschosse beim Heruntersausen miauen gleich großen Wildkatzen, wie Sert sie malt, wo man von der vollen Stille zur Apokalypse und von der Apokalypse zum Champagner übergeht?‹ Die Lustigkeit, Liebenswürdigkeit und der Esprit Jean Cocteaus waren mir in dieser ganzen Zeit, in der unsere Ambulanzen ihre geräuschvolle Tätigkeit ausübten, unentbehrlich. Schwung und gute Laune mußten die Ermüdung, die Überanstrengung der Nerven und die schlaflosen Nächte ausgleichen.

Unterdessen organisierte sich nach und nach das offizielle Rote Kreuz und war nach zwei oder drei Monaten einsatzbereit. Da beschloß ich, meine vierzehn Fahrzeuge der russischen Kaiserin zum Geschenk zu machen. Das gab den Anlaß zu einer ebenso glänzenden wie bewegenden Feierlichkeit im Hof des ›Hotel des Invalides‹.

Aus dieser, der Begeisterung der ersten Tage entsprunge-
nen, eigenartigen Organisation haben wir, glaube ich, alle
die Erinnerung an ein aufregendes Erlebnis bewahrt.

Wenn man sich die Stimmung dieses Kriegsbeginns
vor Augen führen will, so muß man sich den Antiquitätenhändler unter meiner Wohnung am Quai Voltaire
vorstellen. Sobald die Sirene ertönte, zog er seinen rot-
karierten Jagdanzug an und schritt, mit dem Gewehr
über der Schulter, die Quais ab, bis er ein Flugzeug sah,
auf das er gewissenhaft seine Flinte abschoß. Niemand
lachte. Und in der Tat hatte er sogar einige Chancen,
eines dieser Flugzeuge mit ein paar Kugeln zu durch-
löchern, denn zu jener Zeit waren das armselige und
gefährdete Apparate, die sehr tief herunterkommen
mußten, um ein Ziel zu treffen, das sie dann auch regelmäßig verfehlten, und nur mit Hilfe des Heiligen
Geistes hielten sie sich in der Luft.

Roland Garros versetzte uns mit jedem seiner Flüge in
Angst, und ich stieß immer einen Seufzer der Erleichterung aus, wenn er abends zum Essen heimkam, mit
seinem ruhigen Lächeln auf dem schönen traurigen
Antlitz. Nach dem Diner legte er sich unter den Flügel,
und ich spielte für ihn.

Er war mit der Verteidigung von Paris beauftragt und
verließ vor Tagesanbruch das Haus. Oft sagte ich ihm,
daß ich ihn beneide, und schließlich nahm er mich zu
einem Flug mit – auf die Gefahr hin, sich die ärgsten
Unannehmlichkeiten zuzuziehen. Mit der merkwür-
digsten Ausrüstung angetan, nahm ich neben ihm in

einer der gebrechlichen Maschinen Platz, die wirklich für Todeskandidaten gebaut schienen. Er wollte mich mit seinen aeronautischen Künsten in Erstaunen versetzen, vollführte alle möglichen Loopings, und ich habe in meinem Leben nicht solche Angst ausgestanden. Grün und entstellt entkam ich diesem Abenteuer und brauchte mehrere Tage, um mich zu erholen.

Bald darauf wurde Garros in Deutschland gefangengenommen und sollte länger als zwei Jahre dort bleiben. Als er nach einer phantastischen Flucht endlich wieder zurück war, hatte das Flugwesen derartige Fortschritte gemacht, daß er sich gar nicht mehr zurechtfand. Er war von langen Entbehrungen geschwächt und fühlte sich unsicher und erschöpft.

»Was soll ich tun?« fragte er Clemenceau. »Muß ich wieder fliegen?« »Machen Sie, was Sie wollen«, erwiderte der Tiger.

Man hätte ihm eindeutig untersagen müssen, seinen Dienst wieder aufzunehmen, denn natürlich entschied er sich, wieder zu fliegen. Wir flehten ihn alle an, zu bleiben. ›Tu Dein Möglichstes, um Garros zurückzuhalten‹, schrieb mir Cocteau. ›Sag ihm : wir brauchen auch im Frieden noch Helden!‹ Alles war vergeblich. Seit langem schon las ich auf seinem Antlitz, daß er vom Tode gezeichnet war. Schon beim dritten Flug stürzte er ab.

Das Leben im Hinterland regelte sich in den ersten Monaten. Die Parole hieß Fröhlichkeit und Unternehmungsgeist, damit die Urlauber in der Heimat ihre

›Moral‹ wiederfinden könnten. Das Drama der Schützengräben wurde durch die Filme Charlie Chaplins vorgeführt! Wer nur den letzten Krieg gekannt hat mit dem Alpdruck der Besatzung und dem Schreckgespenst der Hungersnot, kann sich nur schwer das Paris des Krieges 1914/18 vorstellen. Nicht nur, daß es nie an Lebensmitteln fehlte, die Restaurants hallten auch von Musik und Tanz wider. Die Theater waren ausverkauft, und wenn sich auch alle Gedanken den Ereignissen an der Front zuwandten, so tat man dennoch alles Erforderliche, damit das Leben weiterging. Jeder Vorwand, der Armee zu helfen, war willkommen, um in endloser Folge Galavorstellungen und Feste zu veranstalten.

Jean Cocteau war nun eingerückt. Er schrieb mir im Gedenken an das Ballett ›Parade‹:
›Liebe Misia, diese Zeilen unter dem Zelt Bessoneau, recht schönes Haus, ganz von Licht geschwellt wie eine Wolke von Herrn Jojo[1], mit Flugzeugen, die den Himmel abweiden und aus der Hand fressen – Zelluloidfenster – Straße voll gefangener Boches, die aussehen wie Domestiken, die Graf Keßler davongejagt hat, und große Geschütze, als Landschaften im Stil von Bakst oder Picasso getarnt – Revanche des Kubismus, der München beschießt –
Ihr Brief kommt auf Taubenfüßen und labt das Herz. Weit weg von allen, bei den Kannibalen, quält man sich und zweifelt an den Treuesten. Das Werk, das ich
1. Sert.

‚austrage‘, formt sich – hält mich in Trance – und gibt mir Trost. – Nichts kann die ‚androgyne‘ Einsamkeit des Dichters verständlich machen, der ganz allein befruchtet und gebiert.

Satie ist ein Engel, ein gut versteckter Engel in Arcueil-se-Cachan. Mein Anteil an der Arbeit hilft ihm nicht aus der Patsche, im Gegenteil. Möge unsere Zusammenarbeit zu Ihrem Herzen sprechen, so, wie damals zu meinem, als ich ihm erzählte, was er schreiben sollte. Abend in Anjou, unvergeßlich in seinem Reichtum und durch seinen wunderbaren elektrisierenden Austausch. Ich errate aus seinen Karten, daß die Sache in der Richtung läuft, die ich am meisten wünsche. Es ist *sein* Drama und das ewige Drama zwischen Publikum und Bühne – in einer so simplen Form wie Epinal. Sie kennen meine Liebe, meinen Kult für Igor – meinen Kummer über einen Flecken auf dem schönen Schnee von Leysin und vielleicht meinen Plan, ein Buch über seine Persönlichkeit zu schreiben. Vor allem soll er sich niemals einbilden, ich würde ein Reis von David ‚pfropfen‘ – es gab in ‚David‘ einen klaren und einen wirren Teil – einen Teil von mir und einen Teil durch die ‚Umstände‘, wenn man so sagen kann.

Ich stieß mich an Igor, als ich, ohne es zu wissen, auf Satie zuging, und vielleicht steht Satie an der Kreuzung eines Weges, der mich zu Igor zurückführen wird. Alles in allem war das Erlebnis Strawinsky-Cocteau berückend und voller Mißverständnisse. – Unsere Begegnung mit Satie bedeutet nur unbeschwertes Glück.

Liebe Misia, ich langweile Sie – Sie würden lachen, wenn Sie meine dicke Tinte sähen – ganz Bonaparte, unter dem leinenen Zeltdach eines *der ganz wenigen Häuser*, die Sie nicht bewohnt haben – ungeheures Wetterleuchten der Kanonen, Gruppen verwundeter Neger. Motoren knattern. Ich umarme Sie. Jean.‹

Als die Regierung nach Bordeaux flüchtete, war alles, was man gemeinhin ›die führenden Kreise‹ nennt, von ziemlicher Panik ergriffen. Leon Bailby, damals Direktor des ›Intransigeant‹, erschien mit gepackten Koffern in meiner Wohnung am Quai Voltaire und beschwor mich, die Hauptstadt zu verlassen. Nicht nur, daß ich nicht fortfahren wollte, ich hätte meinen Posten um alles in der Welt nicht aufgegeben. Als Bailby sah, daß ich nicht zu bewegen war, richtete er seine Geschütze gegen Sert und erkärte ihm, er als Spanier riskiere nicht viel, es sei jedoch verbrecherisch und wahnsinnig, mich nicht wegzuschicken. »Sie sind der Wahnsinnige,« sagte ich zu Bailby, »wenn Sie fortfahren, geben Sie die große Chance Ihres Lebens verloren. Sehen Sie denn nicht, daß die ganze Presse nach Bordeaux übersiedelt und Ihre Zeitung nun als einzige in Paris erscheinen würde! Sie könnten die Auflage von einem Tag zum andern verzehnfachen.«

Dies Argument überzeugte ihn schließlich. Er blieb. Der ›Intransigeant‹ erlebte eine Beliebtheit und einen Aufschwung wie nie zuvor. Er wurde die Zeitung des Krieges. Der ›Intran‹ war in aller Leute Hand. Er war es, der den berühmten ›norwegischen‹ Schnellkocher einführte und den Unbekannten Soldaten erfand. Und Jahr für Jahr wuchsen seine Popularität und sein Kapital. ›Schweigt, seid mißtrauisch, Feind hört mit!‹ In der ganzen Stadt waren an allen Fenstern der Straßen- und Untergrundbahnen, an den Bretterwänden, an den Häusern kleine Zettel mit dieser Warnung angeschlagen. Die Spionagefurcht hing über der Hauptstadt. Ich hatte nicht die leiseste Ahnung, daß ich eine Frau kannte, die sich als die berühmteste Spionin der Zeit entpuppen sollte: Mata Hari.

Als ich mich einmal, mehrere Jahre vor dem Krieg, auf meiner Jacht in Deauville befand, hatte mir Claude Anet eine junge Tänzerin empfohlen, die bei Diaghilew eingeführt werden sollte. Eines Morgens sah ich auf dem Verdeck des Schiffes eine recht unscheinbare junge Frau ankommen und sagte ihr liebenswürdig, sie sei entzückend. Ich hatte den Satz kaum ausgesprochen, als sie vollkommen nackt vor mir stand. Mit Schwung war sie aus ihrem Kleid geschlüpft, unter welchem sie rein gar nichts anhatte. Sie nahm einige sogenannte ›plastische‹ Stellungen ein und deutete zwei oder drei Tanzschritte an. Ich war einigermaßen schockiert, sie hatte nicht die geringste Begabung. Sie Diaghilew vorzustellen, wäre mir nach dieser unglücklichen Exhibition nie in den Sinn gekommen, und die Dame beschäftigte meine Gedanken nicht länger.

Viele Jahre gingen dahin, der Krieg war ausgebrochen, eines Abends kommt Boni de Castellane mit seinem

Wagen vors Meurice, um Sert und mich zu einer indischen Tänzerin zu fahren, von der man ihm wunder was erzählt hatte und die eigens für uns eine kleine Vorstellung geben würde. Das Auto fuhr etliche Kilometer, bis es uns vor einem schmierigen Pariser Vorstadthaus absetzte. Man führte uns in ein Schlafzimmer im ersten Stock, das von Elend triefte. Vier kleine Inder im Turban hockten am Boden und kratzten Gitarren. Schließlich erschien, mit drei Straßsternen bekleidet, das angekündigte Wunder. Wie groß war meine Überraschung, als ich meine Kandidatin für das Russische Ballett wiedererkannte... Ach, sie hatte nicht die mindesten Fortschritte gemacht. Sie war eine vulgäre Tänzerin für ein Nachtlokal, deren Kunst sich darin erschöpfte, ihren Körper zu zeigen. Die Musikanten zupften verzweifelt an ihren Saiten. Alles war erschütternd, armselig und recht widerlich.

»Gib ihr was«, sagte ich zu Sert. »Sie sieht so jämmerlich aus.« Ich hatte nur den Gedanken, sie für ihre Mühe zu entschädigen und möglichst schnell diesem unheimlichen Gemäuer zu entkommen.

Drei Tage nach diesem düsteren Abend wurde Mata Hari verhaftet. Als ich erfuhr, welche unheilvolle Rolle dieser unbedeutenden Person zugeschrieben wurde, konnte ich es kaum glauben.

Sert aber war noch nicht fertig mit ihr. Das Diaghilew-Ballett, das in Madrid gespielt hatte, fand sich in Spannien festgehalten. Mandel, damals Innenminister, verweigerte mir hartnäckig die zur Rückkehr nach Frankreich erforderlichen Visen. Er behauptete, hauptsächlich aus Freude darüber, mich in Wut zu versetzen, daß diese kosmopolitische Truppe sicher ein Nest von Spionen sei. Schließlich fuhr Sert selbst nach Spanien, um Diaghilew zurückzubringen. Einige Minuten vor dem Grenzübertritt riet er Serge, sich zu vergewissern, ob er kein verdächtiges Dokument bei sich habe, das ihm Unannehmlichkeiten bringen könnte.

»Was soll ich schon haben?« erwiderte der unglückliche Diaghilew, der durch die vorausgegangene, ihm auferzwungene Quarantäne am Ende seiner Nerven war, »eine sinnlose Frage, ich habe überhaupt nichts.«

Mit diesen Worten zog er einen Haufen Papiere aus der Tasche: obenauf lag ein Brief von Mata Hari. Meine damalige Abweisung hatte sie durchaus nicht entmutigt, und sie hatte Diaghilew weiterhin regelmäßig mit schriftlichen Bewerbungen überfallen. Das letzte ihrer Schriftstücke wurde von Sert, dessen Stirn sich plötzlich mit kaltem Angstschweiß bedeckte, schleunigst durch das Waggonfenster aus dem Zug befördert.

ROUSSY

Geheimnis der Lebensbegegnungen: ungefähr um die gleiche Stunde wird ein Kind in St. Petersburg, ein anderes in Barcelona geboren. Dreißig Jahre später kommt in Tiflis in Georgien ein kleines Mädchen zur Welt. Warum will es das Schicksal, daß diese drei Wesen nacheinander eines vom andern angezogen werden, und zwar unwiderstehlich, so daß sich ihre Leben kreuzen, verbinden und ineinander verflechten, daß daraus ein Drama entsteht, ein wirkliches Drama mit all der Leidenschaft, dem Elend, der Schönheit, dem Schmerz, der Freude und dem Jammer, wie nur Liebe sie drei Menschenherzen unerbittlich auferlegen kann? Welches sind die anziehenden Pole, die Gesetze der Gestirne oder die Wellenschwingungen, die solche an den entgegengesetzten Enden des Kontinents geborenen Lebewesen einander zutreiben? Ich kenne nichts Verwirrenderes. Ihr Vaterland, ihre Rasse, ihre Sprache sind verschieden; und doch mußten sie vereint werden, waren sie einander vorausbestimmt. In irgendeiner Weise bestand schon vorher ein für sie alle gemeinsamer Nenner. Hatten sich ihre Wege einmal getroffen, so konnten sie nicht mehr auseinanderlaufen.

Je mehr ich darüber nachdenke, um so sicherer weiß ich, daß es für mich unnütz, ja kindisch ist, zu fragen, ob ich recht oder unrecht hatte, so oder so zu handeln. Die Idee des freien Willens ist nur ein Trugbild, wenn sich vor unseren Augen der Knoten eines Schicksals schürzt. Hätte ich mir auch vorgenommen, nicht zu tun, was ich tat, es wäre etwas eingetreten, was meinen Willen in die Gegenrichtung gelenkt hätte. Und ich glaube vor allem, daß man die Frage nur theoretisch stellen kann. Denn hätte ich anders gehandelt, wäre ich nicht ich selbst gewesen. Wenn ich versuche, mir auszumalen, wie mein Leben verlaufen wäre, falls ich beim Zusammentreffen unserer drei Existenzen eine andere Entscheidung getroffen hätte, als ich sie schließlich traf, so muß ich mir einen ganz anderen Menschen vorstellen, der meine Rolle in dem Drama gespielt hätte. Und die Hypothese ist von vornherein unsinnig, weil ja gerade ich eine Figur des Spieles war. Nein – ich hatte keine Wahl... Hätte ich sie gehabt, ich würde dennoch nichts bereuen, so gewiß weiß ich, daß es besser ist, durch Liebe zu leiden, als sie verloren zu geben.

Als Sert eines Tages in seinem Atelier arbeitete, schellte die Klingel an der Eingangstür. Gegen seine Gewohnheit öffnete er selbst.
Dieses Klingelzeichen sollte unser Leben zerstören: vor ihm stand ein ganz junges Mädchen in einem Kittel, das er zuerst für ein Modell hielt.

»Ich bin die Prinzessin Mdivani«, sagte sie in einem singenden Tonfall und mit der wundervollen Sicherheit der Jugend. »Ich bin Bildhauerin.«

Sie hatte gedacht, Serts Atelier wäre voll Schüler, und war mit einer Bitte gekommen: sie habe den Auftrag, als Fliegerpreis einen Pokal zu machen, und man möchte ihr beim Entwurf helfen. Belustigt versprach Sert, die Zeichnung zu machen und ihr am folgenden Tag selbst zu bringen. Er fand sie in einem winzigen Atelier, an der Büste des japanischen Schauspielers Sessue Hayakawa arbeitend und eifersüchtig bewacht von einem Samourai edler Abkunft, den die Liebe zum Sklaven gemacht hatte. Sert erfuhr, daß sie mit ihrem Vater und einer Schwester in einer kleinen Wohnung am Boulevard Montparnasse wohnte. Wie war sie dort gestrandet? Es war eine dieser langen und verwirrenden russischen Geschichten.

Roussadana war in Tiflis am 7. Juli 1905 geboren. Ihr Vater, der General Mdivani, lebte als Attaché am Hofe des Zaren, und ihre Mutter, halb Georgierin, halb Polin, war mit fünfzehn Jahren verheiratet worden. Roussadana war das vierte von fünf Kindern. Der General wurde bald zum Gouverneur von Georgien ernannt, und die ganze Familie zog in das riesige Haus des Großvaters, der Muselman geblieben war und im Krieg gegen die Russen ein Bein verloren hatte. Die Kinder wurden fürstlich erzogen in einem geräumigen Palais, das widerhallte von den Zornesausbrüchen und dem Holzbein des alten Despoten; dieser hatte seinem

Sohn, dem General, die Verbindung mit der russischen Sache niemals verziehen.

In dem Jahr, das der Revolution vorausging, fand sich bei den Mdivanis ein amerikanischer Besucher ein, der erzählte, er sei Journalist und auf der Suche nach Stoff für Reportagen. Man lud ihn zum Essen ein, und die Kinder, die von ihm begeistert waren, klammerten sich an ihn und wollten ihn nicht wieder fortlassen. Er blieb.

Der Amerikaner fühlte sich so wohl in dem von Geschrei, Lachen und Fröhlichkeit erfüllten Haus, man umgab ihn mit so viel Freundlichkeit und Fürsorge, daß er viele glückliche Wochen unter diesem einzigartig gastfreundlichen Dach verbrachte. Als die Trennungsstunde endlich schlug, gestand der vom Charme dieser Familie bestrickte Fremde, er sei niemals Journalist gewesen. Er war einer der reichsten Männer Amerikas, Eigentümer großer Petroleumgesellschaften und Banken. Der Pseudoreporter unterzeichnete für die Armen von Tiflis einen so ungeheuren Scheck, daß sie mit einem Mal die reichsten Armen von Rußland wurden, und erbot sich, die beiden ältesten Söhne mit nach Amerika zu nehmen, um ihnen eine Stellung beim Petroleum zu verschaffen. Den Kopf mit Abenteuern vollgestopft, tanzten die Jungen vor Freude und verschwanden unter Lachen, Weinen und Umarmungen mit dem Zauberer.

Die Mutter sah ihre beiden Ältesten mit einem Seufzer der Erleichterung in die Fremde ziehen, denn sie begannen, in der Stadt ein bißchen viel von sich reden zu machen, sie waren gefürchtet wie die Pest. Zum Beispiel war es eine besonders beliebte Beschäftigung der Kinder Mdivani, sich als Räuberbande zu verkleiden und in den Nachbarhäusern Razzien und Plünderungen zu veranstalten. Niemand wagte, sich über die Sprößlinge des Gouverneurs zu beklagen, aber bei ihrem Nahen schlossen sich ängstlich die Türen. Der Lärm, den diese Kinder vollführten, wuchs mit den Jahren ebenso wie ihre Neigung, sich überall zu Hause zu fühlen. Sie vergötterten sich gegenseitig, beschimpften einander wie Lumpensammler und schlugen sich bis aufs Blut. Mit fünfzehn und sechzehn Jahren waren die ältesten schon junge Männer und fingen an, den Mädchen der Stadt nachzustellen.

Als die ganze Bande einmal unter der völlig wirkungslosen Aufsicht der Gouvernante im Theater in der offiziellen Loge der Eltern saß, bemerkte einer der Jungen zu spät, daß er die Blumen vergessen hatte, die er der Primadonna auf die Bühne werfen wollte, um ihr seine glühende Verehrung zu bekunden. Er gewahrte plötzlich den Blumenkranz, der den Hut seiner Schwester Roussadana schmückte. Ohne Zögern riß er die unglückliche Garnitur ab und warf sie triumphierend der Sängerin zu. Die Kleine sah rot. Mit Mord im Blick warf sie sich auf ihren Bruder und biß ihn, so fest sie konnte. Es folgte eine unbeschreibliche Balgerei in der Loge. Die Kinder schwangen die Stühle und schlugen mit voller Kraft aufeinander los, dabei schrieen sie wie die Wilden. In Fetzen und halb zermalmt kauerte die Gouvernante in einer Ecke... es bedurfte des Einschreitens der diensthabenden Feuerwehr, um die Kämpfenden zu trennen.

So kann man verstehen, daß die dicke und friedliebende Mama, die ihr Leben zwischen dem Naschen von Rosenkonfekt und Kartenlegen verbrachte, ohne allzu viele Tränen in die Abreise ihrer beiden kräftigsten Taugenichtse einwilligte.

Sobald die Revolution ausbrach, mußte Frau Mdivani, die sehr an ihrem Fürstentitel hing, mit den ihr verbleibenden Kindern Rußland verlassen. Es gelang ihnen, sich auf dem letzten italienischen, nach Konstantinopel fahrenden Dampfer einzuschiffen. Kaum war man auf See, so bemerkte man einen furchtbaren Irrtum: bei der überstürzten Abreise hatte man den Koffer, in dem das Silber und alle Familienschätze sorgsam verpackt waren, stehengelassen und statt dessen ein mit Kotillonrequisiten vollgestopftes Gepäckstück mitgenommen. Nachdem der erste Schreck vorüber war, beschloß man, das nicht allzu tragisch zu nehmen, insbesondere, da ein dickes Paket Petroleumaktien vom Kaukasus übrigblieb, die leicht verkäuflich waren.

In Konstantinopel begann die Mutter die Gesandtschaften abzulaufen. Sie schwärmte für offizielle Persönlichkeiten und Vorzimmer, die von goldbetreßten Türhütern bewacht wurden. Die Kinder aber, befreit von Gouvernanten und Schulen, dachten nicht daran, dem verlorenen Glanz ihres georgischen Palastes nachzutrauern. In der unbekannten Stadt in Freiheit losgelassen, waren sie außer sich vor Freude. Schon vom frühen Morgen an gingen sie auf Entdeckungsreisen. Der Hafen bezauberte sie: das Schaukeln der Schiffe, die Hafenkneipen, der Geruch des Meeres, die geheimnisvollen Kisten, die sich am Kai auftürmten, das Tauwerk, das man mit aller Kraft nicht heben konnte, die vollgefüllten Säcke aus China oder Indien, die Musik der Tanzlokale, das Durcheinander der Rufe in allen Sprachen der Welt, all das begeisterte und berauschte, es übte eine unwiderstehliche Anziehung aus. Sehr bald hatten sie die Matrosen für sich gewonnen, die sie nicht mehr entbehren mochten und ihre Mahlzeiten gern mit ihnen teilten. Die Kinder verschlangen mit Heißhunger die Rationen ihrer neuen Freunde, denn ihre Mutter kümmerte sich wenig um ihre Ernährung. Von ihren offiziellen Besuchen gänzlich in Anspruch genommen, wußte die Prinzessin fast nichts von dem Leben der Kinder, und wenn sie sich mit allem Aufwand im Salon einer Gesandtschaft anmelden ließ, ahnte sie kaum, daß ihre Kinder von den Hafenmatrosen adoptiert waren.

Alec und Roussy sahen, wie ihre neuen Freunde lebten, und lernten viel dabei. Bald kam der kleine Junge auf den Gedanken, Geld zu verdienen. Nachdem er verschiedene Erwerbszweige ins Auge gefaßt hatte, wählte er den Beruf eines Schuhputzers. Nach und nach wurde das nötige Werkzeug angeschafft: Bürsten, Wichsen, Lappen und Zubehör, dann kundschaftete er die für seinen neuen Beruf günstigsten Plätze aus, stellte sich an die Ecke einer verkehrsreichen Straße und wartete auf die Kunden, während seine Schwester, im plissierten Rock, eine große Schleife im Haar, mit wachsamem Auge auf der Lauer lag. Die Sache verlief ganz nach Wunsch, und die Münzen füllten rasch den Geldbeutel der Kinder, deren unwiderstehliches Lächeln die Freigebigkeit der Klienten herausforderte. Noch eine andere Tätigkeit verlockte sie: sie klebten Kinoplakate und bekamen als Entgelt Eintrittskarten zu den Filmen.

Unterdessen hatte die Prinzessin-Mutter die Reihe ihrer Besuche vollendet, ihre Visen erhalten und dachte nur noch daran, nach Paris zu fahren. Sie packte also ihre Koffer und begab sich mit den Kindern auf die Reise. Ihren Mann ließ sie in Konstantinopel, um den Verkauf der Petroleumaktien zu Ende zu führen.

Die Reise war keine einfache Sache, denn die Mutter teilte die Leidenschaft ihrer Kinder für das Kino und mußte in jeder größeren Stadt Halt machen, um die letzten filmischen Erzeugnisse zu sehen. Das Geld fing an, knapp zu werden, und so beschloß der kleine Alec, sich als jungen Diener auszugeben, damit die Familie weiterhin standesgemäß auftreten konnte. Er reiste Dritter Klasse, während die Damen es sich im Schlafwagen bequem machten. Die Ersparnisse waren um so fühlbarer, als der junge Mann jeweils im Hotel eine Dienstbotenkammer bewohnte und Kleiderbürste und Schuhlappen handhabe, wodurch man den Trinkgeldern für das Hotelpersonal entging.

So gelangte die kleine Gesellschaft mit Filmen über-
füttert, in kurzen Etappen bis in eine Wohnung am
Montparnasse, die neben Serts Atelier lag.

Kurz nach dem Einzug fand sich die Familie vollzählig
zusammen, da die Brüder aus Amerika gekommen waren und der Vater den Verkauf der Petroleumaktien
abgeschlossen hatte. Zur Feier dieser glücklichen Wie-
dervereinigung entkorkte man eine Flasche Wodka und
veranstaltete ein kleines Fest.

Um ihrer Freude Ausdruck zu geben, sang die Prinzessin die halbe Nacht hindurch die großen Arien aus
›Samson und Dalila‹, ihrer Lieblingsoper. Gegen fünf
Uhr morgens wurde sie plötzlich von einem Unwohlsein befallen, legte sich aufs Bett und war nach fünf
Minuten tot. Man hatte nicht einmal mehr einen Arzt
rufen können.

Bevor sie ihren Geist aufgab, hatte sie gerade noch Zeit,
das Fenster öffnen zu lassen und, nach einem tiefen
Atemzug in der frischen Nachtluft zu ihren Kindern
gewendet, zu sagen: »Seht doch, meine Kleinen, wie
schön der Himmel ist.«

Die ältesten Söhne fuhren in die Vereinigten Staaten
zurück, und der General zog mit seinen zwei Töchtern
ins Hôtel de Versailles am Montparnasse. Von hier aus
fuhr Roussy zur Arbeit in ihr kleines Bildhaueratelier.

Als mir Sert abends von jenem Besuch erzählte, hatte
ich sofort eine merkwürdige Vorahnung, eine Art Stechen im Herzen, das mich selbst verwunderte. Dutzende

Frauen hatten in all den Jahren Sert in seinem Atelier besucht, ohne daß ich mir im geringsten Gedanken darüber gemacht hätte. Ich hatte es mir sogar, aus Rücksicht auf seine Arbeit, zur Pflicht gemacht, niemals unangemeldet bei ihm zu erscheinen. Schon die Vorstellung, ihn der Untreue zu verdächtigen, wäre mir lächerlich vorgekommen. Er war immer der Mann einer einzigen Frau gewesen, und außerdem hatte die Eifersucht auf der Skala meiner Leidenschaften keinen Platz. Das befremdende Unbehagen, das ich plötzlich empfand, beunruhigte mich also gerade wegen seiner Neuheit. Und als ich nach drei oder vier Tagen feststellte, daß die Besuche fortgesetzt wurden, wollte ich unbedingt diese Prinzessin kennen lernen, von der Sert so begeistert sprach. Als ich vor dem Atelier aus dem Wagen stieg, sah ich ein junges Mädchen vorübereilen, das sein Gesicht hinter der Handtasche zu verbergen schien. Ich telefonierte sie an, um sie zu bitten, mich zu empfangen, und brachte ihr als Geschenk eine große blaue Glaskugel, die ich zu Hause hatte. Sie trat mir ganz schlicht entgegen... ich glaube, ich war mehr eingeschüchtert als sie. Wie gewöhnlich waren Sessue Hayakawa und der berühmte Samourai anwesend.

Ich lud Roussy mit ihrer Schwester zum Mittagessen ein und mußte sehr drängen, bis sie schließlich zusagte, gleichsam mit Bedauern. Ich hatte sofort begriffen, was Sert an ihr entzückte. Er hatte in allem recht, was er von ihr erzählte. Sie war so, wie er sie sah – bezaubernd.

Nach dieser ersten Begegnung war ich nachdenklich und nicht sehr beruhigt. Mein Essen war kein großer Erfolg. Ihre Schwester Nina sprach für beide, und Roussy schlug meine Einladung zu einem Ball, den ich einige Tage später gab, entschieden aus. Sie waren noch in Trauer um ihre Mutter. Dagegen bat sie Sert und mich ins Hotel Ritz zu einem Abendessen, um uns ihrem Vater vorzustellen. Der General Mdivani hatte das Auftreten und die Manieren eines Grandseigneurs, und wir wurden rasch von der liebenswürdigen, natürlichen Unbefangenheit der Familie eingenommen.

Kurz darauf reisten wir ab, um einige Zeit bei Freunden in Biarritz zu verbringen. Da fand ich, als ich zufällig ein Kleidungsstück von Sert einräumte, einen Brief, den er an Roussy geschrieben hatte. Von der ersten Zeile an war mir alles klar...

Wie angewurzelt blieb ich mit diesem Papier in der Hand stehen und fühlte mich plötzlich leer wie eine Eierschale, während mein Hirn verzweifelt versuchte, sich an etwas zu klammern. Nie in meinem Leben hatte ich gewußt, daß einige hingeschriebene Worte so weh tun können. Nein, bis dahin hatte ich mir nicht vorzustellen vermocht, daß Worte fähig sind, einen an der Kehle zu packen und das Leben zu ersticken. Wohl hatte ich das Unglück geahnt, aber ich hätte niemals zugegeben, daß es unvermeidlich sei. Noch jetzt, mit den grauenhaften Blättern in meiner Hand, konnte ich an diese unzulässige, unmögliche Wirklichkeit nicht glauben. Einige erbärmliche Worte, vielleicht in einem Augen-

225

blick der Verwirrung geschrieben, konnten sie denn zwanzig Jahre Liebe auslöschen? Was denn...? Ich war toll. Es wäre zu grausam und sinnlos zugleich! Ich mußte mich zusammennehmen, diesem Alpdruck entkommen, die Dinge mit ruhigen Augen ansehen. Einige glühend hingeschriebene Sätze bewiesen ganz und gar nichts.

Sowie ich wieder zu Atem kam, nahm ich einen Bleistift und schrieb hastig quer über diesen unheilvollen Brief, alles das sei unmöglich, Sert täusche sich ohne Zweifel, ich wisse gut, daß er mich nach wie vor liebe. Ich faltete die Bogen zusammen und steckte sie wieder in die Tasche, die sie niemals hätten verlassen sollen.

Als ich auf dem Weg in mein Zimmer an einem Spiegel vorbeikam, fürchtete ich mich vor mir selbst. Mein Gesicht war plötzlich vom Mißtrauen gefurcht und hatte einen Ausdruck, den ich an ihm nicht kannte. Das war gerade der rechte Moment, krank und abstoßend zu werden! Ich brauchte all meine Energie, all meine Fähigkeiten, um das Einzige zu verteidigen, was auf der Welt für mich zählte.

Wenn ich ein wenig ruhiger über dieses ganze Abenteuer nachdachte, so stand vor meinen Augen das Bild dieses reizvollen Kindes in seinem Kittel, in dem kleinen Atelier, dann im weißen Kaninchenmantel im Hotel Ritz, wie es übermütig lachte und Possen trieb wie ein junger Hund. Es war einfach unmöglich, daß das Verhängnis auftrat in der Gestalt eines so anbetungswürdigen, lebensfrohen Wesens. Roussy und das Verhängnis – nein, das paßte nicht zusammen.

Und hatte ich selbst sie nicht schon so liebgewonnen, daß ich fast wünschte, sie wiederzusehen? Sie war in einem Alter, in dem sie hätte unser Kind sein können, und hatte eben ihre Mutter verloren. Konnte sie nicht ihren Platz in unser beider Herzen haben, ohne daß dies eine Bedrohung für unser Glück wurde? Alles, was ich von ihr wußte, entzückte mich. Sert war ein Narr, wenn er die Dinge anders sah. Im Grunde mußte ich nicht so sehr mich selbst verteidigen als sie vor ihm schützen. All das würde ihm rasch vergehen, und er würde als erster über seine Überspanntheit lachen.

Nach unserer Rückkehr nahm unser Leben in Paris wieder seinen gewohnten Gang. Ich hatte wegen des Briefes keinerlei Aussprache mit Sert, und das war mir viel lieber. Roussy kam oft zu uns, war immer gleich lustig, wild, voll reizender Geschichten aus Tiflis und Konstantinopel, die sie mit ihren ganz besonderen Worten ausschmückte, die leuchteten und klangen wie Kristall und die sie mit erdichteten Gestalten bevölkerte und Freunden, denen sie Spitznamen mit unbekannten Reimworten gab; sie war zärtlich oder schmollte, sie schmiegte sich an wie ein Fohlen mit seiner weichen Schnauze, sie zündete eine Zigarette an der anderen an, konnte anspruchsvoll sein oder schmeicheln, plünderte zu jeder Tageszeit mit Wolfshunger die Speiseschränke und hatte den Kopf voll märchenhafter Pläne. Sie brach in Lachen aus und lief plötzlich wieder davon, während sie einen, noch ganz verwirrt von diesem Wunder, zurückließ.

Oft sagte sie mir Gedichte her, von denen ich mir nach ihrem Weggehen nicht das geringste in Erinnerung rufen konnte. Sie dichtete sie in einer Sprache, die keiner anderen glich, und ließ Personen mit absonderlichen Namen darin auftreten, die immer wieder auftauchten und deren jede ihre eigne Gestalt, ihre eigenen Liebhabereien und Besonderheiten hatte. Es waren Kaskaden von Vogelgezwitscher, die sie einem hinter ihrer gebogenen Hand ins Ohr flüsterte; denn ›sonst würden sie endgültig davonfliegen, ehe man sie auch nur bemerkt hat, und sie würde sie niemals wiederfinden‹.

Es waren durchaus keine Stegreifdichtungen, sondern wirkliche Poesie, deren Versmaß ihre Erfindung und deren musikalischer Rhythmus genau festgelegt war. Diese Art Flüstern, die einzig mögliche Vortragsweise für diese Sprache, trug wegen des leichten Kitzels ihres warmen Hauches am Ohr dazu bei, einem die Illusion eines Ausdrucksmittels zu geben, halb menschlich und halb der Natur zugehörig – etwas wie das Murmeln eines Baches, das Rascheln der Blätter, die tausend Geräusche, die einen auf sonniger Wiese oder im abendlichen Wald umgeben, lebhafte, kurze, klare, blendende Laute, die sich mit Lichtflecken mischen und denen ein Getön folgt, das langsam, dumpf, beruhigend, geheimnisvoll, schwarz aus dem Innern der Bäume hervordringt, plötzliches Grillenkonzert, Folgen von Klängen, die der Wind in Schwingungen versetzt und von denen man nicht mehr weiß, mit welchem der Sinne man sie aufnimmt. Sie tragen in Geist und Herz die Freuden, Leid und Liebe von Traumwesen.

Jeden Tag gewann ich sie lieber. Erst als sie plötzlich beschloß, nach New York zu fahren, begriff ich, daß sie Serts wegen die Flucht ergriff. Sie hatte jetzt in aller Muße feststellen können, wie fest die Bande waren, die ihn mit ihr vereinten, und wußte andererseits, wie gefährlich letzten Endes das Spiel war, das sie beide spielten. Im Grunde war ich die Ursache dieser Trennung, und das zerriß mir das Herz.

Ihre Brüder riefen sie nach Amerika, sagte sie, und sie würde dort bedeutende Aufträge bekommen. Sie müsse an ihre Karriere denken. Armselige Vorwände, die mir nicht einen Augenblick den offensichtlichen Beweggrund dieses plötzlichen Entschlusses zu verbergen vermochten.

Gott, die Traurigkeit dieser Abreise! Sie besaß fast nichts als einen großen, nahezu leeren Koffer, auf dessen Boden ich einen großen Plüschhund entdeckte.

Einige Minuten vor dem schauerlichen Pfiff des abfahrenden Zuges, der einem die Nerven zerreißt, sah ich sie fröstelnd im tödlichen Zugwind des Bahnhofs. Meine schreckliche Angst vor Bahnhöfen stieg mir in die Kehle. Ich zog rasch meinen Pelzmantel aus und warf ihn ihr über die Schultern, bevor sich der Zug in Bewegung setzte. Sie sollte erst ein Jahr später zurückkommen.

DIAGHILEWS TOD

Die Saison des Russischen Balletts in London ging zu
Ende, als ich von Diaghilew ein Telegramm erhielt mit
der Bitte, so schnell wie möglich zu ihm zu kommen.
Ich fand ihn müde und erschöpft. Am Abend meiner
Ankunft stand ich nach der Vorstellung am Ausgang
der Loge im Gespräch mit Freunden, als ich, tief erschüttert, den armen Serge, kraftlos auf den kleinen
Igor Markewitsch gestützt, die Treppe herunterkommen sah. Sein Gesicht war von Schmerzen verzerrt. Er
hatte ein böses Geschwür im Unterleib, das sich ständig
verschlimmerte, und die Ärzte wollten unbedingt, daß
er wegfahre, um auszuruhen und sich ernstlich behandeln zu lassen. Aber er hatte im Augenblick nichts anderes im Sinn als Markewitsch und war fest entschlossen,
ihn nach Bayreuth zu bringen, damit er ›Tristan und
Isolde‹ höre.
Igor, der noch nicht siebzehn Jahre zählte, war seine
letzte Entdeckung. Mit der ganzen Begeisterung und
Leidenschaft, die er an solche Dinge wandte, hatte
Serge es sich in den Kopf gesetzt, ihn zu lancieren.
Schon hatte er in London ein Konzert veranstaltet, in

dem er ihn eine eben vollendete Klavier-Partita spielen ließ, und nach diesem Konzert wurde im Covent Garden ein großer Empfang gegeben, um den Freund allen einflußreichen Leuten der Hauptstadt vorzustellen. Konzert und Empfang waren ein einzigartiger Erfolg für den jungen Komponisten gewesen, und nun träumte Serge nur noch davon, ihn nach Deutschland zu bringen. Da Diaghilew den ›Tristan‹ leidenschaftlich liebte, sollte ihn Markewitsch nirgends anders als in Bayreuth, auf dem geheiligten Boden Wagners, hören. Kein Einwand konnte ihn bewegen, diese Pilgerfahrt zu verschieben. Er fuhr mit dem jungen Mann nach Deutschland, und ich kehrte nach Paris zurück.

Ich war noch nicht drei Wochen da, als ich ein Telegramm aus Venedig erhielt: ›Bin krank, komm schnell!‹ Ich reiste am selben Abend ab. Es war erdrückend heiß, als ich ihn am nächsten Tag in einem kleinen Hotelzimmer am Lido im Bett vorfand. Trotz der erstickenden Hitze zitterte er am ganzen Körper vor Kälte, und man hatte ihm, mangels eines anderen warmen Kleidungsstückes, seinen Smoking übergezogen. Ihm zur Seite wachten Serge Lifar und Boris Kochno. Bei seinem Anblick war ich fassungslos: Schweißperlen standen auf seinem entstellten Gesicht. Nur seine lieben gütigen Augen konnten bei meinem Anblick noch lächeln. Sein Mund blieb durch die Schmerzen verzerrt.

An seinem Bett sitzend, versuchte ich mein Möglichstes, um meine lähmende Angst zu verbergen. Mein Herz krampfte sich zusammen, als ich auf einmal merkte, daß er von sich in der Vergangenheit sprach : »Ich habe den ›Tristan‹ so sehr geliebt... und die Pathétique... das war mir das Liebste in meinem Leben. Wie, du kennst sie nicht?... Oh, du mußt sie hören, und du wirst an mich denken... Misia, versprich mir, daß du dich immer weiß anziehen wirst... in Weiß habe ich dich immer am liebsten gehabt...«

Ich verließ ihn, um meine Tränen zu verbergen, aber auch um ihm einen Sweater zu kaufen. Als ich gegen fünf Uhr zurückkam, war er zu schwach, um die Wollweste überzuziehen, die ich mitgebracht hatte. Sein schmerzender schwerer Leib ließ sich nicht mehr bewegen, und wir mußten ihn in seinem Smoking lassen. Bis zehn Uhr abends blieb ich bei ihm und versuchte, ihn zu zerstreuen. Dann, als er einnickte, überließ ich ihn für die Nacht der Pflegerin, die ich hatte rufen lassen ; es war eine ordentlich aussehende Engländerin, die mir tüchtig schien.

In meinem Zimmer im Hotel Danieli angelangt, geriet ich in eine Art Betäubung ; ich war unfähig, mich hinzulegen oder etwas zu tun, und wartete, ich weiß nicht worauf. Gegen Mitternacht läutete das Telefon. Es war Boris Kochno, der mich in höchster Eile rief. Serge war ohne Bewußtsein. Um drei Uhr morgens war sein Zustand derart, daß ich wirklich Angst bekam und einen Priester rufen ließ. Ich kannte die Einstellung Diaghilews und wußte, daß er, hätte er sich mitteilen können, den Beistand der Kirche verlangt hätte, bevor er hinüberging. Die Ärzte schienen nichts mehr ausrichten zu können, und überdies verlangte die Pflegerin auch nicht mehr nach ihnen.

Der dicke Geistliche, der kurz darauf ins Zimmer trat, schien recht verschlafen und sehr beschränkt. Seine erste Frage galt der Nationalität des Kranken, und als er hörte, er sei Russe, wurde er wütend und erklärte, ich sei töricht, ihn gestört zu haben, denn er würde nichts tun, um einem Orthodoxen beizustehen. Worauf er seinen Hut nahm und sich zur Tür wandte. Vor einer derartigen Engstirnigkeit dem Tod gegenüber geriet ich ernsthaft in Zorn und sagte ihm mehr als deutlich meine Meinung über die Art, wie er sein Priesteramt auffaßte. Es schien, daß mein Schimpfen mehr Eindruck auf ihn machte als meine Bitten, denn schließlich willigte er ein, dem armen Serge eine kurze Absolution zu erteilen.

Diese heftige Szene am Bett eines Sterbenden war mehr, als meine Nerven ertragen konnten. Völlig erschöpft saß ich in der drückenden Stille, die nun in dem Raum herrschte. Bald wurden die Anzeichen der Agonie sichtbarer. Eine eisige Verzweiflung überfiel mich bei dem Gedanken, daß ich hier untätig saß, ohnmächtig, ihn wieder mit dem Leben zu verbinden. So viel Begeisterung, so viel Großherzigkeit und Liebe in einem einzigen Leben, das entschwinden würde, ohne daß ich irgend etwas tun konnte.

Bei Sonnenaufgang hörte sein Herz friedlich auf zu schlagen. Der erste Strahl erhellte seine Stirn gerade, als sein Atem aussetzte. Und auf einmal erstrahlte das

Meer, von der Morgenröte übergossen, in leuchtender Glorie. Über Diaghilew geneigt, schloß ihm die Pflegerin die Augen, die diesen Triumph des Lichtes nicht mehr sahen.

Nun geschah in diesem kleinen Hotelzimmer, in welches der größte Zauberer der Kunst gekommen war, um zu sterben, etwas Merkwürdiges, das ganz russisch war, so wie man es bei den Gestalten Dostojewskis findet. Das Ende Serges war wohl der Funke, der den an

Cocteau: Diaghilew und Serge Lifar

gestauten Haß der beiden jungen Männer, die bei ihm gelebt hatten, zum Explodieren brachte. In die Stille, wie sie in echten Dramen vorkommt, brach eine Art Gebrüll: Kochno warf sich auf Lifar, der an der anderen Seite des Bettes kniete. Sie wälzten sich am Boden, zerfleischten, bissen einander wie wilde Tiere. Eine wahre Raserei schüttelte sie. Zwei wütende Hunde, die sich um den Leichnam ihres Herrn stritten. Nach dem ersten Augenblick der Bestürzung hatten die Pflegerin und ich die größte Mühe, sie zu trennen und hinauszubringen, damit die Totenpflege vorgenommen werden konnte.

Völlig gebrochen, zog ich mich zurück und ging – ohne Ziel. Eine Bank in der Sonne... Ich weiß nicht, wie lange ich dort gesessen habe. Dann erinnere ich mich an eine Straßenbahn, eine Gondel, den Friedhof... einen Ruheplatz suchen, war nunmehr der schmerzliche und letzte Dienst für den Freund, der seit länger als zwanzig Jahren in meinem Herzen wohnte.

Ich hatte einen Scheck aus Paris mitgebracht. Ihn sandte ich der Baronin d'Erlanger, die sich in Venedig befand, und bat sie, die nötigen Maßnahmen für den Trauergottesdienst und das Begräbnis zu treffen. In meiner Verwirrung wäre ich unfähig gewesen, mich selbst um all das zu kümmern. Das Begräbnis wurde auf den übernächsten Tag festgesetzt. Als ich den Scheck abgesandt hatte, bemerkte ich, daß ich nun keinen Sou mehr besaß! In der Nähe wußte ich niemand, an den ich mich hätte wenden können. Der arme Serge hatte alles in allem 6ooo Francs hinterlassen, die ich selbstverständlich den beiden Burschen zur Verfügung stellte. Zum Glück trug ich meine Diamantkette um den Hals und entschloß mich, sie beleihen zu lassen. Aber auf dem Weg zum Juwelier traf ich eine zärtlich geliebte Freundin, die, von einer Vorahnung getrieben, in Eile nach Venedig zurückgekommen war.

Sie hatte am Tag vorher die Stadt auf der Jacht des Herzogs von Westminster verlassen, als es um Diaghilew schon sehr schlimm stand. Kaum war das Boot auf hoher See, bat sie, das Ärgste befürchtend, den Herzog umzukehren. Es war keine Kleinigkeit, denn die Fahrt sollte einer genau festgesetzten Route folgen, die man nun völlig umändern mußte, und die Jacht war ein größeres Schiff mit zahlreicher Besatzung. Jedenfalls war ich sehr glücklich, sie zu treffen. Sie nahm mich sofort mit und blieb bei mir, um dem Begräbnis beizuwohnen, dessen Trauerfeier Catherine d'Erlanger bewundernswert vorbereitet hatte.

DAS KONZERT

Im Winter 1933 machte ich eine ganz überraschende musikalische Erfahrung. Eine sehr begabte Pianistin, Marcelle Meyer, die ich seit langer Zeit kannte und wegen ihres außergewöhnlichen Einsatzes für die junge französische Musik besonders schätzte, befand sich in einer schwierigen Lage. Sie machte nicht die glänzende Karriere, die sie verdient hätte. Als treue Vertreterin der Schule von Arcueil war sie zwar in einem kleinen Kreis sehr beliebt, aber niemals mit dem maßgebenden Publikum in Berührung gekommen, das den Ruhm eines Virtuosen festigt.

Ich dachte über ihren Fall nach und beschloß eines Tages, für sie ein Konzert an zwei Flügeln zu veranstalten; die Ausführenden sollten sie und ich sein. Natürlich wollte ich, da ich noch niemals öffentlich gespielt hatte, diesem Abend das Gesicht einer ›mondänen‹ Amateur-Veranstaltung geben. In der Tat rechnete ich auf die große Zahl meiner Bekannten, um dies Abenteuer zu einem Erfolg zu führen, der Marcelle Meyer endlich bekannt machen und ihr außerdem einen ansehnlichen Betrag einbringen würde. Zu diesem Zweck mietete ich den großen Festsaal im Hotel Continental, bestellte ein Souper und setzte für die Eintrittskarten einen übermäßig hohen Preis fest.

Ich muß jede Bescheidenheit außer acht lassen und sagen, daß es ein wahrhafter Triumph wurde. Der Saal, von verwirrender Eleganz, war zum Bersten voll, und in der endlosen Reihe der schweren Wagen vorm Eingang hörte man die Fahrer der ›herrschaftlichen‹ Häuser sagen, sie hätten solchen Luxus seit dem Krieg von Vierzehn nicht mehr für möglich gehalten. Die Formel: halb Konzert, halb Souper, war anscheinend eine Sensation für ein Publikum dieser Art, denn alles war in glänzender Stimmung.

Zu meiner großen Überraschung hatte ich kaum dreißig Sekunden lang Lampenfieber, als ich mich an den Flügel gesetzt hatte. Francis Poulenc wendete mir die Noten um, und Serge Lifar, der mich in das eigentümliche Geheimnis eingeweiht hatte, wie man sich auf der Bühne für den Beifall bedankt, stieß mich jedesmal, wenn der Vorhang bei stürmischen Bravorufen hochging, kräftig nach vorn. Trotz Serges geduldigem Unterricht kam ich mir gräßlich ungeschickt vor, wenn ich bei diesen Ovationen vortrat.

Ich weiß nicht, warum Marcelle Meyer sich weigerte, Zugaben zu machen. Ich mußte mich also allein opfern. Nach einem Augenblick der Angst lernte ich auf einmal den eigenartigen Rauschzustand kennen, der sich von dem andächtig zuhörenden Publikum auf einen überträgt, wenn es den Atem anhält und man die Zuhörer sozusagen mit dem kleinen Finger lenkt. In dem riesigen Saal des Continental hätte man eine Fliege summen hören. Die Stille war so eindrucksvoll, daß sich etwas Merkwürdiges ereignete: ich hörte die Musik, die ich spielte, in mir selbst. Und ich gedachte auf einmal der Tränen des lieben Fauré, meines Lehrers und Meisters, als ich mit meiner Heirat für immer der Virtuosenlaufbahn entsagt hatte.

Wahrhaftig vom Leben verwöhnt, habe ich niemals so viele Blumen erhalten wie an jenem Abend. Sert war von der ersten Minute an aufgeregter gewesen als wenn er selbst hätte spielen müssen. Jetzt trug er die Miene eines Siegers zur Schau. Und Roussy war wieder zwölf Jahre alt und hüpfte vor Freude, während sie mich von allen Seiten abküßte.

Ich glaube, das ausgezeichnete und sehr gelungene Souper trug viel dazu bei, den Abend zu einem Erfolg zu gestalten, dessen Einnahmen die der großen Konzerte in dieser Saison weit übertrafen. Ich war überglücklich für Marcelle und bedauerte nur, daß ihre übertriebene Bescheidenheit sie davon abgehalten hatte, am Schluß Zugaben zu spielen (sie behauptete, der Beifall gelte mir; dabei hatte sie eine sehr große Virtuosität bewiesen). Vielleicht fehlte ihrem Spiel ein wenig Wärme im Ausdruck, aber darin ergänzte ich sie, so daß wir ein Gespann bildeten, um das sich die Agenten nach diesem Abend im Continental stritten. Es begann Angebote zu regnen.

Aber nach einer zweiten ›Darbietung‹ in den Ambassadeurs, die durchaus ›professionellen‹ Charakter hatte und vor ausverkauftem Saal stattfand, beendete ich meine kurze Karriere und fand, ich hätte für Marcelle alles getan, was ich vermochte. Ich fürchte, daß sie aus diesen Abenden nicht so viel Vorteil gezogen hat, wie ich erhofft hatte.

Im Grunde hatte ich das Konzert im Continental, von dem man so lange sprach, nur für sie veranstaltet und mir, ihr zuliebe, die allergrößte Mühe gegeben, um einen Erfolg zu erzielen, der ihr zugute kommen sollte. Ich hatte sogar Max Jacob, der ein großer Freund Marcelle Meyers war, gebeten, ein kleines Stegreifgedicht für das Programm zu schreiben. Max war eine Mischung aus Bescheidenheit und äußerster Großzügigkeit. Er konnte nie etwas abschlagen und richtete sofort folgende Zeilen an mich:

›Schöne Misia, unsere Freundin,

ich sende Ihnen, was zu verlangen Sie mir ‚die große Ehre' machten. Es sind zwei, weil das so herauskam und ich nicht das Herz habe, eines zu opfern. Das sollen *Sie* tun...‹

A Mitia Amicitia

Nr. 1

Comme un fleuve enlace un reflet
dont il révèle le secret
Marcelle Meyer, estafette
célèbre, ô musique, en tes fêtes
le génie des jeunes prophètes.

Quand en 1920, la frégate de l'Art
emmenait les génies des musiques nouvelles
L'ange les devinait, ô divine Marcelle,
à la proue du vaisseau, piano de l'infini :
C'était vous! dont les mains et les bras sont des ailes.

Max Jacob

Trotz meiner Bemühungen, hinter Marcelle Meyer zu
verschwinden, mich im Hintergrund zu halten, sprach
alles von Misias Abend, Misias Konzert, Misias Talent.
Im ›Paris-Midi‹ schrieb Jean Cocteau einen reizenden
Artikel, den ich hier wiedergebe, weil er mich viel besser darstellt als das getreueste Porträt und mir als ein
kleines Meisterwerk dieser Art ›Berichterstattung‹ erscheint, die wenig Schriftsteller, selbst unter den Berufs-
journalisten, in so glänzender Form zustande bringen :
›Man sollte doch einmal jene glühenden und tiefen
Frauen preisen, die im Schatten der Männer ihrer
Epoche und gleichsam am Rande der künstlerischen
Arbeit einen verborgenen Einfluß ausüben, einfach dadurch, daß sie schönere Lichtstrahlen aussenden als
Diamanten. Es ist unmöglich, sich den Goldglanz der
Plafonds von J. M. Sert, das besonnte Universum Renoirs, Bonnards, Vuillards, Debussys, Ravels, die pro-
phetischen Scheinwerfer Lautrecs, das Mallarmésche
Prisma, selbst die letzten Spiele des Sonnenuntergangs
von Verlaine und die strahlende Morgenröte Strawinskys
vorzustellen, ohne den Kopf des jungen, bänderge-

schmückten Tigers auftauchen zu sehen, das sanfte und grausame Gesicht der rosigen Katze, wie wir es an Misia sahen an jenem Abend, an dem wir sie kennen

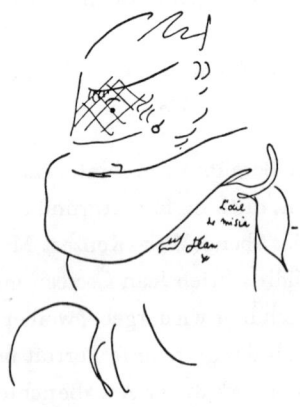

Cocteau: Misias Auge

lernten: sie thronte unter dem Federbusch der Scheherazade in der Mitte der Königsloge des Russischen Balletts und belebte mit ihrem Fluidum die Theaterdekorationen und die ungestümen Tänze, wie einst die impressionistischen Gärten in der Sonne flimmerten. Ja, in einer Hülle aus Pelz und Seide, in die Paul Poiret und Paul Iribe ihre Haremsdamen verpackten, als Patronin der leichten Truppe Serge Diaghilews, lernten wir unsere Freundin kennen. Ihr Fächer trug den berühmten Vierzeiler Mallarmés, und ich glaube bestimmt, daß von all ihren Heiratskontrakten, von all ihten Aufenthaltsbewilligungen das der einzige Per

sonalausweis ist, den diese Polin aus einer bewunderns-
werten Unordnung gerettet hat, in der nicht nur ein
ganzes Vermögen, sondern auch die Madrigale von P.-J.
Toulet und Paul Verlaine versunken sind.

Zwischen kurzen Aufenthalten in Wohnungen, die sie
einrichtet und dann verläßt wie das Huhn die Stange,
lebt Misia Sert im obersten Stockwerk des Hotel Meurice. Als ich ihr Freund wurde, hatte sie gerade das
Hotel mit einer Art Turm am Quai Voltaire vertauscht.
Der Salon war im Norden von der Seine her in grünes
Licht getaucht, im Süden in orangefarbenes durch Gemälde von Bonnard. Diese Gemälde hatte Misia nach
ihrem Belieben zurechtgeschnitten, um sie genau den
Wänden anzupassen. ,Welch ein Skandal!' wird man
sagen. Wir haben Dogaressen und Priesterinnen. Wir
haben mehr Musen, als wir brauchen! Aber wieviel
seltener und wieviel unentbehrlicher sind den Künsten, die Gefahr laufen, Fett anzusetzen, diese so weib-
lichen Frauen, die in den Tempel einen Geist der Ver-
wüstung, einen Geist der Kleider und Scheren tragen.
,Die Engel fliegen,' schreibt Chesterton, ,weil sie sich
leicht nehmen.' Misia rührte durch ihre Liebe und ihre
Respektlosigkeit unablässig den Teig und sorgte dafür,
daß er nicht ,steif' wird. Nur starke Künstler, die die
Rolle eines Idols verabscheuen, zogen Nutzen aus dem
Tun dieser Bilderstürmerin, die das Leben peitschte
wie einen Kreisel, sich an seinem Getöse berauschte
und verhinderte, daß die lebendige Gestalt zur Statue
erstarrte.

Ihre Künste schienen von den ‚Malheurs de Sophie‘ inspiriert. Einen Maler, der sich über irgendein durch Misia verursachtes ‚Malheur‘ beklagte, hörte ich Satie erwidern: ‚Das ist Ihre eigene Schuld, die Katze ist schön, mein Lieber, verstecken Sie doch Ihre Fische!‘

Wir haben hier eine der Frauen vor uns, denen Stendhal Genie zuerkennt. Genie beim Gehen, beim Lachen, Genie, wenn sie jemanden auf seinen Platz verweisen, ihren Fächer handhaben, in ihren Wagen steigen, ein Diadem entwerfen. Dieses Genie, Misia besaß es in solchem Grade, daß ich beim Schreiben von ‚Thomas l'imposteur‘ meinen Geist noch so sehr auf die San Severina richten mochte, – Misia wurde ganz automatisch, allem Sträuben zum Trotz, das Modell für die Prinzessin von Bornes.

Aber wenn ich den Nimbus einer Opernloge bewunderte, in die unsere Zauberin einen Proust aus seinem Krankenbett, einen Renoir aus dem entferntesten Dorf zu holen vermochte, so wußte ich doch noch nicht, daß dieses leichte luftige Genie, dieses Genie, das sich entweder durch eine Unverschämtheit oder durch den Aufbau chinesischer Bäume mit Zweigen aus Federn und Perlen ausdrückt – es war mir damals noch unbekannt, sage ich, daß dieses Genie das Register seiner Fähigkeiten bis zum wirklichen Genie erweitern konnte und daß unsere Spielerin auf dem Klavier des Lebens auch eine richtige Klavierspielerin ist.

Denn sie wußte nicht nur das Leben und unseren Kreis mit kräftiger Hand anzupacken, es war in allem Ernst ein Pleyel, aus dem diese Katzenpfote Präludien und Mazurken von Chopin hervorholte, und wie keine andere spielte sie mit deren Perlen und Bändern – auf einem stürmischen und fröhlichen Flügel ließ sie die Rasse ihrer polnischen Heimat erkennen und bezauberte uns im wahrsten Sinne des Wortes, wie allein André Gide es vermag, wenn er sich manchmal von einem Nebenzimmer aus überraschen läßt.

Sobald ich diese Entdeckung gemacht hatte, erzählte ich Roland Garros davon, der ein großer Liebhaber der Klaviermusik ist, und von nun an gab es Konzerte im engsten Kreis, bei denen sich Roland Garros, zwischen zwei Flügen, in andere Höhen aufschwang. Indem ich die musikalische Politik, der ich damals zu dienen hatte, ebenso empfindlich verriet wie die aufrechte Haltung, die ich einnehmen sollte, lagerten wir uns in den Schatten und lauschten Misia Sert.

Gestern abend willigte Frau Sert ein, in einem Konzertsaal zu erscheinen. Sie wurde begleitet von Marcelle Meyer, der das Paradox gelang, eine geniale Maschine zu sein.

Die Musik hat ein schlechtes Gedächtnis: sie vergißt ihre Virtuosen wie das Wasser seine Krüge, und jeder Pianist zwingt ihr eine neue Form auf. Wer das Glück hat, Misia zu hören, dem rate ich, er soll über die Überraschung hinaus, die er empfindet, sich die berühmten Männer ins Gedächtnis rufen, die ihr Flügel, wie Mallarmé beteuert, entdeckte und die sich an dieser geheimnisvollen Mitarbeiterin bereichert haben.‹

ABSCHIED VON ROUSSY

Als ich im Sommer nach Venedig fuhr, weil ich hoffte,
Roussy dort zu treffen, war sie nicht dort. Sert hatte sie
mit einigen Freunden auf eine Seereise mitgenommen. Ich hatte schon im voraus dem Pater Rzewusky
telegrafiert, er möge nach Italien kommen, denn ich
hoffte, er könne wohltuend auf sie einwirken und sie
bestimmen, sich in einer Klinik in der Schweiz behandeln zu lassen. Er eilte auf meine Nachricht hin gleich
herbei, aber Roussy war noch nicht zurück. Als er ankam, war ich in einem Zustand von Traurigkeit, die
an Depression grenzte. Rzewusky tat alles, was in seiner Macht stand, um mir beizustehen, und wies mich
an, in der schönen Kirche der Dominikaner zur Kommunion zu gehen. Dann mußte er allerdings in sein
Kloster zurückkehren. Am übernächsten Tag erhielt
ich ein eiliges Wort von Roussy mit der Bitte, auf sie zu
warten.
Sie kam kurz darauf an, noch mehr abgemagert, mit
scharfen Zügen, erschöpft. Ich wurde krank bei der
Vorstellung, daß sie jeden Tag mehr dahinsiechte. Als
wir nach Paris zurückkamen, konnte sie kaum noch

ausgehen und hatte nicht einmal mehr die Kraft, ihren Wagen zu fahren. Untertags kamen ihre Freunde zu Besuch, und wenn sie abends fortgingen, rief sie mich an: »Komm schnell, ich bin allein.« Sie wollte um keinen Preis etwas von einer Pflegerin wissen. Da sie ununterbrochen rauchte und im Halbschlaf die Bettwäsche versengte, fürchtete ich ständig, sie könnte am Ende ihr Bett in Flammen setzen. Deshalb blieb ich fast die ganze Nacht an ihrer Seite und erzählte ihr Geschichten. Sie wurde wieder zum richtigen Kind und wurde nicht müde, mir bis zum Tagesanbruch zuzuhören. Ich ging auf Zehenspitzen davon, wenn es hell wurde und sie eingeschlummert war. Sert, der seiner ganzen Art nach Krankheit niemals hatte gelten lassen, war sich über den Ernst ihres Zustandes nicht klar. Für ihn ging das Leben weiter, und seine Nächte waren ruhig.

Indes veränderte sich Roussy zusehends. Sie mußte unbedingt in eine Klinik, aber man konnte ihr unmöglich die Wahrheit sagen. Ihre Schwester Nina war nicht da, so willigte meine beste Freundin ein, eine liebevolle Ausflucht zu gebrauchen: sie ließ Roussy glauben, sie selbst müsse so bald wie möglich in die Schweiz zu einer Behandlung fahren, hätte aber nicht den Mut, es allein zu tun. Würde Roussy ihr den Freundschaftsdienst erweisen und sie begleiten? Meine Freundin spielte die Schwerkranke, und die arme Roussy glaubte wirklich, sie zu retten, indem sie sie eiligst fortbrachte. Sie erklärte mir ausführlich den Grund dieser

Reise, die unaufschiebbar sei, und sagte, ich solle sie in Prangins besuchen und Sert würde ihr am nächsten Tag nachfahren.

Damals war Roussys Schönheit übernatürlich, aber ihr Blick so traurig, daß ich nicht weiß, wie ich die Kraft fand, in Paris zu bleiben. Gott sei Dank glaubte sie an die Krankheit unserer Freundin.

Jetzt durfte ich nichts verderben und mußte die Tränen unterdrücken, die mich zu ersticken drohten, denn deren Anblick hätte die armselige Verschwörung sofort verraten. Einige Tage darauf konnte ich es aber nicht mehr aushalten und fuhr nach Prangins. Als ich in der Klinik ankam, erhielt ich keine Erlaubnis, sie zu besuchen. Ich habe niemals erfahren, welche Weisungen mich hinderten, zu ihr zu gelangen. Zweimal kehrte ich zurück, immer vergebens. Man bedeutete mir, die kleinste Aufregung könnte verhängnisvoll werden. Das letzte Mal, als ich von Paris aus telefonierte, antwortete mir meine Freundin : »Nur ein Wunder kann sie retten.« Ich telegrafierte damals sofort dem Pater Rzewusky und bat ihn, eilends in die Schweiz zu fahren.

Nachdem ich gebeichtet hatte, nahm ich den Zug nach Lourdes. Von meiner Abfahrt, meiner verzweifelten Reise, habe ich nicht die geringste Erinnerung bewahrt. Bei der Ankunft kaufte ich eine so schwere Kerze, daß sie zwei Mann zur Grotte tragen mußten. Und damals fühlte ich zum ersten Mal einen unerträglichen Schmerz in den Augen. Ich nahm Wasser aus der Quelle in meine hohle Hand und benetzte mein Gesicht.

Als ich ins Hotel zurückkehrte, um meine Rechnung zu bezahlen, bemerkte ich plötzlich seltsame Sehstörungen: die geraden Linien wurden krumm, ein abscheulicher Schmerz preßte meine Stirn zusammen.

Am nächsten Tag fand ich in Paris eine Depesche, daß alles zu Ende sei. Im Salon waren Freunde, die mich erwarteten. Ich steckte das Telegramm in die Tasche. Ich hörte und sah nichts mehr, meine Augen blieben trocken.

Ich verließ schweigend den Raum, streckte mich auf meinem Bett aus und wünschte, auf ewig unbeweglich liegenzubleiben.

BRIEF AN SERT[1]

*›Venise Inspiratrice constante
de nos apaisements...‹*

Ich schreibe Dir heute abend, weil ich versuchen möchte,
eine Angst zu lindern, die fünf Jahre nicht zu beruhigen
vermochten ; denn, siehst Du, nichts kann mich davon
abbringen, mich im Geiste mit jener Geschichte, die
die unsere ist, zu beschäftigen, und nie, solange ich
lebe, werde ich hinter sie das Wort ›Ende‹ setzen können.

In Gedanken finde ich mich ungefähr in dem Alter
wieder, in dem heute Deine Frau steht, in dieser Wohnung der Rue de Rivoli, wohin Du das erste Mal in Begleitung Forains kamst; ich machte damals eine Zeit
der inneren Verwirrung durch, die mich die Unerfah-
renheit meiner Jugend als tragischen Schmerz betrachten ließ. Ach, die letzten Jahre haben mich gelehrt, wie
weit entfernt ich damals war, die fürchterliche Bedeutung dieses Wortes auch nur zu ahnen... Wie gegenwärtig ist mir der Tag, und doch, wie ist er fern, da ich
alles, ohne eine Sekunde zu zögern, im Stich ließ und

1. Dieser Brief wurde zwei Jahre vor dem Tode Roussy Serts
begonnen, aber dem Empfänger erst sechs Monate nach ihrem
Tode zugestellt.

abreiste, um Dich in Rom zu treffen und nie mehr zu verlassen! Wie viele Jahre sind verflossen seit unserem wunderbaren Einswerden im Erlebnis des ›Boris Godunow‹... seit Deiner Krankheit, dem Krieg, unserer Heirat... wie viele Jahre... Dein Werk, das sich festigte... mein Leben... mein ganzes Leben!

Jeder Sommer brachte uns das, was wir unseren ›Ausreißer‹ nannten: die Freude an der Reise, an der Freiheit zu zweit, die Freude an der Erde, die uns ganz gehörte, am Wandern in der Sonne, an unvorhergesehenen Einfällen, an den heißen Liebesnachmittagen hinter geschlossenen Vorhängen, jeder Tag ein neuer Himmel... die Freude am Glück. Ja, so war unser ›Ausreißer‹, und nichts auf der Welt hätte uns bewogen, darauf zu verzichten. Er war uns heilig. In den ersten schönen Sommertagen schon malten wir uns alles ungeduldig und liebevoll aus. Dann wurde das Auto unser Haus, das über heiße Landstraßen zu wunderbaren Rastplätzen glitt. Wir liebten die gleichen Dinge, und die gleiche Sehnsucht trieb uns, anderswohin zu ziehen, immer weiterzuwandern...

Ein junges Mädchen, fast noch ein Kind, klopfte, ohne Dich zu kennen, an die Tür Deines Ateliers. Gleich darauf sprachst Du mir von ihr. Sie war Bildhauerin, und ihr Atelier lag nahe dem Deinen, sie war gekommen, Dich um Rat zu fragen. Du sahst sie jeden Tag wieder.

Eines Nachmittags, als ich Dich besuchen wollte, sah ich aus Deinem Haus ein großes, blondes junges Mädchen herauskommen. Das war sie. Ich war dessen sicher, denn meine erste Regung war, ihr entgegenzueilen. Aber schon verbarg sie ihr Gesicht hinter ihrer Handtasche wie hinter einem Schild, und ihre plötzliche Wendung sah aus wie eine Flucht.

Kurz darauf mußte ich Deinen Brief finden. Was für einen Brief!

Wir verlebten Weihnachten miteinander... Und die Glocken läuteten Deine neue Liebe ein... Ein neues Leben tat sich vor Dir auf. Wie soll ich Dir mein Entsetzen schildern, die grauenhaften Minuten, in denen ich jene Zeilen las, deren Sinn zu verstehen ich mich weigerte, obgleich er so klar war, daß er mir in die Augen sprang? Es gibt in der brutalen Enthüllung des Unglücks, im Zerreißen des Vorhangs, das einen in vollem Licht mitten in die Katastrophe schleudert, eine Tiefe des Sturzes, an dessen Verzweiflung der Zusammenbruch der größten Städte nicht heranreicht. Der physische Eindruck, sein Haus vor den eigenen Augen einstürzen und alles, was ein Leben sorgfältig gesammelt hat, unter ihm begraben zu sehen, muß wenig sein im Vergleich zu dem moralischen Abgrund, in den uns die plötzliche Vernichtung eines Gefühles stürzt, das unserem Dasein den Sinn gab.

...Jetzt, da für Dich das Leben wieder seinen regelmäßigen Gang genommen hat, will ich mir vorstellen, daß Du meine Hand in die Deine nimmst und ich Dir ein wenig davon spreche, was mein Herz bedrückt. Ich, ja ich weiß, auch Du hast gelitten. Aber niemals konntest Du ermessen, welche Verzweiflung Du hinter Dir ließest, denn sonst hätte Dich nichts bestimmen können, diese Verantwortung zu tragen. Gott, wie ist dieses Wort grausam und fast immer ungerecht! Verantwortlich – konntest Du es sein für diese neue Leidenschaft? Wohin treiben uns nicht unsere Gefühle? Wer wird verstehen, daß ich, aus Liebe zu Dir, Roussy schon liebte, bevor ich sie noch kannte? Sobald ich sie sah, begann die Verzauberung...

Sie war fast noch ein Kind, und wir hatten keines gehabt. Sie hatte vor kurzem die Mutter verloren, und ich hatte die meine nicht einmal gekannt. Wie sollte man sie nicht vergöttern? So sonderbar es scheinen mag: hätte es einen Feind gegeben, so wärest Du es gewesen, vor Dir, dem Mann, hätte man sie schützen müssen. Wer wäre nicht bis zu Tränen gerührt gewesen bei dieser kläglichen Abreise nach Amerika... Erinnerst Du Dich an den dünnen Tuchmantel auf ihren fröstelnden Schultern, an den Plüschhund am Boden des großen leeren Koffers? Und zu spüren, daß Du die Ursache dieser Flucht warst und ich die der Trennung...

Soll ich Dir sagen, daß ihre Abwesenheit mir unerträglich war? Du verstecktest Telegramme... Wie ungeschickt warst Du immer bei diesem Spiel! Ihre Rückkehr war mir eine wahre Erleichterung. Ich brauchte gar keine Anstrengung zu machen, um ruhig zu erscheinen. Ich glaubte aufrichtig, daß keine Gefahr uns bedrohe. Zudem kam der Sommer und mit ihm unser ›Ausreißer‹, während sie mit ihrer Familie fortfuhr...

Lange Zeit nachher erfuhr ich, daß sie vor das Hotel Meurice gekommen war, um uns abreisen zu sehen. Sie selbst hat es mir erzählt: sie hatte von ihrem Versteck aus die große Limousine beobachtet, in der unser Fahrer eine Unmenge Koffer, Reisegepäck aller Art, Hunde und alles mögliche verstaute, und das erschien ihr sehr unmodern, sehr altmodisch... Sie stellte sich im Geist schon ihre Abreise vor, mit Dir, in einem ›schnittigen‹ Wagen.

Dieser Sommer war unser letzter. Und ich überraschte Dich eines Abends in Venedig, als Du allein am Fenster weintest... Um mich weintest Du, denn Deine Gedanken hatten mich um ihretwillen schon verlassen.

Warum wollte es das Verhängnis, daß wir sie bei unserer Rückkehr in Paris gefährlich krank vorfanden mit geschwollener Kehle und hartnäckigem Fieber?... Die Arme sprach von einer bösen Grippe, die sie sich in New York zugezogen hatte und die sie niemals ganz losgeworden sei. Der Arzt stellte Kropf fest und riet zu einer Reise in die Schweiz, um einen berühmten Spezialisten in Bern zu konsultieren. Ich zögerte nicht, mit ihr hinzufahren. Wir reisten sofort ab. Niemals war sie liebenswerter als in diesen zwei Wochen. Indes merkte ich, daß sie im Grunde ihres Herzens ein eifersüchtig bewachtes Geheimnis trug... und jeden Abend verschwand ihre Handtasche im Dunkel einer kindlich mit dem Schlüssel abgesperrten Schublade...

Beim Tee in einer Konditorei entschloß sie sich eines Tages, mir dieses Geheimnis anzuvertrauen... Ach, schon seit langem war es keines mehr für mich... obschon ich mich bis dahin geweigert hatte, es mir selbst einzugestehen.

Sie suchte weder Umschreibungen noch Ausschmükkungen. Wozu die Pille versüßen?

»Er liebt mich und ich liebe ihn,« sagte sie mir ganz einfach, »ich möchte, daß wir heiraten. Er will es auch...«

»Bist du dessen ganz sicher,« sagte ich mit einer Stimme, die ich eben so fest wünschte, wie ihre war, »glaubst du wirklich, daß er daran denkt, sich mit dir zu verheiraten?«

»Du bist das einzige Hindernis unserer Verbindung«, entgegnete sie mit der ruhigen Grausamkeit ihrer zwanzig Jahre. »Er liebt dich nicht mehr. Warum die Wahrheit leugnen? Wenn du Beweise willst, so darfst du wissen, daß er es war, der mich anflehte, aus Amerika zurückzukommen. Ich hätte dort eine gute Partie machen können. Er sagte mir, er stürbe, wenn ich nicht heimkäme. Du wolltest es wissen, nun – jetzt weißt du's.«

Ich war von unserem kurzen Zwiegespräch so betroffen, daß ich es beim Heimkommen im Hotel niederschrieb, um mich zu vergewissern, daß es wirklich stattgefunden hatte. Vielleicht auch erhoffte ich davon, daß ich diese Worte zu Papier gebracht hatte, eine Hilfe, um sie in meinem Geist auszulöschen, wo sie einen Teufelstanz vollführten. Du wirst mich sicher verstehen, wenn ich Dir sage, daß ich nicht eine Sekunde auf sie böse war. Die arme Kleine konnte nichts für ihre Neigung zu Dir. Ich fand es übrigens ganz natürlich, daß sie Dich vergötterte... vielleicht hatte ich sie darum nur um so lieber...

Was mir wichtig war und mich quälte, war allein Dein Gefühl. Darüber befragte ich mich unablässig. Wozu? ... Es war kein Zweifel mehr möglich. Sie konnte die Worte, die sie mir wiedergab, nicht erfunden haben: sie hatten so deutlich Deinen Klang, daß ich meinte, Dich selbst zu hören. Und doch entsinne ich mich, mich so weit gedemütigt zu haben, daß ich ihr sagte, sie sei gewiß im Irrtum über Deine Absichten, Du würdest nicht eine Minute daran denken, mich zu verlassen. War ich übrigens jetzt nicht zu alt, als daß man mich im Stich lassen konnte? Ganz abgesehen von unserer kirchlichen Trauung. Du bist Spanier. In Deinem Vaterland ist nur die kirchlich geschlossene Ehe gültig, sie ist aber unlösbar. Wie konnte sie sich einbilden, daß Du mit der Kirche Schwindel treiben würdest, um eine mehr als zwanzigjährige Verbindung zu zerreißen, Du, der Du von den Priestern in Achtung vor der Religion erzogen worden warst...

Aber all das – ich merkte es nur zu gut – glitt wie Wind über ihre heitere Überzeugung von Eurer Liebe. Vielleicht hörte sie mir zu, aber sicher versuchte sie nicht, zu begreifen. Für sie waren die Würfel gefallen, ihr Schicksal war entschieden. Alles, was ich oder irgend jemand dazu sagen konnte, war überflüssiger Kommentar. Es gab sie und es gab Dich. Was sich sonst im

Schatten zu rühren versuchte, hatte in ihren Augen nicht die mindeste Bedeutung mehr...

So unbeirrbarer Gleichmut brachte meine Gewißheit ins Wanken: ich hatte die Kraft, ihr zu sagen, daß ich Dich viel zu sehr liebte, um zu versuchen, Dich gegen Deinen Willen zu halten, wenn Du wirklich Deine Freiheit zurückhaben wolltest. Wovor ich mich aber im voraus fürchtete, das wäre das Urteil der Welt, das nunmehr ungehinderte böswillige Geschwätz Eurer Freunde über den Platz, den Ihr mir bei diesem Arrangement zuwieset.

Sofort nach unserer Rückkehr stellte ich Dich freimütig vor die Frage. Wie hast Du es angestellt, mich zu beruhigen? Jedenfalls glaubte ich mich vom Alpdruck befreit. Die Zeit würde nach und nach die Ecken abstumpfen, die Leidenschaften besänftigen. Ich liebte dieses Mädchen zu sehr, es würde niemals den Mut aufbringen, mir so wehe zu tun. Aus freien Stücken würde es Dir entsagen.

Ach, bald wurde das arme Kind wieder von Fieber und von der Krankheit befallen, die die Schweizer Kur scheinbar geheilt hatte. Ihr Vater, bei dem sie damals wohnte, kam mit ihrer Pflege nicht zurecht.

Deshalb brachte ich sie zu einem Halsarzt. Er machte ihr Ausbrennungen und verlangte, daß ich sie am folgenden Tag zu einer kleinen Operation wieder hinbrächte. Als der Eingriff vorüber war, glaubte ich, sie würde im Auto ohnmächtig werden. In höchster Angst brachte ich sie zu uns und legte sie sofort zu Bett. Noch hoffte ich, es handle sich nur um ein vorübergehendes Unwohlsein. Aber am nächsten Tag hatte sich ihr Zustand sehr verschlimmert, der Arzt schien beunruhigt, und ein zum Konsilium herbeigerufener Universitätsprofessor war kaum zuversichtlicher.

Die Familie war an ihr Bett geeilt und warf mir vorwurfsvolle Blicke zu. Halb wahnsinnig vor Angst hörte ich den Arzt, der sie operiert hatte, sagen, ich hätte ihn vom Fieberzustand der Kranken nicht unterrichtet: hätte er darum gewußt, versicherte er, so wäre der Eingriff nicht vorgenommen worden, der unter Umständen eine Blutvergiftung hervorrufen könne.

Wie konnte dieser Mann so feige sein, die Verantwortung für die Operation auf mich abzuwälzen und so weit gehen, zu behaupten, er habe mich auf die Gefahr aufmerksam gemacht, die sie mit sich bringen könnte!

...Damals tat ich in meiner Verzweiflung das Gelübde, Dir Deine Freiheit zurückzugeben, sobald Du es wünschtest – falls Gott sie am Leben ließe.

Der Frühling kam und mit ihm die Genesung. Ich weiß noch, daß wir in dieser Zeit oft übers Wochenende wegfuhren. Einmal nahmen wir sie mit bis ans Meer... Erinnerst Du Dich an das kleine Mädchen, das vor der Abreise in einem traurigen Sprühregen vor der Haustür auf ihrem Koffer saß und auf uns wartete?

Als der Sommer kam, war nicht mehr die Rede davon, daß wir uns von ihr trennten, und wir mußten unseren großen Wagen, der für uns beide berechnet war, umbauen lassen. Sie kannte Italien noch nicht.

Venedig... alle Vorwände waren mir recht, um Euch allein und unbehelligt zu lassen. Oft ging ich, Müdigkeit vorschützend, zeitig nach Hause, um hernach mit verzweifelt klopfendem Herzen Eure Rückkehr am Fenster abzuwarten. Ich war mir völlig dessen bewußt, was ich aufs Spiel setzte, aber ich wollte Vertrauen haben, so festes und unerschütterliches Vertrauen, daß Eure Liebe sich daran brechen sollte. War das kindisch? Vielleicht... Aber ich hoffte immer noch. Sie hatte junge Leute ihres Alters kennengelernt. Eine ihrer neuen Freundinnen, mit der sie sich besonders gut verstand, war seit kurzem mit einem Fünfundzwanzigjährigen verlobt. Ich dachte, dies alles würde sie in eine normale Umgebung zurückversetzen und eine Überspanntheit rasch vergessen lassen, die doch nur vorübergehend sein konnte.

In Florenz aber begab sich etwas, was mir verhängnisvoll werden sollte... Gott, wie deutlich sehe ich es noch vor mir, dieses Hotelzimmer, mit seinen in der Nachmittagshitze geschlossenen Fensterläden, in dem ich zum letzten Mal Deine Frau war... Ein leichtes Knarren verriet uns plötzlich ihre Anwesenheit: sie war, um weniger Lärm zu machen, auf allen vieren hereingekrochen. Du warst nicht im mindesten empört. Und als der Abend kam, fühlte ich, daß Deine Angst nur ihr galt. Sie war aus dem Hotel verschwunden, und wir warteten auf sie in grauenhafter Stille...

Seit diesem Tag hatte sich, stumm und unerbittlich, das Unheil bei uns eingenistet. Es belauerte und umzingelte uns und würde uns nie mehr verlassen. Das Wort, auf das ich hoffte, das Du noch sagen konntest, um es zu verscheuchen und um mich zu retten, Du hast es nicht gesagt. Das Leben hatte plötzlich keinen Sinn mehr. Es war nur noch angstvolle Erwartung... Du mußtest wählen, und Du verlorst darüber beinahe den Verstand.

Kurz darauf stellte sie mir ihren Schwager Hubricht vor, einen amerikanischen Rechtsanwalt. Da er wisse, sagte er mir, daß ich in die Trennung von Dir einwillige, so habe er eine Möglichkeit gesucht und gefunden, uns trotz des spanischen Gesetzes und der kirchlichen Trauung scheiden zu lassen. Er machte sich sogar anheischig, Euch, Roussy und Dich, im Haag standesamtlich trauen zu lassen. Da ich seit Bern diese Frage mit ihr nicht mehr berührt hatte, dachte ich, auch Du seist mit diesem Herrn einig geworden. Wie konnte ich annehmen, daß sie ihn ohne Deine Zustimmung mit einer solchen Mission betraut hatte?

Ich antwortete Hubricht, so wie ich es Roussy gegenüber getan hatte : Wenn Du die Trennung verlangtest, sagte ich, so liebte ich Dich viel zu sehr, um nicht Dein Glück zu wünschen. Weit entfernt, ihm im Wege zu stehen, wäre ich zu allem bereit, was es sichern könnte. Er verließ mich, um Dich in Deinem Atelier aufzusuchen. Ich aber mußte jetzt einfach Klarheit und Gewißheit haben und war daher unfähig, dieses Warten zu verlängern. Ich beschloß, Roussy zu holen, damit wir beide sofort zu Dir gingen.

...Du wichest ein wenig zurück, als Du uns eintreten sahst. Ich bat Hubricht, Dir seinen Plan darzulegen. Ich merkte, daß Du zornig wurdest. Einen Augenblick lang wehrtest Du Dich und schriest, Du gäbest Dich zu einer derartigen Maskerade nicht her.

Roussy hatte sich langsam in die dunkelste Ecke des Raumes geflüchtet. Ihr Blick war der eines verlassenen Kindes, dennoch leuchtete in ihm ein Freudenschimmer... Sie ahnte instinktiv, daß Eure Liebe siegen würde. Indes kannte sie Dich zu gut, um nicht zu spüren, daß Dein Herz bei der Scheidenden bleiben würde. Ich hatte mich schon Hubrichts Ansicht angeschlossen und bemühte mich, seine besten Beweisgründe zur Geltung zu bringen. Im Grunde ermöglichte Dir sein Vorschlag, Roussy in Anstand zu besitzen, ohne ihr unrecht zu tun. Und da unsere kirchlich geschlossene Ehe unlösbar war, würde ich warten, bis Du zu mir zurückkämest. Sie war nur ein Irrlicht, das unser Leben durchstreift hatte. Zu viele Bande vereinten uns, als daß wir daran denken konnten, sie auf immer zu zerreißen...

Am folgenden Tag sagte ich Dir, bevor Du ins Atelier gingst, meine Ansicht darüber, und wieder bekümmerte Dich der Gedanke, mich zu verlassen. Ich entsinne mich sogar, daß Du mir das Versprechen abnahmst, Euch nicht im Stich zu lassen, niemals, was auch geschähe. Du fandest immer neue Gründe, um auf die Scheidung zu verzichten, aber den einzigen, den ich anerkannt hätte – daß Du mich zu sehr liebtest –, den hast Du nicht genannt.

Ich mußte nach dem Haag fahren, wo Hubricht wohnte, um dort meine Scheidungsklage einzureichen. Roussy begleitete mich. Auf den Rat des Rechtsanwalts hatte ich mich als armes Weib verkleidet. Das sollte auf den Richter einen günstigen Eindruck machen... Ich wartete lange in diesem traurigen Saal voller Frauen, die ebenso unglücklich waren. Am nächsten Tag waren wir wieder in Paris.

Du wohntest immer noch bei mir, und das altgewohnte Vertrauen war uns so selbstverständlich, daß Du mich zu Rate zogst, um den Verlobungsring und ihre erste Rubinenkette auszusuchen.

Nach einer gesetzlich bestimmten Frist mußten wir zu dem sogenannten ›Versöhnungsversuch‹ zusammen im Haag vor dem Richter erscheinen. Es näherte sich die Stunde, in der alles zunichte sein würde, und als ich Dich einmal im Atelier aufsuchte, sagtest Du zu mir: »Höre, es ist noch Zeit, und wenn du mir schwörst, daß ich *der* Mann deines Lebens war, so kann ich dich nicht verlassen, es wäre unmöglich.«

»Der Mann meines Lebens!«... Ich hätte lachen mögen. Nach zwanzig in so inniger Gemeinschaft verlebten Jahren, in denen wir uns nie verlassen hatten, nach der Folter der letzten Zeit, in der ich bereit war, alles hinzugeben, für das bißchen Hoffnung, etwas von dieser Liebe zu retten!... Wie konntest Du mir eine solche Frage stellen? Brauchtest Du wirklich von mir eine so kindische Bestätigung? Nein, diese Antwort brachte ich nicht über die Lippen. Was hätten diese

Worte jetzt bedeuten sollen, da Du mir schon so ferne warst?

Endlich kam der Tag, an dem wir nach dem Haag fahren mußten. Sie kam mit... Vielleicht begriff sie erst später, wie grausam das von ihr war.

Erinnerst Du Dich an diesen unseligen Saal, in dem wir warten mußten. – Du auf der einen Seite, ich auf der andern – während mein Blick es ängstlich vermied, dem Deinen zu begegnen? Mattes Licht beleuchtete von oben den Schädel des Richters, der Dich fragte, ob Du Dich von mit trennen wolltest. Ich weiß heute noch nicht, ob es Deine Stimme war, die ich ein ›Ja‹ aussprechen hörte.

Und abends aßen wir ›en famille‹ mit ihr, ihrer Schwester und ihrem Schwager. Nichts wurde mir erspart von dieser traurigen Posse. Als ich vom Tisch aufstehen mußte, um das Schluchzen zu ersticken, das meine Kehle würgte, hast Du es, glaube ich, nicht einmal bemerkt. Nein, Du sahst nichts. Sie war es, die mir nachging, um mich freundlich zu umarmen. Ich erinnere mich an einen Spaziergang am selben Abend in einer dunklen Gegend und an das Gefühl eines Verbrechens. Ich war das Opfer und der Mörder zugleich.

Nachts teilte sie mein Zimmer. Unsere Betten standen nebeneinander, und ich schluchzte so, daß sie mich offenbar hörte, denn sie kam zu mir und nahm mich in die Arme. »Ich kann nichts dafür,« stammelte ich, »ich liebe ihn so sehr... so sehr.« »Weine nicht,« murmelte sie, »beide werden wir dich lieben, wir werden dich nie verlassen, denn dir verdanken wir unser Glück.«

Ich versuchte, mich selbst zu überreden: ›Das ist wahr, das ist wahr... Und um mir diese zwiefache Zuneigung zu bewahren, bin ich bereit, auch noch mehr zu leiden, wenn das möglich ist.‹

Aber als wir nach Paris zurückgekommen waren, mußtest Du mich nun wirklich verlassen, um woanders zu wohnen. Ein kleiner Koffer, der aussah, als schäme er sich, begleitete Dich – angeblich zum nächsten Hotel, um nicht zu weit entfernt von mir zu sein. Ich glaubte alles, was Du mir sagtest. Das war sehr verständlich... doch als ich Dir am folgenden Tag einige Sachen bringen ließ, von denen ich annahm, Du würdest sie brauchen, erfuhr ich, daß Du geradenwegs ins Hotel Lutetia gezogen warst, wo sie mit ihrem Vater wohnte... zweifellos nennt man so etwas ›fromme Lügen‹.

Sie besuchte mich mehrmals am Tage. Du hattest so ziemlich Deine gewohnte Ruhe wiedergefunden. Ich aber begann meinen Leidensweg und den Abstieg in alle Höllen der Verzweiflung.

...Eine heftige Leberkolik ergriff mich in dieser Zeit einmal so plötzlich, daß ich mich bei der Freundin, bei der ich mich gerade befand, zu Bett legen mußte... Erinnerst Du Dich an Deine Besuche?... immer geschäftig, immer eilig, ins Atelier zurückzukehren. Ich begriff nicht, wie Du mich verlassen konntest, und da war mir der körperliche Schmerz beinahe eine erwünschte Ablenkung von meiner seelischen Folter.

Als es mir ein wenig besser ging, erfuhr ich, daß Roussy jeden Tag gekommen und regelmäßig von meiner Freundin abgewiesen worden war, weil sie sie nicht empfangen wollte und meinte, auch ich wolle sie nicht sehen. Ich war aufs höchste empört. Wie konnte man es wagen, mich von ihr zu trennen, sie glauben lassen, ich verschlösse ihr meine Tür?... Ich hatte nur noch einen Gedanken : so bald wie irgend möglich aufzustehen, um sie wiedersehen zu können, und dieses Haus zu verlassen, wo man ihr den Zutritt verwehrte.

Als mich meine arme Freundin vollständig angekleidet und zum Weggehen entschlossen sah, flehte sie mich an, mich nicht mutwillig der Gefahr eines Rückfalls auszusetzen. Ja, sie bat mich geradezu, Roussy zum Mittagessen einzuladen. Ich nahm nur unter der Bedingung an, daß sie sich nicht die leiseste Kritik erlaube. Das hätte ich nicht ertragen. Ich hatte sie nun einmal mit allen guten Eigenschaften ausgestattet und konnte nicht zugeben, daß jemand an mein Idol rührte. Übrigens konnte nur ihre Gegenwart meine Angst besänftigen, meinem Leben wieder einen Sinn geben. Sie war für mich ein Spiegel, in dem ich meine eigene Jugend wiedersah. Mit ihr fand ich meine Heiterkeit wieder. Und wie sollte ich nicht überzeugt sein, daß auch sie mich gern hatte, da sie genommen hatte, was ich ihr gab? Man muß jemanden von ganzem Herzen lieben, um ein solches Opfer zuzulassen. Wie sehr also mußte sie mir zugetan sein... Denn sie kannte meine Verzweiflung.

Du kennst ihr Vokabular, die Personen, die sie erfand, ihre Geschichten, die flimmerten wie Pailletten und in Glanz und Elend ihrer phantasievollen und turbulenten Kindheit wurzelten.

Roussadana heißt ›leicht‹, hatte sie mir zu Anfang gesagt. Und dieses Wort ging mir noch oft zu Herzen. War es nicht das Spiegelbild Deiner Liebe?

»Ich strich ums Haus wie ein Hund,« erzählte sie, als wir uns endlich wiedersahen, »ohne zu dir vordringen zu können. Ja, ich will gern bei deiner Freundin zu Mittag essen, wenn sie mich sehr nett aufnimmt und wenn es etwas Gutes gibt.«

Es war der 14. Juli und eine drückende Hitze. Wir verbrachten den ganzen Tag miteinander, und Du kamst zum Abendessen. Aber dann kamen Freunde, und als wir nicht mehr zu dritt waren, verflog die Unbefangenheit, und die Stimmung wurde gedrückt.

Und der grauenhafte Sommer begann. Da Ihr Euch in Holland verheiraten solltet, fuhr ich nach England zum Herzog von Westminster. Ein riesiges Schloß in Schottland. Ich wußte nichts mehr von Euch. Ich lebte nur noch in der sehnlichen Erwartung von Nachrichten. Ich spürte, wie ich langsam verlosch. Meine Seele wohnte in einem leeren Raum, in dem Eure Bilder schwebten.

Ihr wart damals in Italien, und ich sollte Euch in Genua treffen, um mit Euch eine Seereise nach Kleinasien zu machen. Ich hatte es so eilig, Euch wiederzusehen, daß ich natürlich vor Euch eintraf.

Einige Wochen mit Euch, Euer Leben völlig teilen...
Wie wollte ich wieder aufleben! Ich glaube, daß mein
Gefühl dem des Ertrunkenen glich, der durch ein Wunder aufs neue unter den Lebenden atmet. Ja, für mich
war es eine von neuem erlebte Verzauberung.

Aber Du? Aber sie?... Seither habe ich mich oft gefragt,
welche Erinnerung Ihr wohl von dieser Reise bewahrt
habt. Woran dachtest Du, wenn Du abends in die Einsamkeit Deiner Kabine zurückkehrtest? Fandest Du
jetzt das Opfer schwer, das Ihr beide voll Begeisterung
auf Euch nehmen wolltet, als Ihr mich so sehr gebeten
hattet, Euch auf dieser Reise zu begleiten? Kam Dir
jetzt Dein spontaner Entschluß zur Großmut wie eine
Heldentat vor und hatte sie sich vielleicht rasch in
Pflichtgefühl verwandelt?

Ich versuchte, über all das nicht nachzudenken. Ich
war mit Euch. Wir drei allein. War es nicht wundervoll?
...Und was hätte ich mir Besseres wünschen können,
als ewig so in Eurer Nähe zu sein?... Jeden dieser flie-
henden Tage mußte ich bis ins letzte auskosten. Sah
ich sie doch voll Schrecken hinter mir ins Kielwasser
unseres Schiffes gleiten, dessen Spanten ich segnete,
weil sie mich mit Euch einschlossen. Mein Glück
konnte nur noch im Schatten des Euren gedeihen. Wie
gern hätte ich die Gewißheit gehabt, mich für immer
dorthin flüchten zu können...

Aber unerbittlich verging die Zeit, und bald waren wir
zurück. Endlich mußte nun doch der >Alltag< beginnen.
Das wurde eine sonderbare Erfahrung für mich. Ihr

wohntet im Hotel, und ich besuchte Euch jeden Tag. Aber ich konnte mich nicht mehr an den Gedanken gewöhnen, daß ich Euch ›besuchen‹ sollte, daß es ein ›bei Euch zu Hause‹ und ein ›bei mir zu Hause‹ gab. Das erschien mir merkwürdig und ein bißchen lächerlich. Zur Not hätte ich mir vorstellen können, daß Ihr nur vorübergehend in diesem Hotel wart. Aber nein, Ihr hattet allerlei Dinge angeschafft, sie kamen an und bereiteten nach und nach eine Euch eigentümliche Atmosphäre, und bei meinen ›Besuchen‹ hatte ich jetzt fast den Eindruck, die Schwiegermutter zu sein!

Das Problem Eurer kirchlichen Trauung war im Ungewissen geblieben, und ich hatte gehofft, daß es Euch nicht mehr beschäftigte. Da erhielt ich plötzlich eine Vorladung ins erzbischöfliche Palais. Mit einer gewissen Neugierde ging ich hin, da ich mir nicht recht vorstellen konnte, was dort vor sich gehen sollte. Man führte mich in einen großen Raum, eine Art Gerichtssaal. Ein rotgekleideter Priester saß in der Mitte. Drei andere, die an einem entfernteren Tisch Platz genommen hatten, erhoben sich flüchtig bei meinem Eintreten. Mitten auf dem Tisch lag eine Bibel. Ich wurde gebeten, die Hand auf sie zu legen und zu schwören, daß ich die Wahrheit sagen würde. Hierauf bedeutete mir der eine Priester, Du habest ihm Deinen Wunsch mitgeteilt, unsere Ehe für nichtig erklären zu lassen. Er fragte mich, ob ich die gleiche Absicht hegte.

Die Tränen traten mir in die Augen, und wahrscheinlich zitterten meine Lippen furchtbar, denn ich war unfähig, ein Wort hervorzubringen. Der Priester sagte mir, ich solle mich fassen, ich hätte drei Möglichkeiten, die Angelegenheit zu betrachten : die von Dir für die Nichtigkeitserklärung angeführten Gründe anzuerkennen ; sie entschieden zurückzuweisen ; oder schließlich : die Entscheidung dem kirchlichen Tribunal zu überlassen.

Ich entgegnete, ich sei mit Dir vollkommen einig und wünschte, daß Deinem Willen entsprochen werde.

Und nun spielte sich ein kaum glaublicher Auftritt ab. Der Mann in Rot teilte mir mit, er würde nun Deine Aussage vorlesen. Als ich die Begründung hörte, die Du vorbrachtest, um unsere Ehe für nichtig erklären zu lassen, traute ich meinen Ohren nicht. Du hattest mich angeblich geheiratet, um Dir eine Nachkommenschaft zu sichern, aber erst zu spät wahrgenommen, daß sich meine körperliche Veranlagung nicht dazu eigne!...Jetzt ließ sich der Priester in eine sehr gelehrte medizinische Beschreibung meiner intimsten Organe ein, während mich die drei anderen fortwährend musterten und ich mich anstrengte, meinen Blick auf diese unglückselige Bibel zu heften.

Als die endlose Darlegung zu Ende war, wurde ich gefragt, ob ich alle Tatsachen als zutreffend anerkenne. Ich beeilte mich, ja zu sagen, unterzeichnete alles, was man wollte, und machte mich aus dem Staube – mit einer unbändigen Lust, hell aufzulachen.

Erst am nächsten Tag überfiel mich die Verzweiflung. Mir war zumute, als ob alles mich verwunden wollte.

Selbst die leblosen Dinge waren mir feindlich gesinnt. Ein barmherziger Freund dachte, das einzige Heilmittel sei die Flucht : Europa verlassen und eine Beschäftigung finden, die meinen Geist von seiner fixen Idee ablenkte. Er machte mich mit einer jungen Russin bekannt, die in New York einen Modesalon leitete und mir eine ungeheure Summe bot, wenn ich ihr helfen wollte, ihn bekanntzumachen. Ich war im stillen davon überzeugt, daß Du auch nur die Möglichkeit, ich könnte nach Amerika gehen, und besonders, daß ich dafür bezahlt würde, niemals ertrügest! Deshalb teilte ich Dir diesen Plan ungefähr in der Art mit, als wollte ich Dir eine Falle stellen, um zu sehen, wie Du darauf reagiertest.

Aber Dir erschien das alles so natürlich, daß ich mich noch auf dem Schiff nach New York fragte, ob Du überhaupt verstanden hattest, was ich Dir sagte...

Hast Du jemals darüber nachgedacht, wie meine Ankunft dort wohl ausfallen mußte, bei Leuten, die ich vierzehn Tage zuvor noch nicht gekannt hatte, und in welches nutzlose, stumpfsinnige Abenteuer ich mich da einließ... und so fern, so fern von Euch!

Während dieser unvorstellbaren Beschäftigung, die darin bestand, mich überall zu zeigen und Menschen, die ich am nächsten Tag vergessen hatte, unentwegt und angestrengt anzulächeln, erhielt ich einen banalen Brief mit der Mitteilung von Eurer Trauung in der spanischen Kirche.

Ich brauchte Tage und Tage des Nachdenkens und mehrere telegrafische Bestätigungen, um mir darüber klar zu werden, daß Ihr fähig wart, das zu tun, ohne mich vorher in Kenntnis zu setzen.

Und dennoch war es Wirklichkeit. Nun, trotzdem, trotz allem war mein Herz voll Freude, als ich mich wieder nach Le Havre einschiffte...

Siehst Du, was mich im Laufe meines ganzen Lebens vielleicht am meisten gewundert hat, das ist, bis zu welchem Grad die Liebe unverwundbar, unzerstörbar ist. Sie kann die unsinnigsten, durch Minen und Sprengstoffe gefährdeten Wege durchlaufen, man kann sie zerreißen, foltern, sie über die demütigendsten Pfade zerren, sie wird immer da sein, unversehrt und rein, unter den Lumpen, mit denen das Leben sie behängt.

Das übliche ›Nein, das ist das Ende!‹ ist nur ein erbärmlicher Selbstbetrug... eine recht armselige Aufwallung der Empörung des durch zu viel Leid empörten Herzens, das sich einzureden versucht, die Entrüstung sei imstande, der Liebe ein Ende zu bereiten... Ach was! Die Entrüstung!... ein schönes Wort! Es wiegt nicht um eine Unze schwerer als alle übrigen schönen Worte, wenn man in die andere Waagschale das erdrückende Gewicht der Liebe legt; der ganze Wortschatz unserer Gefühle kann sich anhäufen, ohne auch nur den Waagebalken in Bewegung zu setzen.

Und als ich Euch wieder traf, war es mir, als ob aufs neue die Sonne scheine.

Inzwischen hatte Euer Leben außerhalb des meinen nach und nach einen geregelten Lauf genommen, ganz leise, ohne daß ich mir dessen so recht bewußt wurde.

Ihr hattet jetzt eine Wohnung, in der jeder Gegenstand sich für Euch mit einer Erinnerung, mit einer Reise, einem Erlebnis verband, die mir fremd waren. Euer Bett zum Beispiel verblüffte mich. Gott weiß, warum ich vor diesem Möbel so verwundert stehen blieb: es ging wohl von ihm eine plötzliche Vorstellung von Verlassenheit, von Einsamkeit, fast von Altern aus...

Wie hättest Du damals meine Empfindungen verstehen können, Du, der Du im Gegenteil ein ganz neues Leben begannst! Wie hättest Du Dir vorstellen können, daß ich, wenn ich heimkam, stundenlang neben dem Telefon weinte und mich an die schwache Hoffnung klammerte, noch einmal einen von Euch zu hören, bevor mich die Nacht so lange – mich dünkte, eine Ewigkeit – von Euch trennte.

Nach und nach bemächtigte sich meiner eine so krankhafte Traurigkeit, daß ich ganz ernsthaft an die unsinnigsten Heilmittel dachte.

Ich fuhr wieder nach Amerika, um einen berühmten Arzt zu konsultieren, der sich erbot, mich durch Hypnose von meiner Leidenschaft zu heilen! Im letzten Augenblick packte mich panische Angst, und es wurde mir klar, daß ich zehnmal unglücklicher wäre, wenn ich Euch nicht mehr liebte. Konnte ich Euch übrigens etwas vorwerfen, was ich nicht selbst zugelassen, erleichtert und geradezu gutgeheißen hatte?

Nein, mein Herz war Euch nicht im mindesten böse. Nur ›die andern‹ machten mich verrückt. Ich kam so

weit, die Blicke von Leuten zu belauern, die mir vollkommen gleichgültig waren, bis zum schiefen Lächeln
eines Portiers. Ich ließ nicht zu, daß man Euch ver-
urteilte, daß man sich die geringste Kritik an Eurem
Benehmen mir gegenüber erlaubte.

Jede Äußerung über mein eigenes Verhalten verletzte
mich. Das ging niemanden etwas an, das war unsere
Angelegenheit, betraf nur uns drei, Eure Liebe, meine
Gefühle. Schon, daß man davon sprach, erschien mir
wie eine Besudelung. Oh, ich weiß, es war, als hätte
ich am ganzen Körper offene Wunden... aber, was
willst Du, es war eben alles, was von meiner Liebe
übrigblieb, worum ich immer noch kämpfte. Und so
kam ich aus Amerika zurück im gleichen Zustand der
Überreiztheit.

In diesem Sommer wart Ihr nach Spanien gefahren, in
einem neuen Auto – im glanzvoll ›schnittigen‹ Wagen,
den sie so ersehnt – und wir sollten uns später treffen.
Ach, wenige Tage nach Eurer Abreise kam das ver-
hängnisvolle Telegramm aus Venedig: Diaghilew lag
im Sterben. Ich kam rechtzeitig an, um noch zwei Tage
bei ihm zu verbringen, aber es gelang mir nicht, Dich
telegrafisch zu erreichen. Ich dachte an nichts anderes... wenn Du nur hättest zu mir kommen können...
wenn ich Dich während dieser Stunden hätte nahe
fühlen können, in denen ich mit unserem liebsten
Freund unter dem ruhmreichen Himmel Venedigs
zwanzig wundervolle Jahre unseres Lebens dahinsin-
ken sah.

Sogleich nach der Beerdigung reiste ich auf der Jacht des Herzogs von Westminster ab. Ich wollte diesen Zusammenbrüchen und der Verzweiflung entfliehen. An diese Reise kann ich nicht denken, ohne aufs neue die entsetzliche Angst eines gehetzten Wildes zu empfinden, die mich die ganze Nacht wach hielt, während ich auf Deck hin und her lief. Ich sehnte mich nur nach den Häfen, den Hotels, wo ich Aussicht hatte, eine Nachricht von Euch vorzufinden... Schließlich fand ich Dich in Bologna... im Hospital Du hattest Dir das Handgelenk gebrochen, und ich konnte drei Tage bei Dir verbringen. Es fehlte nicht viel, daß ich in diesem traurigen Unfall eine Wohltat des Schicksals sah!

Das war vor zwei Jahren. Von dem, was nachher kam, ist meine Erinnerung verworrener. Ich entsinne mich eines langen und dumpfen Schmerzes, der mich vor meinen eigenen Augen oft recht feig erscheinen ließ. Ich spürte, es sei an der Zeit, unsere Verbindung zu lockern, und ich war unfähig dazu. Kleinigkeiten bewiesen mir, daß ich Eurem Leben ein wenig fremd wurde. Ich verachtete mich, weil ich sie ignorierte. Ich nahm sogar Deine Einladung zu einer Italienreise an. Gott, wie jämmerlich verlief sie. Ich werde es nie verwinden, daß ich nicht das bißchen Mut aufgebracht habe, diesen Unfug abzulehnen.

Eine andere Reise, diesmal ohne Euch, sollte, recht unnötig, eine meiner liebenswertesten Illusionen zunichte machen. Ich war damals mit einer Freundin in Kalifornien und hatte den unglücklichen Einfall, den Bruder

Roussys zu besuchen, der bei Hollywood in einer Art falschen Moschee von unvorstellbarer Häßlichkeit lebte. Hier stieß ich in einem traurigen Durcheinander auf die Fotografien ihrer Kindheit, die Gegenstände aus Tiflis, die sie mit der ganzen feenhaften Herrlichkeit der Märchen auszuschmücken verstand, mit all dem Duft der bestrickenden Geschichten, die sie für mich erfand... und plötzlich war der Zauber zerstoben! Alles was ich mir von diesem umhergestoßenen, sich herumtreibenden Kindervölkchen vorgestellt hatte, das im Schlepptau einer nach offiziellen Empfängen, Rosenkonfekt und italienischen Opern hungernden Mutter in großartiger Ungebundenheit das Schwarze Meer und Konstantinopel durchzog, fand in diesem abscheulichen Haus in Hollywood sein Ende. Es schnürte mir das Herz ab, ich hatte nur noch den einen Gedanken: wegfahren, fliehen, Euch eiligst wiederfinden!... Wie immer. Was konnte ich dafür! Nach einer ohne Euch verbrachten Zeit war ich von solcher Angst, solchem Gefühl der Leere ergriffen, daß der Mut zu leben aus meinem Herzen wich.

Kaum hatte ich das Schiff verlassen, so versuchte ich Dich telefonisch zu erreichen. Da es mir nicht gelang, schrieb ich Dir einen Brief. Einen dieser Briefe, deren ich wohl hundert geschrieben habe, ohne sie abzusenden. Warum wollte es das Schicksal, daß dieser abging? Warum mußte gerade er Roussy in die Hände fallen? Ich hätte ihn ihr übrigens gewiß nicht verheimlicht: er war ganz alltäglich, dieser Brief. Aber ich merkte sofort, sie grollte mir, daß ich ihn geschrieben hatte. »Du liebst ihn viel zu sehr,« sagte sie mit einer Härte, die ich an ihr nicht kannte, »er ist es nicht mehr wert.«

Was war vorgefallen? Ich wollte es nicht einmal wissen ... Welche Wirrnisse, welche armseligen Ausflüchte, haltlosen Lügen verwoben sich zu einem Spinnennetz während dieser letzten Monate, die in eine Katastrophe münden mußten!

Jetzt ist alles zu Ende. Gott hat sie wieder genommen. Und ich weiß, Du ertrügest es ebensowenig wie ich, daß man darüber diskutierte, was während dieser letzten Wochen gesagt oder getan wurde. Wir lebten so sehr vom Schmerz geblendet, daß mancher unserer Freunde in diesen grauenhaften Nebel unserer Erinnerung stellen konnte, was er wollte... Was lag uns daran? Die Wahrheit steht nur in Deinem und meinem Herzen geschrieben. Aber siehst Du, wenn ich ein so lebhaftes Bedürfnis empfand, Dir diese armseligen Zeilen zu Schreiben, so ist es wegen eines Satzes, eines einzigen Satzes, den Du mir einmal sagtest, schlicht und einfach, und der mich so betroffen machte, daß ich nichts erwidern konnte. Du weißt es sicher nicht mehr. Oh, es ist nicht viel. Du sagtest seelenruhig: »Weißt du, wenn du mich wirklich geliebt hättest, so würdest du mich nicht fortgelassen haben.«

Darauf mußte ich um jeden Preis einmal antworten. Nun ist es getan, und ich hoffe, Du wirst niemals wie-

der auf den Gedanken kommen, eine derartige Frage
zu stellen.

Warum hast Du nicht den Mut, das großzügig anzunehmen, was ich Dir aus Liebe gab?

ERINNERUNG AN REVERDY

Jetzt, da mir der Zustand meiner Augen die Lektüre, das Klavierspielen und hundert andere Beschäftigungen verbietet, deren Wert ich erst schätzen gelernt habe, seitdem sie mir unmöglich sind, lasse ich meine Gedanken oft lange Zeit in die Vergangenheit schweifen. Das ist für mich etwas ganz Neues, denn untätig zu sein, widerstrebt meiner Natur, und mein Geist wandte sich von jeher dem Gegenwärtigen und der Zukunft lieber zu als dem Vergangenen. Die vorangegangenen Seiten haben zu erklären versucht, wieso mein Herz für die Liebe niemals das Wort ›zu Ende‹ anerkennen konnte. Das sagt deutlich genug, daß es niemals gelernt hat, sich mit dem abzufinden, was man den verklärenden Zauber der Vergangenheit nennt.

Während meiner langen, unfreiwilligen Grübeleien komme ich zuweilen darauf, eine Art Wertskala für die drei von mir durchlebten Menschenalter zu entwerfen. Wie merkwürdig ist diese Stufenleiter, auf der man während einer immer schneller sich entwickelnden Epoche emporklettert. Denn aus dieser beschleunigten Bewegung entsteht ein sehr überraschendes

Phänomen : der berühmte ›historische Abstand‹, der Jahrhunderte brauchte, um die Gültigkeit einer Beurteilung, die Bewertung eines Künstlers festzusetzen – auch er wurde von einem krankhaften Tempo befallen. So entwickelte sich eine immer stärker verkürzte Perspektive.

Während es dreier Jahrhunderte bedurfte, um Greco unter die ersten Meister einzureihen, und gut hundert Jahre, um zu merken, daß Boileau ein Schwätzer war, so genügte schon ein halbes Jahrhundert, um die großen Romantiker der Musik anzuerkennen, und jetzt ist man schon nach einem einzigen Menschenalter so weit, die Impressionisten in den Museen aufzuhängen. Picasso wiederum war teurer als Renoir in einem Alter, als er selbst noch nicht recht wußte, was er wollte. Und heute spricht man bei jungen Leuten von dichterischem Genie, noch ehe sie orthographisch schreiben können.

Dieses sich überstürzende Tempo ergab die unheimliche Möglichkeit, die Skala der Werte mit entsprechender Geschwindigkeit aufzustellen. Die heute Zwanzigjährigen können sich selbst mit der kühnsten Phantasie nicht vorstellen, wie viele ›Berühmtheiten‹ im Laufe meines Lebens zu Asche wurden!

Indes gibt es noch Menschen, die in diesem eiligen Jahrhundert zur Reife gelangt sind, ohne ein Tausendstel der ihnen gebührenden Anerkennung zu erfahren. Ich denke da besonders an einen Dichter wie Pierre Reverdy. Ich weiß wohl, daß er stets ein anderes Licht gesucht hat als das der Scheinwerfer. Immerhin sind seine Bücher veröffentlicht worden... aber er selbst ist im Hintergrund geblieben, während zum Beispiel die Schriften eines Sartre ganz plötzlich innerhalb eines Jahres ihren Weg um die Erde machten.

Reverdy hat den Schatten und die Meditation erwählt. Trotzdem wird auch sein Name eines Tages weit oben auf der Stufenleiter der Werte stehen.

Ich lernte ihn 1920 kennen. Noch ganz jung, schien er schon vom Leben unheilbar verwundet. In einer merkwürdigen Mischung von tiefer christlicher Demut und rebellischem Geist fühlte man beinahe physisch die ständige Folter seiner Seele. Er wurde sehr rasch mein Freund. Ich weiß nicht, was ihn an meiner ungestümen Vitalität anzog. Vielleicht sah er in mir eine Art gute Fee.

Seit unserem ersten Zusammentreffen sind dreißig Jahre verflossen. Heute betrachte ich ihn als einen der bedeutendsten lebenden Dichter.

Seine Berühmtheit ist begrenzt, aber sein Wert ist unbestreitbar. Wie erstaunlich es auch klingen mag, wenn es sich um einen Künstler handelt – ich glaube fast, daß ihm der Ruhm bei Lebzeiten unbehaglich wäre wie ein zu auffälliges und daher in seinen Augen vulgäres Kleidungsstück. Die Bewunderung der breiten Masse würde ihn übrigens auch nicht von den Zweifeln heilen, die ihn von jeher quälten. Die Anerkennung, die Begeisterung suchte er immer in sich selbst. Sein Glaube hielt ihn instinktiv vom Beifall der Welt fern. Jedoch legte er, seit wir uns kannten, liebenswürdigerweise einen gewissen Wert auf meine Beurteilung seiner Arbeiten.

›Ich sehnte mich danach,‹ schrieb er mir, ›Ihre Meinung über mein Buch kennenzulernen. Ich fürchtete, es hätte Sie gelangweilt, denn es hat für den, der nicht tief bis in den dunklen Schacht vordringt, dem es entspringt, wohl etwas Langweiliges. Ich bin glücklich, daß es Ihnen gefallen hat und daß das Leben, aus dem es erwuchs, und die Aufrichtigkeit, die es an Stelle des fehlenden laut angepriesenen Talents ans Licht brachte, bei Ihnen auf entsprechende Wesenszüge trafen. Aus Ihrem Brief ersehe ich wohl, daß auch Ihr mit Licht gesegnetes Leben der dunklen Farben und der Bitternis nicht entbehrte. Nichts hienieden, denke ich, kann uns das völlig ersparen. Sie erfuhren in diesen Augenblicken die Wahrheit, die das Herz des Menschen neu belebt... Wenn meine Widmung zutraf, so mögen Sie wissen, daß ich sie nicht mit trockenen Augen, sondern in einem Moment inneren ‚Erlebens‘ schrieb, bei Morgengrauen in meiner Zelle. Ich bin Gott dankbar, daß sie Ihnen ein wenig von der Gemütsbewegung zutrug, die Ihnen aus meinem Herzen entgegenströmt.‹

Ich hatte das Glück gehabt, ihm bei der Verwirklichung des Wunsches zu helfen, in der Abbaye de Solesmes zu leben. Je mehr er innerlich wuchs, um so seltener wurden seine Reisen nach Paris. Die Einsamkeit und die innere Sammlung ermöglichten es ihm, zugleich mit seinem dichterischen Werk die Suche nach seiner eigenen Bestimmung und der Erkenntnis Gottes fortzusetzen. Für das wenige, was ich für ihn tun durfte, bezeugte er übermäßige Dankbarkeit:

>Ich habe Sie so lieb,< schrieb er mir von Solesmes, >ich denke mit so viel Zärtlichkeit an Sie... Sie können nicht ahnen, wie viel und wie sehr. Zuweilen erklingt in meinem Herzen ein Satz, ein Wort von Ihnen, das Sie mir sagten, und dann mischt sich in diese Süße nur der Gram, Sie nicht umarmen, meine Hand nicht auf die Ihre legen zu können, Sie nicht mehr zu sehen. Wie oft habe ich die Hindernisse verflucht, die mich von Ihnen trennten, meine übertriebene Empfindlichkeit, die gesellschaftlichen Unterschiede, meine Stumpfsinnigkeit im Kreise der Leute, zwischen denen Sie leben zu sehen mir unerträglich wäre. Sie warfen mir manchmal vor, daß ich Sie nicht öfter besuchte. Aber Sie bedachten nicht, daß ich Sie dann da hätte vollkommen herauslösen wollen und daß es besser war, alles mit einem Schlage zu opfern. Teure, innigst geliebte Freundin, Sie mögen wissen, daß Sie in mein Leben, das immer eine dumpfe Qual bleibt, etwas Bedrückendes hineingetragen haben – Glück und auch Leid –, denn es ist wahr, daß man nicht wahrhaft liebt, ohne zu leiden, und Sie gehören zu denen, die ich bis zum Schmerz liebe. Sie fehlen oft meinen Armen, meinen Lippen und meinem Herzen. Sie sind ein Stück meines Lebens. Ein Stück Himmel.<

Ich zitiere hier nur kurze Bruchstücke seiner Briefe, die in ihrer Gesamtheit allein schon ein bedeutendes literarisches Werk bilden würden, eine ungewöhnliche

Lehre der Humanität und zugleich ein erschütterndes Beispiel dafür, was das Leben dem Herzen eines Menschen vorbehält, der jeden geistigen Kompromiß von sich weist.

›Ich bin außerstande, mit kühlem Kopf zu schaffen, und ich wünschte, die Erzählung, von der wir sprachen, würde in der Geistesverfassung entgegengenommen, in der *wir* waren, als Sie sie von mir verlangten. Hätte ich sie doch ohne viel Nachdenken vor meinem Besuch bei Gheuzi geschrieben. Gute Fee – Sie wissen, wie sehr Sie es in meinen Träumen und in meinem Herzen sind! Aber eben deshalb möchte ich nicht, daß diese glühende Niederschrift die Bitternis merken ließe, die seit jenem unglückseligen Besuch auf meine Seele fiel. War er nicht bezeichnend für das, was man von den Mächtigen unserer schönen Welt erwarten kann, wenn man selbst zu klein erscheint? Für mich besteht offensichtlich keine Möglichkeit, diese schreckliche Lage zu klären, die schon so lange andauert und, wie mir scheint, in dieser Weise nicht sehr lange mehr währen kann. Denken Sie, wir haben uns vor zwei Jahren kennengelernt, und das war für mich ein großer Ansporn. Aber trotz aller moralischen Opfer, die es mich kostete, einen festen Standort in der allgemeinen Bewegung zu suchen, hat sich seit dem ersten Tag nichts geändert. Es fällt schwer, das Wort Glück ohne Grimasse auszusprechen und hinzuschreiben...‹

Sein noch so junges Herz kannte damals schon alle Abgründe der Verzweiflung. Wahrscheinlich ermöglichte ihm dies, zusammen mit seinem Glauben und der Begabung, die ihm Gott bei der Geburt geschenkt hatte, in seinen Gedichten, jene strahlende unsterbliche Schönheit zu erreichen.

Seit er gelernt hatte, die Persönlichkeit und das Werk Serts zu begreifen, ahnte er auch dessen wahre Bedeutung:

›...In dem Rahmen, in dem seine Gemälde zur Zeit geboten werden,‹ schrieb er mir über die Kathedrale von Vich, ›müssen sie noch erhebender wirken. Ich hoffe, daß Sie beide über dieses Ergebnis glücklich sind. Das sind Höhepunkte, auf denen man ein bißchen ausruhen kann... Ich hörte von Serts Erfolg und daß der spanische König ihn empfangen hat. Liebe Misia, alles Gute, was Ihnen und Sert begegnen kann, macht mich froh.‹

›...Aber meine Einsamkeit soll Sie nicht bedrücken. Das ist keine Einsamkeit, es ist die Gegenwart Gottes und in Gott die der wenigen Freunde, unter denen Sie an erster Stelle stehen. Hatte uns das Getümmel und Getöse von Paris nicht daran gehindert, uns zu sehen und zu verstehen? Hier in dem Schweigen, das manche tödlich nennen würden – man hört nur die Vögel sprechen und die Mönche singen –, lausche ich Gott und liebe meine Freunde mit göttlicher Liebe. Gott hat sich Ihrer bedient, um mir dieses Leben der Zärtlichkeit und Liebe zu gewähren, das einzig mögliche fortan. Ich mußte entweder sterben, verdorren oder einzig vom Lichte leben. Es wäre grauenhaft, Misia, das Leben mit ausgedörrtem Herzen zu verlassen, es ist köstlich und heiter, es aus einem Übermaß an Liebe zu verlieren...‹

Ja, aus einem Übermaß an Liebe wohl hielt Reverdy sich abseits von einer Welt voller Kanten, die ihn tödlich verwunden konnten.

Und doch brauchte der Künstler Reverdy, wie jeder andere, die Geselligkeit, das Licht und das Pflaster von Paris. Von Picasso zum Beispiel war er unzertrennlich. Er hatte ihm von Jugend an eine Verehrung dargebracht, die keine Wolke zu verdunkeln vermochte.

DER FALL PICASSO

Jetzt, da das Leben des Malers, wie das meine, in seine letzte Phase eingetreten ist, erscheint mir der Fall Picasso charakteristisch für die verfehlte Einstellung, die seit dem Krieg 1914/18 das Kunstleben kennzeichnet. Der Snobismus derer, die bei der Nennung seines Namens die Achseln zucken und von ›ungeheurem Bluff‹ sprechen, bringt mich womöglich noch mehr auf als die Clique der angeblich Eingeweihten, die aus Picasso einen unfehlbaren Gott machen, von denen der geringste, auf die Ecke eines Fetzens Papier hingeschmierte Witz kostspielig eingerahmt wird und in der Wohnung des glücklichen Besitzers am Ehrenplatz prunkt. Die eine wie die andere Haltung ist lächerlich, nur sind sie leider mit der Zeit gleich gefährlich geworden. Denn die Ausbreitung seines Ruhmes – es ist bei einem lebenden Künstler wohl einmalig in der Geschichte, daß es im tiefsten Inneren Australiens oder Oklahomas keinen Lesekundigen gibt, der nicht seinen Namen kennt – bringt eine Verantwortung gleichen Ausmaßes mit sich. Gibt er sich wirklich Rechenschaft über das Gewicht und die Tragweite dieser Verantwortung, die ihm besonders der Jugend gegenüber auferlegt ist? Dieser aus der Bahn geworfenen, zerrütteten Jugend, die, als sie heranwuchs, den Zusammenbruch alles dessen vor Augen hatte, was man sie zu achten gelehrt hatte. Einer Jugend, die an nichts mehr glaubt, weil sie sehen mußte, wie man die als unantastbar geltenden Werte untergrub, die einfachste Moral mit Füßen trat, die aber dennoch immer weiter dem Idealen und Schönen zustrebt, so wie es die Jungen aller Zeiten tun werden, solange die Welt besteht.

Ob er es will oder nicht, Picasso ist einer der sehr seltenen Sterne, die das Getöse und die Trümmer dieses halben Jahrhunderts durchquerten, ohne daß ihre Anziehungskraft aufgehört hätte zu wachsen. Ganz im Gegenteil. Für Hunderttausende von Intellektuellen, die über den ganzen Erdball verstreut sind, bezeichnet sein Name heute nicht nur eine Form der Malerei, sondern sogar eine Schule, einen geistigen oder moralischen Standpunkt – das will sagen, eine bestimmte Weltanschauung –, eine ›Haltung‹, die weit über das Ästhetische hinausgeht und die Philosophie, ja selbst die Politik einbezieht. So unwahrscheinlich es klingen mag, wenn man mit einem Zwanzigjährigen spricht, so wird man gewahr, daß ›für Picasso sein‹ viel mehr bedeutet, als den Kubismus einer anderen Richtung und Picassos Malerei im allgemeinen der eines anderen Künstlers vorzuziehen. Man stellt sehr bald fest, daß dieses ›für‹ eine andere grundsätzliche Stellungnahme zu einer Fülle von Problemen mit umfaßt. Eine sehr oft ablehnende, fast immer unklare Stellungnahme, in dem Sinne, daß der Jünger nicht wenig Mühe haben würde, wenn er sie erklären sollte.

In meiner Jugend waren wir einige Dutzend Menschen, die ein Bild von Bonnard, ein Gedicht von Mallarmé oder ein Ballett von Strawinsky liebten. Heute findet man nicht Tausende, sondern Millionen Menschen, die einem erklären, daß sie Picasso vergöttern, unter ihnen mein Schuster, der Maurer an der Straßenecke oder der Mann, der den Ausguß an der Wasserleitung repariert.

In der Verallgemeinerung einer derartigen Religion sehe ich an sich noch kein Übel. Was mich erstaunt und zugleich entsetzt, ist die Vorstellung von einem Gott, dessen Gebote den inbrünstigen Gläubigen völlig unbekannt sind – weil er selbst niemals versucht hat, sie aufzustellen. Er wurde durch eine Woge auf einen fingierten Gipfel hinaufgeschwemmt, wo man ihn in der Einbildung wie durch ein unendlich vervielfältigendes Prisma sehen kann, das jedem gestattet, ihn von einem beliebigen Gesichtspunkt aus zu betrachten.

Und doch blieb der Mensch Picasso inmitten dieser unglaublichen Beweihräucherung stets der weiche Ton, aus dem jeder Künstler geformt ist: gerade das hat ihm meine innige Freundschaft bewahrt. Ich kann nicht glauben, daß er niemals gezweifelt hätte – in gewissen Augenblicken sogar verzweifelt war. Das Publikum jedoch griff gierig nach allem, was von Picasso kam, ohne daß sich jemals die Stimme des Kindes aus Andersens Märchen erhoben hätte, das trotz der blinden Bewunderung der auf den Knieen liegenden Menge in seiner Unschuld ausrief: »Aber der König ist ja nackt!« Picasso selbst wußte es wohl in vielen Fällen. Man schafft nicht dreihundertfünfundsechzig Meisterwerke im Jahr, und es kam vor, daß Picasso mehrere Bilder an einem Tage malte...

Ich liebte und schätzte seine echten und gediegenen Eigenschaften viel zu sehr, um ihm das Unrecht anzutun, zu glauben, er selber sei mit gewissen seiner zahllosen Werke völlig zufrieden, um die man sich stritt wie um Anteile der Suezobligationen.

Picasso ist sensibel und sein Geschmack so vollkommen, daß es ans Wunderbare grenzt. Wer sich davon einen Begriff machen will, möge das Haus ansehen, das er sich in der Rue des Grands-Augustins aussuchte. Ich kenne wenige Häuser, die in ihrer Schlichtheit so schön und edel sind.

Aber dieser Mann, dessen Einfluß alle Umwälzungen überdauert hat, zeigt in einer Art eine ungeheure Schwäche: in seinen Augen war niemals etwas der Mühe wert, fünf Minuten Zwang, Anstrengung oder gar Langeweile zu rechtfertigen. Seine Jugend – die er in Gemeinschaft mit Apollinaire verlebte in einer Epoche, in der er so wenig vernünftig war, daß er in vollstem Ernst sagte: »Rechts und links, gut und böse, schwarz und weiß sind nur scheinbare, keine konventionellen Unterschiede« – hat ihn nicht nur gezeichnet, sondern auch auf einen Weg gebracht, der ihn unmittelbar zu einem fabelhaften Erfolg führte. Wie sollte man ihm böse sein?

Aber auf die Gefahr hin, päpstlicher als der Papst zu erscheinen, bin ich verpflichtet zu sagen : ›Picasso trägt unendlich viel mehr in sich, als er gegeben hat.‹

Vielleicht bringe ich die Eiferer zum Lächeln. ›Was können Sie mehr verlangen, als der Erste unter den Berühmtesten zu sein?‹ wird man mir entgegnen.

Nun, ich, die ihn so jung kannte, meine, daß er weit Besseres verdiente als dieses Leben – so ruhmreich es sein mag –, in welchem, meiner Überzeugung nach, der *Mensch* Picasso nicht all das verwirklichte, was er in sich trug.

Bestimmt haben die Händler und diejenigen, die sich selbst zum Priester seiner Religion weihten, ihm sehr viel Schaden getan (so etwa wie die Verehrer Prousts vielen den Geschmack an Marcel Proust verdorben haben). Wenn ich von Händlern spreche, so nehme ich Rosenberg aus, dessen Abreise nach Amerika schließlich Picasso die Freiheit gab, sich selbst um den Absatz seiner Bilder zu kümmern und ihn damit wehrlos jener Sorte von Freunden auslieferte, die nichts weiter tun, als beträchtliche und folgenschwere Dummheiten anzurichten.

Vielleicht stapelte Rosenberg Picassobilder in seinen Kellern auf und gab sie, in der Annahme, die Preise würden sich verzehnfachen, nur tropfenweise heraus. Aber er wußte wenigstens mit wunderbarem Spürsinn die bedeutendsten auszusuchen und nur mit Vorbedacht zu zeigen. Seine Ausstellungen boten dem Publikum einige Dutzend Bilder, geschickt ausgewählt und prächtig zur Geltung gebracht durch Rahmen, Hängung und eine Wandbespannung, auf der sie kostbar und selten wirkten; denn das hatte diese Malerei – außer dem geforderten Preis – unbedingt nötig. Zumindest blieb die Würdigung von Picassos Werk einem Kreis von Liebhabern vorbehalten, deren Neigung man verstehen konnte. Ach, aber kurz nach dem Krieg ging ich in eine dieser ausgedehnten offiziellen Ausstellungen im Musée d'Art Moderne am Quai de Tokio: ein riesiger Saal mit kalten und nackten Wänden war den Bildern Picassos zugewiesen, die da an Nägeln oder Ringhaken ohne den geringsten Rahmen und wie zufällig nach Größe und Eingang aufgehängt waren.

Schon beim Eintreten in diesen Raum befiel mich eine wahre Angst. Eine Menge Gaffer, wohl Fleischer oder Gemüsehändler, irrte umher und bog sich vor Lachen vor dem einen oder anderen dieser unglückseligen, der öffentlichen Idiotie ganz nackt ausgelieferten Bilder. Ich hatte den Eindruck einer Entweihung. Dummerweise rannen mir die Tränen, die ich nicht zurückhalten konnte, aus den Augen, die fassungslos eine solche Metzelei ansehen mußten. Ein Aufseher im Stil Courtelines klopfte mir freundlich auf die Schulter und sagte: »Nun, nun, gute Frau, Sie brauchen sich das nicht so zu Herzen zu nehmen... Was würden Sie sagen, wenn Sie wie ich den ganzen Tag hierbleiben müßten?«

Der Schöpfer des Vorhangs zur ›Parade‹, der Ausstattung zum ›Dreispitz‹, der Freund, dessen Kampf mit sich selbst ich seit mehr als dreißig Jahren verfolgte, hatte zu so etwas seine Einwilligung gegeben! Plötzlich erinnerte ich mich an ein ganz kleines Bild Picassos, einen Stierkampf in einem idealen Grün, für den ich einen so vollkommenen Rahmen gefunden hatte, daß mir diese paar Zentimeter Malerei jahrelang als das kostbarste Stück der Welt erschienen waren.

Kurz nach dem Besuch dieser unseligen Ausstellung empfand ich das Bedürfnis, Picasso in seinem Atelier in der Rue des Grands-Augustins zu besuchen. Ich mußte noch einmal dem Menschen gegenüberstehen, dem Freund, der mich zur Trauzeugin, zur Taufpatin seines ersten Kindes gewählt hatte. Ich durchquerte den großen gepflasterten Hof des schlichten und großartigen Hauses, das so gut zu ihm paßte, und stieg die Stufen einer der schönsten Treppen von Paris hoch, um zum Treppenflur zu gelangen, wo er arbeitete. Er zeigte mir die hohen Räume, deren Decken von riesigen Balken gestützt waren, die Schlupfwinkel – seinen Schatz, die Negerplastiken, die einfachen geschnitzten Gegenstände aus einem durch die Jahrhunderte abgeschliffenen Material – und etwas weiter entfernt mit kindlicher Freude eine Badewanne und Waschbecken, in die nach Drehung des Wasserhahns ein so kochend heißes Wasser lief, daß wir uns auf der Stelle in einem Dampfbad befanden. Darauf war er besonders stolz... mit Recht, wenn man sich in eine Zeit zurückversetzt, in der Kohle und Heizung größter Luxus waren.

Mit seinen erregenden Händen nahm er die Bilder von der Wand, um sie in die Reichweite meiner geschwächten Augen zu tragen. Es gab Dutzende und Dutzende. Wie gerne hätte ich ihm sagen mögen, daß ich von ihnen begeistert wäre! Wie glücklich wäre er gewesen, wenn ich eines mitgenommen hätte! Ach, unter all dem, was er damals machte, gab es nichts, in dessen Gesellschaft ich hätte leben können. Ich liebte ihn viel zu sehr, als daß ich fähig gewesen wäre, ihm über meine Gefühle etwas vorzumachen.

Als er mich hinausbegleitete und an der Tür umarmte, sah ich, daß seine großen, klaren Augen von Tränen feucht wurden... was hätte ich nicht darum gegeben, ihm sagen zu können: ›Dieses Bild da liebe ich.‹

Ich saß wieder in meinem Wagen und weinte fassungslos über das, was er hätte sein können.

Die Ausstellung der rahmenlosen Bilder fiel ungefähr in die Zeit, in der Picasso der kommunistischen Partei beitrat. Wahrscheinlich hatte er es in einer Minute der Übermüdung getan und weil ihn seine Umgebung unablässig darum bat. Vielleicht war er von allen am meisten erstaunt, als eines Morgens sein Photo und sein Name so ziemlich die ganze erste Seite der ›Humanité‹ einnahmen. Man hatte wohl einen Tag ausgenützt, an dem er zum Unterschreiben aufgelegt war (was bei ihm wegen seines Widerwillens gegen Entscheidungen äußerst selten vorkommt), um ihm eine Beitrittserklärung vorzulegen.

Picasso Kommunist, welches Aushängeschild! Und was war natürlicher, als daß man einen so tönenden Namen bis ins letzte ausbeutete? Aber hier begann die

Gefahr. Picasso war seit langem sein eigenes Aushänge-schild. Warum mußte er sich einer Partei anschließen und ihr bestes Propagandamittel werden? Daß Picasso ›links‹ und sogar ›ganz links‹ steht – Gott sei Dank! Ist das aber ein Grund für einen Künstler, sich zum Ge-fangenen einer starren Doktrin zu machen? Er be-merkte es bald: inzwischen aber war das ungeheure Gewicht seines Namens schon in die Waagschale ge-worfen worden.

Welche Verantwortung! Wie viele Tausende Intellek-tueller und opferbereiter junger Menschen folgten wohl ohne das geringste Zaudern dem, den sie inbrün-stig bewundern? Vielleicht stieß er seinen Entschluß ebenso leichtfertig um, wie er ihn faßte. Aber konnten sich auch die anderen eine solche Gebärde gestatten?

Dieser aufsehenerregende Beitritt erinnerte viele un-serer Freunde an den André Gides. Ich kannte André Gide seit meiner Kinderzeit. Ein langer und weiß Gott mühevoller Gewissenskampf hatte ihn dazu gebracht, die Wahrheit (oder was ihr seiner Meinung nach am näch-sten kam) im Kommunismus zu sehen: nach seiner Reise in die UdSSR waren ihm die Schuppen von den Augen ge-fallen. Als er die Tragweite und Ausdehnung seines Irrtums begriff, machte er wiederum eine qualvolle geistige Krise durch und hielt es für angebracht, un-verzüglich ein Buch zu veröffentlichen, dessen Nieder-schrift eine wahre Folter gewesen sein muß. Obschon er mir immer ein Freund war, fühle ich mich ihm nicht nahe: sein strenger Protestantismus, seine langen Zwiegespräche mit sich selbst sind das Gegenteil dessen, was mich anzieht. Zuneigung ist für mich eine Offenbarung, die sich mit solcher Kraft aufdrängt, daß es nichts mehr zu erörtern gibt. André Gide ist ein Schriftsteller, ein Philosoph. Ich würde mir sehr dumm vorkommen, wenn ich die Bedeutung seines Werkes verkennen wollte, und ich habe besondere Achtung für die Aufrichtigkeit, die er in allen Dingen bewies.

In einem Jahrhundert, in dem jedermann von ›verpflichteten‹ Menschen spricht, war es anscheinend notwendig, daß ein Denker vom Format André Gides seine Haltung gegenüber einer Doktrin, die die Welt auf den Kopf zu stellen im Begriff ist, klar umreißt. Aber Picasso? Was hatte er da zu suchen? Niemand kann einen Maler verpflichten, ein politisches Banner zu schwingen.

Ich weiß wohl, heutzutage verlangt es der Brauch, daß die Komponisten Architektur betreiben, die Maler Literatur, die Schriftsteller Bildhauerei usw. Aber ich kann Pfuscherei nicht leiden. Nicht, daß ich keinen Spaß verstünde. Nur habe ich es immer für gut gehalten, daß er seine Grenzen hat. Ich glaube, durch allzu häufiges Erweitern der Grenzen und unter dem recht ärmlichen Vorwand des ›épater le bourgeois‹ ist man oft bis an den Rand des Abgrunds gekommen. Wenn es Picasso belustigte, einigen Freunden zu sagen: »Auch ich kann ein Theaterstück schreiben«, und er darauf eine Posse in fünf Akten verfaßte mit dem Titel ›Der Wunsch am Schwanz erwischt‹, so sehe ich darin kein Unglück und hätte es, wäre ich dabeigewesen, eher komisch gefunden. Daß es aber einen Dummkopf von Verleger gibt, der diese harmlose Studentenposse veröffentlicht und von ihr Luxusausgaben macht, indem er auf den Namen des Verfassers spekuliert, das erscheint mir recht töricht, besonders da Picasso über das Alter für derartigen Unfug hinaus ist. Wenn nun aber das ›Warum nicht auch Dramatiker?... Warum nicht auch Töpfer?... Warum nicht auch?‹ bis zum ›Warum nicht auch Kommunist?‹ weitergetrieben wird, dann höre ich entschieden auf, in dem Spiel der anderen mitzumachen. Ein Mann seiner Bedeutung trägt den heranwachsenden Geschlechtern gegenüber eine Verantwortung, die geradezu eine Funktion seines großen Namens ist.

Man soll hieraus nicht schließen, daß ich auf Grund seines Ruhmes Picasso das Recht abspreche, genau das zu tun, was er will, und sich zu vergnügen, wie es ihm gefällt. Niemand wird sich mehr als ich für die völlige Freiheit auf allen Gebieten einsetzen.

Doch ich meine ebenso, daß große Gaben ungeheure Verpflichtungen mit sich bringen. Denn wer so viel Anziehungskraft besitzt, zieht notwendigerweise eine Menge Menschen im Kielwasser hinter sich her. Rings um die, denen wie Picasso bei der Geburt ein wenig Licht mitgegeben wurde, scharen sich eine Unmenge junger Menschen, die versuchen, weit außerhalb der Parteien, die sie in aller Form genarrt haben, etwas zu finden, woran sie glauben können. Glauben – ich meine das durchaus nicht im religiösen Sinn – ist ein echtes Bedürfnis. Wie grauenhaft wäre doch die Vorstellung einer nur von Enttäuschten bewohnten Welt! Und wie sollte man unter diesen Voraussetzungen nicht einsehen, daß die Freiheit gewisser Bevorzugter dort aufhören muß, wo sie beginnt, den Geist derer, die an sie glauben, zu verwirren.

So merkwürdig es scheinen mag: Picasso hatte in meinen Augen immer die Farbe der Zärtlichkeit; seine Palette enthielt alle wesentlichen Schattierungen der Liebe.

Man ist wegen bestimmter Dinge nur denen gram, die man mit ganzer Seele liebt. Das war mein Fall Picasso gegenüber. Seine wahren Freunde sind auch die meinen gewesen. Nur mit ihnen ist es mir möglich, von ihm zu sprechen. Ich kann seine Angreifer ebensowenig vertragen wie seine angeblichen Verteidiger. Es gibt Leute, die sagen: ›Misia findet die Teller von Picasso lächerlich‹ – das trifft durchaus nicht zu. Manche gefallen mir sogar sehr gut. Und ich denke, daß er unrecht daran täte, keine zu machen, wenn er Lust dazu hat. Dagegen bin ich fest davon überzeugt, daß er, als er sie machte, nicht daran gedacht hat, sie für dreihunderttausend Francs zu verkaufen. Auch glaube ich, wenn er mit mir gekochtes Rindfleisch aus ihnen gegessen und das Dienstmädchen ein paar zerbrochen hätte, so würde Picasso herzhaft gelacht haben. Nur sind das Dinge, die ich den ›Picassisten‹ gar nicht erst zu erklären versuche – wie vieles andere.

Abgesehen von Reverdy war Max Jacob einer der wenigen, die ihn wirklich gekannt und geliebt haben.

Armer Max Jacob, außer den Stegreifgedichten für Marcelle Meyer finde ich in dem Durcheinander der wenigen Papiere, die der Zufall in meinen Schubladen belassen hat, nur einen herzzerreißenden Brief, den letzten, aus dem Jahr 1944. Elend und gehetzt verlebte er in seinem Dorf Saint Benoît die letzten Tage vor seinem furchtbaren Tod in Drancy:

›In meiner Herzensangst rufe ich um Hilfe... Ihre so oft erprobte Freundschaft kommt mir so stark in Erinnerung, daß ich die Kühnheit habe, Sie mit der Schilderung meines Leidens zu betrüben... Das Vaterland geplündert, zerstört mit allen Erinnerungen meiner Kinderzeit. Meine ältere Schwester ist vor Kummer gestorben. Mein Schwager in einem Konzentrationslager umgekommen. Mein Bruder ins Gefängnis gebracht... Ich habe alles ertragen, mich mit dem Fluch meiner unseligen Rasse abgefunden. Aber nun das Entsetzlichste: meine jüngste Schwester, mein Liebling, wurde ohne Vorwand verhaftet, zuerst ins Polizeigefängnis und dann nach Drancy gebracht. Für sie bitte ich um Ihre Fürsprache, bevor sie nach Deutschland geschleppt wird und dort in irgendeinem Kerker stirbt... Die Ärmste hat nur Unglück gekannt, ihr einziger Sohn ist im Irrenhaus. Verehrte Freundin, erlauben Sie mir, Ihre Hände, den Saum Ihres Kleides zu küssen... Ich flehe Sie an, tun Sie etwas!‹

Als ich diesen Brief wiederfand, schossen mir die Tränen in die Augen vor Empörung und Mitleid. Der einzige Trost in meinem Kummer um diesen gütigen

Menschen, den die menschliche Niedertracht und Bosheit zu Tode gehetzt haben, war damals, festzustellen, daß Serts Herz in den vierzig Jahren, die ich ihn kannte, nicht um ein Jahr gealtert war. Sowie ich ihm diesen Brief zeigte, setzte er, ohne eine Sekunde an die Unannehmlichkeiten zu denken, die er sich durch die Fürbitte für einen Juden persönlich zuziehen konnte, die Hebel aller seiner verfügbaren Beziehungen in Bewegung. Aber der arme Max wurde nach Drancy geschleppt, und der von Sert endlich erwirkte Entlassungsbefehl kam zu spät.

Nicht ein einziges Mal übrigens sah ich Sert während dieser vier leidensvollen Jahre einem Unglück oder einer Ungerechtigkeit gegenüber gefühllos bleiben, welcher Nationalität, Rasse oder Partei das Opfer auch immer angehören mochte. Wie mit zwanzig Jahren war er einer von denen geblieben, für die allein der Mensch und dessen persönlicher Wert zählten. Reverdy hatte sich nicht getäuscht, als er dreißig Jahre zuvor schrieb: ›...Ich weiß, was für ein Leben er führt, und wenn Sie bedenken, was für eines ich erwählt habe, werden Sie verstehen, wie sehr ich es zu schätzen weiß. Diese noble Haltung, dieser geduldige und unauffällige Eifer bei der Arbeit und die Größe dieser Arbeit machen sein Leben zu einer schönen, ungebrochenen Linie... Die Zeit, die vergeht, liebe Misia, zählt nicht neben der, die dauert...‹

DER ZWEITE WELTKRIEG

Mit Roussys Verschwinden schien alles Licht mich verlassen zu haben. Ihr kurzes Leben, das das unsere
kreuzte, war wie das Trugbild eines Traumes gewesen.
Nun war es zerstoben und ließ meine Seele leer und
verwirrt zurück.

Nicht eine Sekunde kam mir zum Bewußtsein, daß
dieses Traumbild länger als zehn Jahre gedauert hatte.
Jahre, in denen Sert sein eigenes Leben gelebt – während ich nur am Rande des seinigen gehofft, gelitten
und geliebt hatte. Es war ein langer Traum gewesen,
in dessen Verlauf ich ihn mit einem bezaubernden
Kind hatte davonfliegen sehen. Beim Aufwachen dachte
ich, Sert mir gegenüber im Sessel sitzend wiederzufinden. Aber er war nicht dort. Ich sah ihn nicht.

Träume haben keine Dauer. Wir wissen nicht, ob der
Schlaf, in dem wir einen ganzen Roman erleben, zwölf
Stunden oder nur einige Sekunden währt. In der Regel
ist es aber so, daß wir uns beim Erwachen inmitten vertrauter Wesen und Dinge wiederfinden und unser Leben wieder da anfängt, wo es stehengeblieben ist: ich war
das Kind, das sich die Lider reibt, den Kopf schüttelt und

die Augen aufsperrt, um die Umrisse seines Zimmers wiederzuerkennen.

Da war also Sert, ein Mann nahe den Sechzig, der seine Frau verloren hatte...

Wie soll man an die Wirklichkeit eines solchen Alpdrucks glauben?

Seine *Frau*, das war ich, das war immer *ich* gewesen. Warum war er nicht da, bei mir?

Er kam in der Tat. Sehr liebevoll und wie stets der Mittelpunkt meines Lebens. Doch gab es noch den befremdenden Umstand, daß er kam, um mich zu ›besuchen‹. Welche Sinnlosigkeit! Es gab immer noch ein ›bei ihm‹ und ein ›bei mir‹. Wenn er auch täglich von seinem Atelier aus zu mir kam, konnte ich mich doch niemals daran gewöhnen.

Im Laufe der Jahre hat das Leben bewiesen, daß er wahrscheinlich recht hatte, die Dinge zu lassen, wie sie waren. Wie oft sagte er mir, wenn er mich heimbegleitete nach einem Abendessen zu zweit im Maxim, bei dem wir über einen seiner Pläne oder über ein Paar Leuchter aus Bergkristall leidenschaftlich diskutiert hatten: »Denk doch, was für langweilige Leute wir wären, wenn wir als altes Ehepaar in Pantoffeln am Feuer säßen!« Oder sonntags, wenn ich bei ihm gegessen hatte und er mir, nach unserem festtäglichen Brauch, die Zigarre angeboten hatte, sagte er lachend: »Wirklich gut unterhalte ich mich nur mit dir!«

Ja, vielleicht hatte er recht. Aber die Vorstellung, allein in ein Haus heimzugehen, in das er für die Nacht nicht zurückkam, blieb mir verhaßt. Freilich wußte ich, daß er am nächsten Tag wieder da war. Und doch war es nicht dasselbe. Für mich muß der Mensch, den man liebt, unter demselben Dach leben. Fast wäre es mir lieber gewesen, ihn tagsüber gar nicht zu sehen, aber zu wissen, er werde zum Schlafen in dasselbe Haus wie ich heimkehren.

Roussys Tod hatte eine tiefe Leere in ihm zurückgelassen, in die manchmal Unruhe drang, denn die Spuren der religiösen Erziehung waren in seinem Unterbewußtsein fest verwurzelt geblieben. Die letzte Zeit ihrer Verbindung war vom gewaltsamen Tod eines vergötterten Bruders überschattet gewesen; dann kam ihre Krankheit, von der er, so lange es nur anging, nichts wissen wollte, und schließlich der Verlust eines so innig geliebten Wesens; das alles hatte sein Herz und seine Seele grausam erschüttert. Er weihte Roussy eine Art Kult und haßte dennoch alles, was ihn an den Tod eines so jungen Menschen erinnerte, da es seiner eigenen vitalen Natur zuwiderlief.

Glücklicherweise half ihm seine Arbeit, diese kritische Periode zu überstehen. Aufträge kamen in Menge. Er war nun auf der vollen Höhe seiner künstlerischen und handwerklichen Meisterschaft. So verließ er kaum sein Atelier und fand in dieser Überbeanspruchung ein Mittel, der Bedrängnis zu entfliehen, die ihn an einem Wendepunkt seines Lebens wie ein Gespenst bedrohte.

In dieser Zeit machte er sich übrigens noch einmal an die ungeheure Aufgabe, die Kathedrale von Vich neu auszumalen. Das war nicht nur das Hauptwerk seines Lebens, sondern spielte in ihm auch eine ganz besondere Rolle, da er es dreimal ausführte. Als ich ihn kennen lernte, hatte er eben einige Entwürfe für den ersten Auftrag der Kirche ausgestellt. Er war damals etwa sechsundzwanzig Jahre alt. Ich kann nicht behaupten, daß ich an dieser ersten Konzeption für Vich viel Gefallen fand, und Sert wußte es. Viele gemeinsam verbrachte Jahre und eine Lebenserfahrung, die seine Kunst schicksalsmäßig zur Reife bringen mußte, trieben ihn nun an, ein Werk wieder von neuem zu beginnen, in dem doch schon jahrelange Mühe steckte. Er unternahm es trotzdem mit der Tatkraft und dem Ungestüm, die aus ihm einen zielbewußten Menschen machten.

Der spanische Bürgerkrieg hat diese gewaltige Arbeit zerstört: Vich wurde von den Roten verbrannt.

Da Serts Geist unablässig mit neuen Schöpfungen beschäftigt war, wurde das Unglück durch den Gedanken gemildert, daß er noch einmal beginnen und noch Schöneres schaffen würde! So war dieser Mann, der auf der Höhe seiner Laufbahn stand, dem man Millionen geboten hatte, um Paläste auszumalen, und in dem so viele Zeitgenossen nur dilettantische Pracht und maßlose Eitelkeit zu erkennen vermeinten: in Wahrheit wurde er in seinem tiefsten Inneren vom Zweifel zermürbt, von der Unschlüssigkeit – ja der völligen Verzweiflung – manchmal so weit gebracht, sein gesamtes Werk in Frage zu stellen. Wenige nur kannten diese tragische Seite eines dem Anschein nach mit Glück gesegneten und wirklich im Prunk lebenden Menschen, der aber – wie oft! – an der Todesangst des Ungenügens vor dem vollendeten Werk litt.

Nur der überströmende Reichtum seines Temperaments, die unbändige Gewißheit, immer bessere Werke in sich wachsen zu fühlen, erlaubten es ihm, nach dem seelischen Zusammenbruch, den der Tod Roussys bedeutete, gegen das Ende seines Lebens noch einmal mit aller Kraft an dieser Kathedrale von Vich zu arbeiten, mit der er seine Laufbahn begonnen hatte.

Bald brach der Krieg aus, der eigentlich alle seine Unternehmungen hätte unterbinden müssen, da er die Bestellungen für Spanien in Paris ausführte. Aber Sert kannte nur die Gesetze, die er sich selbst gegeben hatte, und so galt für ihn keines der täglich neu entstehenden Verbote, die aus allem ein Problem machten. Weit entfernt, ihn zu entmutigen, dienten ihm die widerwärtigen Schwierigkeiten in vier Jahren ständig anwachsender Not lediglich als Ansporn, und vielleicht steigerten sie sogar seine unverwüstliche Lebensneugier. Nicht etwa, daß er blind oder gleichgültig dem Drama gegenüber gestanden hätte, das sich vor seinen Augen abspielte. Er wußte ganz im Gegenteil so menschlich und klarblickend daran teilzunehmen, daß er Frankreich und Spanien gleichzeitig Dienste erwies, die kein anderer hätte leisten können. Aber seine Pinsel kamen weiterhin aus London, sein Feingold aus Italien, seine Leinwand aus der Schweiz, ganz als ob es überhaupt keine Grenzen gäbe. Welcher Art auch die äußeren Umstände, die Einschränkungen und Gefahren waren, Sert arbeitete weiter, wie es ihm beliebte, benutzte riesige Wagen, fuhr, wann er wollte, in die Länder, wo er zu tun hatte, und lud seine Freunde zu den üppigen Diners ein, an die sie gewöhnt waren. Er stellte eine Art Wunder dar, außerhalb von Zeit und Raum. Ich bin sicher, daß nicht einmal ich die Zahl der Leute kenne, die er aus dem Gefängnis befreite, denen er die Verschleppung oder ein noch schlimmeres Los erspart hat. Und alle, die in der Zeit der Hungersnot monatelang von den Vorräten lebten, die in vollen Lastautos aus Spanien kamen, werden das so leicht nicht vergessen.

Die unaufhörlichen Schwierigkeiten, die Sorgen und Unruhen, die in diesem Krieg für jeden zum täglichen Brot wurden, deren Spuren er aber zu tilgen verstand, brachten ihn mir unmerklich wieder näher. Ich muß sagen, daß ich dank Sert niemals eine materielle Sorge gekannt habe und daß er es auch nicht zuließ, daß die von ihm hinter den Kulissen vollführten Zauberkunststücke zu meiner Kenntnis gelangten, denn er wollte mir jede Befangenheit nehmen.

Meine Geburt in St. Petersburg, meine in Frankreich nicht legalisierte Scheidung, mein nur aus Gefälligkeit ausgestellter Diplomatenpaß, die Ungenauigkeit und die allgemeine Unordnung meiner Papiere, all das verbunden mit den – ich muß es schon zugeben – unachtsamen Worten, die ich in den Besatzungsjahren bei jeder Gelegenheit aussprach, brachten mich gegenüber den damaligen Behörden oft in eine Lage, die wahrscheinlich recht üble Folgen hätte haben können, aber Serts Schatten schützte mich im entscheidenden Augenblick, ohne daß ich davon auch nur eine Ahnung hatte. Erst als die schlimme Zeit zu Ende war, wurde mir recht klar, daß ich immer und jedem genau das gesagt hatte, was mir einfiel! Auf jeden Fall viel mehr, als es für so manchen Unglücklichen bedurfte, um verschleppt zu werden. Schon beim Gedanken daran läuft es mir heute noch kalt über den Rücken.

Als Künstler und Mitglied des diplomatischen Korps eines großen neutralen Landes hatte Sert die Möglichkeit, in Paris eine außergewöhnliche Rolle zu spielen. Dadurch wurde er für Spanien eine überaus wichtige Persönlichkeit, bei der ein Empfang oder eine Fühlungnahme stattfinden konnte, für die in der Gesandtschaft nicht der rechte Platz gewesen wäre.

Da er seit fast vierzig Jahren in Frankreich lebte – wenn er auch weiterhin mehrmals im Jahr in sein Vaterland fuhr, wohin ihn die immer zahlreicheren Aufträge riefen –, fand er sich plötzlich in die Lage versetzt, eine Hauptrolle zu spielen.

Jedermann erinnert sich, wie er mit der klugen und freundschaftlichen Hilfe Herrn Jaujards – damals Direktor der französischen staatlichen Museen – die Sammlungen des Prado in Sicherheit brachte, von denen in Genf eine großartige Ausstellung veranstaltet wurde.

Nach seiner Arbeit im Atelier war es eine Erholung für ihn, auf die Jagd nach Kunstschätzen zu gehen. Er hatte eine kindliche Freude, mir jede seiner Anschaffungen zu zeigen, und beschwindelte mich furchtbar über den Preis, den er bezahlte, und den Ort, wo er eingekauft hatte. Das gehörte mit zum Spiel, zu seiner Freude, mich zu verblüffen.

Oft verbrachte ich ein Wochenende oder auch einige Wochen bei ihm, und dann bot er mir eines seiner königlichen Betten an, die mir ziemliche Furcht einjagten; aber ich kam doch wieder einmal unter sein Dach zurück, und das war die Hauptsache.

Die Pracht seines Hauses und sein angeborener Sinn für eine Gastfreundschaft, die während dieses traurigen Krieges nur recht wenige Leute gewähren konnten, ermöglichten es ihm, bei sich einen Treffpunkt zu schaffen, der den Spaniern ebenso zugute kam wie den Franzosen. Mehrere seiner Kollegen von der Gesandtschaft, unter denen ich eine nahe und treue Freundin, die Marquise de la Torre, nicht vergessen möchte, kamen regelmäßig zu seinen kleinen Diners.

Er hatte noch die Freude, die Befreiung von Paris mitzuerleben. Mehr als fünzig Personen waren an dem Morgen bei ihm, als die Truppen des Generals de Gaulle auf der Place de la Concorde defilierten. Von den Tuilerien und vom Marineministerium her sausten so viele Kugeln durch die Fenster, daß an der ganzen Front seiner Wohnung keine Scheibe heil blieb. Seelenruhig auf das Balkongitter seines Ecksalons gestützt, das er für diese Gelegenheit mit alten Samtdraperien geschmückt hatte, verlor Sert nicht eine Minute des

Schauspiels, das ihn hinriß. Einige Blutstropfen auf seinem Schädel zeigten ihm nachträglich, daß irgendein Geschoß, das seine Wände und Bilder durchlöcherte, offenbar seinen Kopf gestreift hatte.

Als alles zu Ende war und er in einem Haufen Glassplitter stand, wandte er sich um und versuchte, seine Gäste wieder zu sammeln, von denen sich einige in den Wandschränken und unter den Fauteuils in Sicherheit gebracht hatten. Er entschuldigte sich nun tausendmal, daß diese ungelegene Schießerei ihren Angriff auf das im Eßzimmer vorbereitete lukullische Büfett unterbrochen hatte.

Im letzten Jahr seines Lebens fand Sert Zeit, die dritte und letzte Fassung seiner gewaltigen Gemälde für die Kathedrale von Vich zu vollenden. Seine Tätigkeit war so umfangreich und phantastisch, daß böse Zungen behaupteten, er könne unmöglich alle seine Bilder allein ausführen. Wer wird nach ihm so ungeheure Flächen bearbeiten können, wie er sie zu bemalen verstand!

Sein Geist war unablässig mit neuen Plänen beschäftigt, und nichts lag für ihn im Reich der Utopie. Mochte eine Konzeption, deren Idee in ihm keimte, noch so extravagant erscheinen, man wußte, wenn man ihm zuhörte, daß er durchaus imstande sein würde, sie zu realisieren. So wollte er für sein Vaterland eine vorbildliche Studentensiedlung schaffen, die dem Unterricht aller Künste und Wissenschaften dienen sollte. Die Vorlesungen sollten von den angesehensten Professoren und Gelehrten der ganzen Welt abgehalten werden – ohne daß diese sich vom Fleck zu rühren brauchten: eine Übertragung durch Rundfunk, kombiniert mit einem System gleichzeitiger Übersetzungen, ähnlich wie bei den großen internationalen Konferenzen, würde es jedem Hörer gestatten, in seiner eigenen Sprache den Gedanken der bedeutendsten Männer jedes Gebietes zu folgen.

Man kann sich den außerordentlichen Wert und die veredelnde Wirkung einer derartigen Schöpfung leicht vorstellen. Sie würde der Jugend Möglichkeiten bieten, die ihre schönsten Träume weit übertreffen. Eine ausgedehnte, eigens für die Jugend geschaffene, mit Sportplätzen und allen modernsten Einrichtungen ausgestattete Siedlung, ideal gelegen, mit einer Bibliothek, die mit der Zeit allumfassend zu werden verspricht, würde die erstaunlichsten Bildungsmöglichkeiten schaffen, wie sie die Kultur seit dem alten Griechenland nicht mehr gekannt hat.

All das war beileibe kein bloßes Hirngespinst im Kopfe Serts. Nicht nur, daß Pläne entworfen waren, er hatte auch schon in Madrid den maßgebenden Persönlichkeiten in Regierungs- und Finanzkreisen überzeugend dargelegt, welch außerordentliches Prestige Spanien gewinnen würde, wenn es diese Siedlung als wahrhafte Krönung menschlicher Bemühungen um eine universale Kultur einmal verwirklicht hätte.

Wahrscheinlich war allein Serts Verstand fähig, ein Unternehmen von solchem Ausmaß zu entwerfen und auszuführen. Alles war schon fertig, die hauptsächlichsten Schwierigkeiten überwunden, und seine Siedlung wäre gewiß zur Ausführung gelangt, hätte der Tod nicht vorzeitig den in voller Kraft Stehenden mitten aus der Arbeit gerissen. Im vorangegangenen Jahr hatte er eine schwere Gelbsucht durchgemacht, und die Ärzte sprachen von einem chirurgischen Eingriff. Aber mit seiner hartnäckigen Energie, die so weit ging, die Krankheit einfach zu leugnen, hatte er in wenigen Wochen die Oberhand gewonnen. Während er bei seinem letzten Aufenthalt in Spanien die Anbringung seiner Bilder selbst überwachte, beschloß ein berühmter Arzt in Barcelona nach Besprechung mit den besten Chirurgen, noch vor der Einweihung der Kathedrale eine Operation durchzuführen.

Noch am Vorabend des Tages, an dem er in die Klinik ging, hockte er auf einer elf Meter hohen Leiter, um eine letzte Retusche vorzunehmen.

Ich wartete unterdessen ruhig in Paris, bis er mich nach Beendigung seiner Arbeit rufen würde, um mit ihm eine seit langem geplante Reise zu machen. Obschon man mich nicht verständigt hatte, war ich von bösen Vorahnungen erfüllt, da ich seit mehreren Tagen keine Nachricht von ihm hatte.

Das Schicksal wollte, daß ihm diese Operation verhängnisvoll wurde. Am folgenden Tag starb er in Frieden, umgeben von seinen drei Schwestern, die ihn sein ganzes Leben lang vergöttert hatten.

Ich wurde natürlich zu spät benachrichtigt. Als ich ankam, lag er schon aufgebahrt in der Kathedrale von

Vich, die er soeben vollendet hatte und in der er be-
stattet werden sollte.

Mit zwanzig Jahren war er von Barcelona fortgezogen,
um in Paris und in der Welt die Meisterschaft in seiner
Kunst zu erringen. Nun hatte ihn das Schicksal heimkehren und mitten in der Arbeit an einem gewaltigen
Werk sterben lassen, damit er zum letzten Schlaf unter
ein Kirchengewölbe gebettet werden konnte, das er
dreimal mit der gleichen Hingabe neu geschaffen hatte.

Mit seinem Tod verlor mein Leben jeden Sinn.

INHALT

ZU DIESER AUSGABE

insel taschenbuch 1180
Misia Sert, Pariser Erinnerungen

Titel der französischen Originalausgabe: *Misia*. © William Aspenwall Bradley, Paris 1980. Mit freundlicher Genehmigung der Agence Hoffman, Paris. © der deutschen Erstausgabe Insel Verlag Wiesbaden 1954. Text und Abbildungen folgen der Neuausgabe: Misia Sert, Pariser Erinnerungen. Aus dem Französischen von Hedwig Andertann. Mit 16 Abbildungen. Suhrkamp Verlag Frankfurt am Main 1980.

Französische, spanische, italienische Literatur
im insel taschenbuch

152/1/7.88

Französische, spanische, italienische Literatur
im insel taschenbuch

Miguel de Cervantes Saavedra: Der scharfsinnige Ritter Don Quixote von der Mancha. Mit einem Essay von Iwan Turgenjew und einem Nachwort von André Jolles. Mit Illustrationen von Gustave Doré. 3 Bde. it 109

George Clémenceau: Claude Monet. Betrachtungen und Erinnerungen eines Freundes. Mit einem Nachwort von Gottfried Boehm. it 1152

Collodi: Pinocchios Abenteuer. Aus dem Italienischen von Nino Erné. Mit farbigen Bildern von Sabine Friedrichson. it 1047

Hernán Cortés: Die Eroberung Mexikos. Drei Berichte von Hernán Cortés an Kaiser Karl V. Mit 112 Federlithographien von Max Slevogt. Übersetzungen von Mario Spiro und C. W. Koppe. Herausgegeben von Claus Litterscheid. it 393

Dante: Die Göttliche Komödie. Mit fünfzig Holzschnitten von Botticelli. Deutsch v. Friedrich Freiherrn von Falkenhausen. 2 Bde. it 94

Alphonse Daudet: Briefe aus meiner Mühle. Aus dem Französichen übertragen von Alice Seiffert. it 446

– Tartarin von Tarascon. Die wunderbaren Abenteuer des Tartarin von Tarascon. Mit 45 Zeichnungen von Emil Preetorius. it 84

Denis Diderot: Erzählungen und Gespräche. Übersetzt von Katharina Scheinfuß. it 554

– Jakob und sein Herr. In der Übersetzung von Mylius. Herausgegeben von Horst Günther. it 772

– Die Nonne. Mit einem Nachwort von Robert Mauzi, die Übersetzung des Nachworts besorgte Margaret Carroux. it 31

– Rameaus Neffe. Le Neveu de Rameau. Ein Dialog. Übersetzt von Goethe. Zweisprachige Ausgabe. Mit Zeichnungen von Antoine Watteau. Herausgegeben und mit einem Nachwort versehen von Horst Günther. it 775

Alexandre Dumas: Die drei Musketiere. Aus dem Französischen von Herbert Bräuning. it 1131

– Der Graf von Monte Christo. 2 Bde. Bearbeitung einer alten Übersetzung von Meinhard Hasenbein. Mit Illustrationen von Pavel Brom und Dagmar Bromova. it 266

– Die Kameliendame. Aus dem Französischen von Walter Hoyer. Mit Illustrationen von Paul Gavarni. it 546

Dominique Fernandez: Süditalienische Reise. Aus dem Französischen von Julia Kirchner. Mit Fotografien von Martin Thomas. it 1076

Gustave Flaubert: Bouvard und Pécuchet. Aus dem Französischen übersetzt von Georg Goyert. Mit Illustrationen von András Karakas. Mit einem Vorwort von Victor Brombert und einem Nachwort von Uwe Japp. it 373

Französische, spanische, italienische Literatur im insel taschenbuch

Französische, spanische, italienische Literatur
im insel taschenbuch

152/4/7.88

Französische, spanische, italienische Literatur im insel taschenbuch

452/5/7.88

Französische, spanische, italienische Literatur im insel taschenbuch

152/7/7.88

Englische und amerikanische Literatur
im insel taschenbuch

153/1/7.88

Englische und amerikanische Literatur
im insel taschenbuch

Englische und amerikanische Literatur
im insel taschenbuch

153/3/7.88

Englische und amerikanische Literatur
im insel taschenbuch

Englische und amerikanische Literatur
im insel taschenbuch

153/5/7.88

Englische und amerikanische Literatur
im insel taschenbuch

153/6/7.88